Živko Marković

DIJALEKTIKA SAVREMENE KOLONIZACIJE

– čovečanstvo na ivici ponora –

SNS - NAUČNA

Beograd, 2006.

DIJALEKTIKA SAVREMENE KOLONIZACIJE
Živko Marković

Izdavači:	Savez naučnih stvaralaca - SNS, Beograd
	Naučna KMD, Beograd
Za izdavača:	dr Nenad Ranković
	Mitar Vasiljević
Tehnička priprema:	Nenad Ranković
Štampa i povez:	Naučna KMD, Beograd
Tiraž:	100

CIP - Katalogizacija u publikaciji
Narodna biblioteka Srbije, Beograd

314.15

325.5

МАРКОВИЋ, Живко

Dijalektika savremene kolonizacije : čovečanstvo na ivici ponora / Živko Marković. - Beograd : Savez naučnih stvaralaca SNS : Naučna KMD, 2006 (Beograd : Naučna KMD). - 223 str. ; 24 cm

Tiraž 100. - Napomene i bibliografske reference uz tekst.

ISBN 86-84153-64-2 (Naučna)

a) Колонизација

COBISS.SR-ID 128121612

SADRŽAJ

UVOD

Francuska reč *colonisation* (kolonizacija), koja se na srpski prevodi sa naseljavanje, ima široko značenje. Kao svako biće, čovek određeni prostor naseljava fizički, a kao ljudsko biće zauzima ga duhovno, pa i kad je fizički otsutan. Za ljudsko biće nije ni bitno fizičko već duhovno naseljavanje, jer se čovek samo tuda zapućuje kuda se mentalno upućuje.

Naseljavanje se vrši pojedinačno, grupno ili državnim zaposedanjem. Pojedinačnim migracijama useljava se u neku već naseljenu sredinu, u čiji se poredak i način života imigranti integrišu a ne obrazuju neku posebnu zajednicu niti starosedeocima nameću neke drugačije uslove života. Između starosedelaca i doseljenika se ne uspotavljaju ni neki posebni društveni odnosi već se prihvataju zatečeni odnosi.

Odnosi se menjaju kad tuđu teritoriju zaposedne kolonizatorska država, koja postaje suvereni gospodar zaposednute teritorije i na njoj zatečenog stanovništva, nad kojim uspostavlja sopstveni vladajući poredak i odgovarajući podanički način života. Između kolonizatora i kolonije uspostavljaju se slični odnosi kao između vladajuće i potčinjene klase, čiji produžetak u suštini i predstavljaju.

Zbog istorijske ustaljenosti i rasprostranjenosti, ti odnosi su se ustalili i kao vladajući pojam kolonizacije, pa ako se nekad „...*kolonijom nazivalo svako naselje u tuđoj zemlji, u moderno doba za koloniju se uzima samo takvo naslje koje ima neke političke posljedice i dovodi do proširenja vlasti matice zemlje, da bude njezino vanjsko upravno područje za njezine svjetske ekonomske i političke svrhe*"[1].

Te svrhe se u osnovi svode na ekonomsko iskorišćavanje kolonija od strane kolonizatora, baš kao što se svrhe klasnog potčinjavanja svode na eksploataciju proizvođačkih klasa, pa se pod kolonizacijom obično „...*podrazumeva nasilno potčinjavanje stranih naselja ili država od strane druge države (metropole), s osnovnim ciljem iskorišćavanja - ekonomski druge zemlje (kolonije)*"[2]. Kolonijalista Sesil Rouds otvoreno izjavljuje da kolonizatori „...*moraju pronaći nove zemlje u kojima mogu lako doći do sirovina i u isto vreme eksploatisati jeftinu*

---

[1] dr Vinko Krišković, *Svjetska kolonijska politika*, Matica hrvatska, Zagreb, 1939., str.7.

[2] Borivoje - Bora Đorđević, *Globalizacija i međunarodni ekonomski odnosi - kroz milenijume*, izdavač autor, Beograd, 2003., str. 72.

robovsku radnu snagu koju čine domorodci u kolonijama...", a i da bi *"...kolonije takođe bile mesto za odlaganje viška robe proizvedene u fabrikama..."* metropole[3].

Kao međunarodno iskorišćavanje, kolonizacija je stara koliko je staro i samo iskorišćavanje među ljudima. Još su se prvobitne horde otimale oko plena, i ta borba na život i smrt širom Planete nije prestajala do današnjeg dana. Kolonizacija je istorijski proces, koji je neprekidno trajao kao što je trajalo i međusobno iskorišćavanje ljudi i naroda. Menjali su se samo oblici, metodi i sredstva iskorišćavanja.

Pošto se narodi ne predaju i sopstvene imovine ne odriču dobrovoljno, kolonizacija se u interesu kolonizatora vrši putem međunarodne prinude. *"To je akt sile... Narodi koji na udaljenim kontinentima traže kolonije i zauzimaju ih, misle prvo na sebe, rade samo za svoju moć, osvajaju samo za svoj račun... Kolonizacija je, u svojoj osnovi, akcija ličnog interesa jednostranog i egoističnog, izvršena od strane jačeg nad slabijim"* [4].

Prinuda se ni nad pojedincima ni nad narodima ne vrši samo fizičkom silom, već i nenasilnim sredstvima, pa i samoprinudom kad je prividno dobrovoljno prihvatanje diktata manje zlo od neprihvatanja. Kao razumno biće, čovek fizičkom silom pokušava što snagom uma ne postiže, pa kako je među pojedincima tako je i među ljudskim skupinama. Ukoliko je čovečanstvo napredovalo u zameni fizičke sile snagom uma, utoliko je i nasilna kolonizacija zamenjivana nenasilnom. *"Dok je Rimska imperija uspostavljana u nizu krvavih ratova, savremene kolonijalne imperije su stvarane uz minimum borbe"*[5].

Na tome se zasniva privid dekolonizacije, koja je zvanično proklamovana uprkos sve većem izrabljivanju kolonija, čijim oslobađanjem od fizičke prinude kolonijalnih sila nije izvršeno njihovo ekonomsko i kulturno, pa ni stvarno političko oslobađanje. Formalno proglašavanje slobode nije nijednom porobljenom narodu donelo niti je samo po sebi moglo doneti stvarnu slobodu. Zato se umesto dekolonizacije s pravom govori o neokolonizaciji.

Neokolonijalizam se od klasičnog kolonijalizma razlikuje samo po načinu eksploatacije. Dok se klasična kolonijalna eksploatacija oslanja na nasilnu prinudu, savremena neokolonijalna eksploatacija se zasniva na nenasilnoj prinudi. Ali svaka eksploatacija se, u krajnjoj liniji, oslanja na silu pa i kad se

---

[3] *Globalizacija*, zbornik, CLIO, Beograd, 2003. (Edvard Goldsmit), str. 257.

[4] Državni sekretar za kolonije Francuske Alber Saro, 1923. god., citat Aleksandra Božović, *Kolonijalizam i neokolonijalizam*, Sedma sila, Beograd, 1964., str. 10.

[5] Peter F. Drucker, *Postkapitalističko društvo*, Grmeč-Privredni pregled, Beograd, 1995., str. 121.

sprovodi nenasilnim sredstvima, te je utoliko podela na nasilnu i nenasilnu kolonizaciju uslovna.

I klasična i savremena kolonizacija podrazumevaju međunarodnu polarizaciju na eksploatatorske kolonizatore i eksploatisane kolonije, među kojima se vodi neprekidna borba, s jedne strane za kolonijalno porobljavanje a s druge strane za oslobođenje od kolonijalnog ropstva. Zato se kolonizacija i opravdava i osuđuje, i to ne samo s jedne, već sa obadve strane. I u kolonijama i u metropolama ima i pobornika i protivnika kolonizacije, koji su nosioci odgovarajuće ideološke i političke polarizacije, što izražava ali i zaoštrava objektivne protivrečnosti kolonijalnih odnosa.

Pravdajući kolonijalizam, ideolozi kolonizacije prenaglašavaju interese kolonija a prećutkuju ili minimiziraju interese kolonizatora, dok njihovi protivnici čine suprotno, u šta se, srozavanjem u apologiju, uvlači i nauka. Bilo bi uprošćeno reći da je „istina na sredini" jer postoji i podudarnost i suprostavljenost interesa, ali su interesi i jedne i druge strane, takođe, protivrečni jer kratkoročni interesi svake strane protivreče njenim dugoročnim interesima, kao što su i njihovi pojedinačni i zajednički interesi u protivrečju s opštečovečanskim interesima.

Istraživač istine lako pada u iskušenje naginjući na jednu ili drugu stranu zavisno od toga da li „đavolu prodaje dušu" ili se zanosi opštečovečanskim idealima. Zaista je teško opravdati međuljudsko izrabljivanje za nekoga ko se „srcem i dušom" identifikuje sa generičkim težnjama opšteljudske slobode, pravednosti i jednakosti, ali istina je indiferntna prema ljudskim težnjama i iskušenjima, zbog čega i istinska nauka mora biti ideološki nepristrasna.

S opštečovečanskog stanovišta, kolonizacija se, kao i klasna eksploatacija, može pravdati samo ukoliko je u interesu eksploatisanih, zbog čega se ideološki tako i deklariše i kad je sa njim u suštoj suprotnosti. Kad nikakve podudarnosti interesa ne bi bilo, kolonizacija bi bila nemoguća kao što u stvarnosti ništa ne bi postojalo bez nekakvog jedinstva zasnovanog na privlačenju suprostavljenih sila. Pogotovu bi kolonizaciju bilo nemoguće objasniti kao objektivnu društvenu tendenciju i istorijski proces koji datira od samog nastanka čovečanstva.

Da je eksploatacija u suprotnosti s interesima eksploatisanih, proističe iz samog pojma eksploatacije, pa je gotovo nepojmljivo kako bi mogla biti i u njihovom interesu, ali stvar je u dijalektici samih interesa. Neraskidivo je jedinstvo između kratkoročnih i dugoročnih, neposrednih i perspektivnih interesa, te između samih neposrednih interesa. Ono je u osnovi postojanja i opstajanja kako ljudske jedinke tako i bilo koje ljudske zajednice.

Da bi neko osigurao svoju budućnost i unapredio život, mora u dobra trajne vrednosti investirati na račun tekuće potrošnje, prinuđujući samog sebe na neophodnu štednju. I da bi nezbrinuto porodično domaćinstvo sagradilo i opremilo porodičnu kuću, moraju svi članovi domaćinstva, makar i pod diktatom kućnog starešine, prihvatiti privremeno „stezanje kaiša", a slično je i u svim ljudskim zajednicama.

U pogledu dugoročnih interesa društva, klasna eksploatacija je, pod prinudom vladajuće klase, značajna zbog društvene koncentracije i centralizacije novostvorene vrednosti, koja je do sada omogućavala njegov ubrzani razvoj. Na sličan način je kolonijalnom eksploatacijom vršena planetarna centralizacija kapitala kojom je omogućavan još brži tehnološki i ekonomski razvoj. Da je sva novostvorena vrednost korišćena za podmirivanje neposrednih životnih potreba stanovništva, društvenog razvoja ne bi bilo.

Društvena opravdanost klasne i kolonijalne eksploatacije mogla bi se dovoditi u pitanje samo pod uslovom alternativnih mogućnosti razvoja, bez kojeg se u pitanje dovodi i sam opstanak društva. Do sada, međutim, drugačijih istorijskih puteva nije bilo, a plemenske zajednice koje nisu doživele klasnu polarizaciju, vekovima su stagnirale dok ih konačno nije progutala kolonizacija. U najboljem slučaju, društveni razvoj bi bez klasne i kolonijalne eksploatacije bio izuzetno spor jer bi gotovo celokupan oskudni proizvod završavao u ličnoj potrošnji.

Stoga se neodoljivo nameće pitanje o nužnosti eksploatacije za društveni razvoj, kao „nužnog zla", sa kojim se eksploatisani moraju boriti, ali nužna je i borba, bez koje se eksploatacija ne može ukinuti, što je takođe nužan uslov razvoja jer ništa što je nužno nije nužno i večito.

Istorijska nužnost eksploatacije ne opravdava, međutim, svako klasno i kolonijalno izrabljivanje i ugnjetavanje jer ako nešto nužno postoji, nije sve postojeće nužno i neizbežno. Nužnost se nužno ispoljava kroz slučajnosti, zbog čega se u stvarnosti ništa ne odvija besprekorno, inače nikakvih promena, pa ni razvoja ne bi bilo.

Naizgled idealni uslovi društvenog razvoja postojali bi kad bi se za njega svi maksimalno žrtvovali, ali tada stvarnog razvoja ne bi bilo jer to što ga podstiče su upravo individualne težnje za uživanjem. Eksploatisane klase i kolonije ne bi tavorile na minimumu egzistencije bez klasne i kolonijalne prinude, kao što ni eksploatatorske klase i kolonijalne metropole ne bi ulagale u razvoj kad im ne bi donosio još veće bogatstvo.

Postoji, međutim, kritična granica klasne i kolonijalne eksploatacije preko koje ona postaje kontraproduktivna, kao i granica tolerantne neproduktivne potrošnje kada ona prelazi u rasipništvo, što dolazi u koliziju sa društvenim razvojem, koji se usporava pa i zaustavlja. Tada nastaju ekonomske i društvene krize iz kojih se ne može izići bez korenitih socijalno-ekonomskih i društveno-političkih promena kakve su nastajale na istorijskim prelazima iz preživelih starih u nove, perspektivne oblike eksploatacije.

Najveći domet dosadašnjih borbi za klasno i kolonijalno oslobođenje bilo je ukidanje preživelih oblika eksploatacije, koji su samo zamenjivani novim oblicima eksploatacije, ali je društvo ipak napredovalo donoseći boljitak i za same eksploatisane klase i narode. Kmet je postajao slobodniji od roba, a najamnik od kmeta, kao što su današnje kolonije slobodnije nego što su bile pod nasilnim kolonijalnim režimima. Ostvareni napredak je rezultat pre svega produktivnog rada i ropskog preživljavanja eksploatisanih proizvođačkih klasa i koloniziranih naroda.

Protivrečnosti neposrednih i perspektivnih interesa neodvojive su od protivrečnosti između samih neposrednih interesa. Svako se svakodnevno lišava jednih zadovoljstava za račun drugih, eksploatisane proizvođačke klase i kolonizirani narodi su u stalnom procepu između života i smrti, slobode i ropstva, opstanka i nestanka. I svako je u poziciji izbora, i u mogućnosti da između dva dobra bira bolje, a između dva zla manje.

Između dva zla koja im se nude, eksploatisani su „slobodni" da pre izaberu ikakvu nego nikakvu egzistenciju. U tome se skriva izvesna podudarnost naspram izrazite suprostavljenosti protivrečnih interesa eksploatatora i eksploatisanih, koji ne mogu jedni s drugim ali ni jedni bez drugih. Negativno ukidanje te protivrečnosti sastojalo bi se u potpunom raskidu, a pozitivno u potpunom izjednačavanju sa drugim. U oba slučaja, to bi značilo potpuno ukidanje i eksploatatora i eksploatisanih.

U klasnoj i kolonijalnoj sprezi obe strane dobijaju, ali jedna dobija ono što druga gubi, i od ograničenog dobitka, jedna dobija više a druga manje nego što daje. U kolonijalnoj sprezi, kolonije se (ako išta dobijaju) industrijalizuju, tehnološki modernizuju, podižu savremene saobraćajnice, opismenjavaju i obrazuju stručne kadrove, smanjuju glad, savlađuju bolesti i produžuju životni vek, uključuju se u svetsku trgovinu i međunarodne komunikacije, ali sve u funkciji kolonijalne eksploatacije i totalne dominacije kolonijalnih sila. Ako se na njihovoj strani neko bogati, to su pre svega oni koji svesrdno potpomažu kolonizaciju.

Kao što eksploatatorske klase drže proizvođačke mase na minimumu egzistencije da bi ih maksimalno eksploatisale, tako i kolonizatorske zemlje postupaju sa svojim kolonijama, potpomažući samo one delatnosti koje su u funkciji maksimalne eksploatacije. Postoji, međutim, određena kritična granica eksploatacije preko koje se dovodi u pitanje sam opstanak koloniziranih naroda, čime se u pitanje dovode i mogućnosti eksploatacije. Ta granica je u mnogim kolonijama već dostignuta, zbog čega prevazilaženje krajnje zaoštrenih protivrečnosti mora otpočeti da bi se čovečanstvo održalo i dalje razvijalo.

RAZVOJNE PROTIVREČNOSTI KOLONIZACIJE

Kolonijalna eksploatacija je u suštini klasna eksploatacija, što u transnacionalnom korporativizmu sasvim izbija na videlo. Eksploatator je kapitalistička klasa metropola a objekat eksploatacije su proizvođačke klase kolonija. Savremeni kolonijalizam je u stvari savremeni internacionalni kapitalizam, koji prelazi nacionalne granice i prevazilazi nacionalna ograničenja, pa su i njegove osnovne protivrečnosti u suštini osnovne proivrečnosti kapitalizma.

Kapital i rad

Kapitalizam nije statično stanje već razvojni proces koji se odvija kroz neprekidnu borbu kapitala i rada uz neposredno ili posredno učešće svih društvenih subjekata, jer se na njoj zasniva celokupna reprodukcija kapitalističkog društva. Kolonizacija je organski činilac tog procesa bez kojeg ne bi bilo savremenog kapitalizma, kao što bez kapitalizma ne bi bilo savremenog kolonijalizma.

Borbe nema među nezavisnim stranama, ali kapital je otuđeni i opredmećeni rad, koji se živim radom stvara, oplođuje i uvećava, kao što se i živi rad kapitalom animira, upošljava i opredmećuje. Zato se najamni rad i kapital međusobno privlače i odbijaju, poistovećuju i suprostavljaju, i upravo ta protivrečnost čini osnovu svih protivrečnosti kapitalističkog društva i njegovog razvoja.

Da bi se oplođavao i uvećavao, u čemu je zapravo njegovo suštinsko određenje, nagonska i pogonska snaga, kapital mora stalno da upošljava novu radnu snagu, a sa radnom snagom i nove materijalne činioce proizvodnje. U tome je njegova nagonska snaga reprodukcionog pa i prostornog širenja preko i mimo regionalnih i nacionalnih granica, njegove internacionalizacije, transnacionalizacije i globalizacije. I upravo zato je savremena kolonizacija organski izdanak unutarnacionalne eksploatacije.

Savremena kolonizacija nastala je zapravo kao rezultat neodoljivog širenja kapitalističke reprodukcije. U potrazi za jeftinim sirovinama i radnom snagom prve su u novovekovna kolonijalna osvajanja krenule evropske kapitalističke zemlje, i do kraja XIX veka kolonizirale su preko dve trećine

Planete. Do 1900. godine osvojeno je od strane evropskih i američkih kolonizatora 100% Australije, 98,9% Polinezije, 90,4% Afrike, 56,6% Azije i 27,2% Amerike[6]. Kolonizirane teritorije su zajedno sa svojim stanovništvom višestruko nadmašivale veličinu metropola, pa su, na primer, holandske kolonije bile 60 puta veće, a njihovo stanovništvo 8 puta brojnije od matične zemlje[7].

Kapital svoju akumulaciju otpočetka crpi iz planetarnih izvora, pa i dok se njegova koncentracija odvijala isključivo u nacionalnim granicama i pod zaštitom nacionalne države. Pljačkom domorodačkog stanovništva i prirodnih resursa, ogromno bogatstvo je iz kolonija prelivano u metropole. Prvobitna kolonijalna eksploatacija vršena je bezobzirnim prisvajanjem na sve moguće načine i bez biranja sredstava.

Najbrutalniji oblik eksploatacije predstavljala je trgovina robljem, koja je legalno „...*trajala gotovo 350 godina - od kraja XV do polovine XIX veka. U Severnu i Latinsku Ameriku je u tom vremenu odvedeno i prodano od 20 do 100 miliona robova, po nekim procenama čak i 200 miliona*"[8]. Samo u Ameriku prodano je barem sedam milijuna Afričana[9]. Više od tri veka „...*cvala je trgovina ljudima pod zaštitom najkršćanskijih vladara i u rukama najkršćanskijih naroda...*"[10], i engleskim zakonom je tek 1833. godine ukinuta.

Trgovina robljem je za prvobitnu akumulaciju kapitala bila od izuzetnog značaja jer je pored direktnog uvećavanja kapitala doprinosila njegovom ubrzanom oplođavanju snabdevajući tržište jeftinom i sve brojnijom radnom snagom. Što nisu mogle postići na domaćem tržištu, metropole su, radi ubrzavanja sopstvene industrijalizacije, postizale porobljavanjem i bezobzirnim izrabljivanjem neindustrijalizovanih kolonija. Poljoprivreda je i u nacionalnim okvirima i u međunarodnim razmerama predstavljala glavni rezervoar razvojnih potencijala ubrzane industijalizacije, kao glavnog činioca sve šire i sve ubrzanije reprodukcije kapitala.

U eksploataciji tih potencijala korišćene su sve potencijalne mogućnosti: besplatno ili skoro besplatno korišćenje prirodnih bogatstava; maksimalna eksploatacija radne snage visokim oporezivanjem i snižavanjem zarada do

[6] Vera Nikolova, *Kolonije nekad i sad*, Rad, Beograd, 1954., str.10/11.

[7] dr Vinko Krišković, cit. rad, str. 90.

[8] dr Mićo Ćušić, *Antikolonijalna revolucija, nesvrstanost i bezbednost*, Vojnoizdavački zavod, Beograd, 1984., str. 22.

[9] dr Vinko Krišković, cit. rad, str. 53.

[10] Stjepan Radić, *Moderna kolonizacija i Slaveni*, Matica hrvatska, Zagreb, 1904., str.58.

najnižeg mogućeg nivoa; proterivanje domorodačkog stanovništva sa plodne zemlje i njeno (često besplatno) dodeljivanje doseljenicima iz metropola; administrativno plafoniranje cena sirovina, drugih proizvoda i prirodnih dobara; monopolizacija spoljnog i ograničavanje unutrašnjeg tržišta; zabrana proizvodnje koja konkuriše proizvodnji metropola.

Doseljenici iz metropola mogli su se ponašati kao gospodari, a domorodci samo kao roblje. Svakom engleskom *„...doseljeniku bilo je slobodno da se nastani gdje hoće i da obrađuje zemlje koliko može za vrlo neznatnu odštetu državi, a „indijanci" su bili puko stado, koje su činovnici i misionari imali, doduše samo dobro pasti i tek po zakonu strići, ali se dogodilo, što se bez javne kontrole uvijek događa, da je „stado" ostajalo uvijek gladno, ali do kože ostriženo, pače i do krvi ogoljeno"*[11].

U interesu prvobitne akumulacije doseljenika, vršena je i nasilna proletarizacija domorodačkog stanovništva stvaranjem bezemljaša putem konfiskacije i nacionalizacije obradive zemlje. Domorodcima je zabranjivana kupovina zemlje, a doseljenicima je nacionalizovana i konfiskovana zemlja prodavana po niskim cenama i povoljnim uslovima. Diferencijalnim nametima kolnijalna uprava je primoravala domorodce da rade na plantažama evropljana i da se zadužuju. Vršene su i prinudne mobilizacije radno sposobnog stanovništva, kao i vrbovanje radne snage[12].

Prvobitna akumulacija kapitala podrazumeva pretvaranje samostalnog, relativno slobodnog rada u najamni, relativno prinudni rad, koji se ne može vršiti bez ikakve, pa i nasilne prinude. U kolonijama su, kao i u metropolama, samostalni proizvođači lišavani sopstvenih sredstava proizvodnje kako bi bili prinuđeni da stupaju u najam kod domaćih ili doseljenih poslodavaca. Seljacima je nasilno oduzimana zemlja a zanatlijama zabranjivano da se samostalno bave svojim zanatom.

Kad je čovek bez posla, kao nezamenjivog uslova egzistencije, zadovoljan je kad dobije bilo kakav i bilo kako plaćen posao, a kapitalističko najamništvo rado prihvataju i oni koji od poljoprivrede ili nekog drugog samostalnog posla ne mogu „sastavljati kraj sa krajem". U kolonijama je, kao i u metropolama, siromašno seljaštvo masovno napuštalo svoju zemlju i dobrovoljno „legalo na rudu" tuđem kapitalu, što je svugde predstavljalo jedan od najznačajnijih činilaca ubrzane industrijalizacije.

[11] Isto, str. 17.
[12] V.P. Panov, *Evoljucija ekonomičeskih form kapitaljizma*, Nauka, Moskva, 1969., str. 28-31.

Ako je kapital u potrazi za najamnim radom, i rad je u potrazi za kapitalom. Pošto se kapital mora stalno obrtati da bi se reprodukovao i održavao, njegovi vlasnici ne biraju sredstva da mu obezbede za to neophodnu radnu snagu, kao što vlasnici radne snage sve čine da bi se radi obezbeđenja sopstvene egzistencije domogli makar i najamničkog posla. Jedan od najsnažnijih motiva kolonijalnih osvajanja je stvaranje što šireg tržišta najamnog rada, a kolonije vapiju za stranim kapitalom.

Na međusobnoj zavisnosti najamnog rada i kapitala zasniva se međusobna zavisnost kolonija i metropola, baš kao radničke i kapitalističke klase, čiji je međusobni odnos zapravo u osnovi kolonijalnog odnosa. Ukoliko je seljaštvo kolonija još prividno samostalno, i ono je indirektnom eksploatacijom suštinski stavljeno u najamničku poziciju. Direktnom ili indirektnom eksploatacijom, metropola preko svog kapitala praktično celu koloniju pretvara u svog najamnika uspostavljajući u suštini kapitalistički odnos.

Suštinu međusobne zavisnosti kolonija i metropola čini obostrani interes za razvoj, bez kojeg nema ni opstanka. Razdvajanjem rada i kapitala razdvojeni su osnovni činioci privrednog i društvenog razvoja, što je pored klasne uslovilo i kolonijalnu međuzavisnost. S industrijalizacijom su nacionalne ekonomije postale usko grlo privrednog razvoja, i zemlje koje su se prve industrijalizovale morale su zagraničnim zahvatanjem proizvodnih činilaca širiti reprodukcioni prostor, što su da bi se industrijalizovale, morale činiti i zaostale zemlje jer dok su jednim nedostajale sirovine i radna snaga, druge su oskudevale u kapitalu.

Pošto okosnicu razvoja kapitalističkog društva čini uvećavanje kapitala, tome su, posredno ili neposredno, podređeni svi činioci društvene reprodukcije. Zato se u svim kapitalističkim statistikama i teorijama za osnovni kriterijum i pokazatelj razvoja uzima rast društvenog proizvoda ili nacionalnog dohotka, dok se rast stanovništva tretira kao pokazatelj nerazvijenosti.

To je sasvim u prirodi kapitalističke reprodukcije, kojom se rast stanovništva stavlja u funkciju uvećanja kapitala, i čijim se tokovima kapital napaja životnim sokovima eksploatisanih masa, a ne obrnuto, da se one koriste njegovim plodovima. Zato eksploatisane mase vekovima tavore na minimumu egzistencije dok se kapital na njihov račun stalno uvećava.

Ti tokovi su se kolonizacijim samo prelili preko nacionalnih granica zadržavajući kolonije na minimumu egzistencije i stavljajući njihovu reprodukciju u funkciju još bržeg razvoja razvijenih metropola, čija se pomoć usmerava samo na razvoj onih sektora, grana i delatnosti koje olakšavaju kolonijalnu eksploataciju, uz sprečavanje svega što je otežava. *„Privredni razvoj Trećeg svijeta „blokiran" je imperijalističkom eksploatacijom, i može se deblokirati samo ako se ta eksploatacija raskine, a imperijalizam se sa svoje strane mora boriti protiv tog raskida zbog kojeg bi mu moglo odzvoniti"*[13].

Na tome se zasnivaju suprostavljene strategije globalnog razvoja međunarodnih odnosa i međunarodne zajednice: jedna usmerena ka ukidanju, a druga ka ovekovečenju eksploatacije. Iza njih su i dva suprostavljena međunarodna pokreta: kolonijalni, koji štiti, i antikolonijalni, koji napada kolonizaciju.

Idejna platforma antikolonijalne strategije sadržana je u Deklaraciji usvojenoj (bez saglasnosti razvijenih zemalja) na šestom zasedanju Generalne skupštine Organizacije Ujedinjenih Nacija 1974. godine. Deklaracijom je proklamovan novi međunarodni ekonomski poredak (NMEP), koji treba da se zasniva naročito na principima suverene jednakosti, pravednosti, nediskriminacije, uzajamne zavisnosti i ravnopravne saradnje.

Nasuprot tome, razvijene zemlje su izradile alternativnu, u suštini kolonijalnu strategiju, po kojoj bi one kolonijama pružale pomoć u zadovoljavanju „osnovnih ljudskih potreba", pod kojim se podrazumevaju samo fiziološke, tojest životinjske potrebe. *„Onako kako je originalno predočen, način zadovoljavanja osnovnih ljudskih potreba vodio bi novom neokolonijalnom procesu, koji bi za dulje razdoblje neutralizirao aspiracije zemalja u razvoju, smirio borbu tih zemalja za vlastiti razvoj, nametnuo im tradicionalne ekonomske strukture koje su ih i dovele u današnje stanje i u krajnjoj liniji ih eliminirao kao potencijalne konkurente sa svjetskog tržišta i iz međunarodne podjele rada"*[14].

Antikolonijalna strategija otvara, a kolonijalna, za račun kolonizatora, zatvara dugoročne perspektive ekonomskog razvoja kolonija. Prva izražava vekovne težnje čovečanstva koje tek treba ostvarivati, a druga konzervira postojeće kolonijalne odnose u težnji da ih još više učvrsti.

Zbog usmerenosti na ukidanje kolonijalne eksploatacije, antikolonijalna strategija nailazi na teško savladive otpore kolonijalnih sila. *„Osnovni cilj (kolonijalne) strategije u prvih godinu i po dana (nakon proklamovanja NMEP),*

---

[13] *Promjene u suvremenom razvijenom kapitalizmu*, Izd. centar „Komunist", Centar za društvena istraživanja pri Predsedništvu SKJ, Beograd, 1973., knj. 3, prilog Pierre Jalee, str. 518.

[14] dr Rikard Štajner, *Anatomija neokolonijalizma i (opća) teorija međunarodnog ekonomskog poretka*, Privredni pregled, Beograd, 1980., str. 253.

negde do sredine 1975. godine, u jeku najžešće kampanje nerazvijenih zemalja i zemalja u razvoju za NMEP, bio je da se što odlučnije, nepopustljivije odgovori na iznenadni globalni izazov i da se svim sredstvima, uključujući i razmišljanja o primeni sile, ne dozvoli dovođenje u pitanje stabilnost funkcionisanja postojećeg međunarodnog ekonomskog sistema i ekonomskog položaja i interesa najbogatijih u njemu". Politika vodeće kolonijalne sile SAD se *„...čvrsto borila za očuvanje postojećeg međunarodnog ekonomskog poretka, postojećih disproporcija i neravnopravnosti koje su se i dalje uvećavale na štetu sveta u razvoju"*[15].

Razvijene zemlje su sistematski odbijale svaku pomoć nerazvijenim zemljama koja nije u njihovom neposrednom interesu. Zbog njihovog otpora, borba za osnivanje Fonda Ujedinjenih nacija za kapitalni razvoj trajala je punih 15 godina, pa i kad je osnovan proteklo je pet godina do početka njegovog funkcionisanja, u toku kojeg su vršene gotovo beznačajne uplate u odnosu na razvojne potrebe.

Ako se kapital razvijenih zemalja hrani eksploatacijom nerazvijenih, iluzorno je očekivati da se ona ukine uz pomoć samih eksploatatora. Kao osnova društvene reprodukcije, reprodukcija kapitala odvija se kao objektivan društveni proces, i nezavisno od dobre ili zle volje eksploatatora i eksploatisanih. I kad bi hteli da ukinu eksploataciju, eksploatatori to objektivno ne bi mogli a da ne ukinu i same sebe. Svi pokušaji u tom pravcu redovno su propadali.

Iz istog razloga ne uspevaju ni pokušaji da se prevaziđu razlike između razvijenih i nerazvijenih zemalja jer je neravnomeran razvoj takođe objektivna zakonomernost kapitalističke reprodukcije, koja se ne može odvijati bez eksploatacije jednih od strane drugih, zaostalijih od strane naprednijih. Do nastanka kapitalizma sve zemlje bile su na približnom nivou razvijenosti, a onda je odjednom otpočeo proces ubrzanog povećavanja nejednakosti uprkos svim pokušajima da se one ublaže.

Raskorak u stepenu razvijenosti proizvodnih snaga između današnjih razvijenih i nerazvijenih zemalja, meren proizvodnjom po stanovniku, bio je pre dva stoleća 2:1, a krajem XX veka 39:1[16]. Disparitet u prihodima između najsiromašnijih i najbogatijih zemalja kretao se od 1:3 početkom XIX veka, 1:13 početkom XX veka, 1:30 šezdesetih, 1:60 devedesetih i 1:84 na samom kraju

---

[15] dr Dušan Nikoliš, *SAD - Strategija dominacije*, Radnička štampa, Beograd, 1985., str. 70 i 77.
[16] Blagoje S. Babić, *Prelaz u tranziciji*, Prometej, Beograd, 1996., str. 22.

XX veka[17]. Jedna četvrtina čovečanstva raspolagala je sa 87%, a tri četvrtine sa 13% svetskog dohotka[18]. Od 1960-1997. godine odnos između 5 najbogatijih i 5 najsiromašnijih, meren učešćem u svetskom dohotku, povećan je sa 30:1 na 74:1[19], a raspon prosečnog dohotka po stanovniku između najbogatijeg Luksemburga i najsiromašnijeg Mozambika iznosio je 1997. godine 504:1 (45.360:90 dolara)[20].

Kolonijalnom eksploatacijom se neizbežno ograničava i blokira razvoj kolonija. Ukoliko se u funkciji razvoja metropola uopšte razvijaju, razvoj kolonija je znatno sporiji i jednostraniji jer u kolonijalnoj podeli rada dobija podređenu ulogu, što ga „...kroz sektorijalnu dezartikulaciju privrede dovodi do blokiranja"[21]. U „...svim glavnim grupama zemalja, odnosno regionima, sa izuzetkom Južne i Istočne Azije, ispoljen je jasan silazni trend stopa privrednog rasta...", koji je „...potenciran u 1980-im godinama"[22].

Što je još pogubnije, kolonijalnom eksploatacijom se sve više sužavaju i zatvaraju razvojne perspektive kolonija jer se iscrpljuju njihovi razvojni potencijali, koje strani kapital sistematski usisava. Iz nerazvijenih u razvijene zemlje stalno se prenose i obnovljivi i neobnovljivi resursi: prirodna bogatstva, sirovine, finansijski i kadrovski potencijali. Još pre II svetskog rata metropole su iz kolonija dobijale 97% svetske proizvodnje kaučuka, 96% kalaja, 95% nikla, 82% zlata, 70% srebra, 64% bakra, 99% jute, 97% kikirikija, 67% vune i ogromne količine sirove nafte[23]. „Mnogi „razvojni programi" koji vode odlivu resursa, finansirani su stranim zajmovima..." i „...retko donose dovoljno prihoda da bi omogućili otplatu dugova"[24].

Sve to slabi akumulativnu i reproduktivnu sposobnost kolonija, dovodeći ih u sve veću zavisnost od metropola. Prema nekim procenama, da bi

---

[17] Slobodan Pokrajac, *Globalizacija između globofilije i globofobije*, Samizdat, Beograd, 2002., str. 23.

[18] Marko Vrhunec, *Suvremeni međunarodni politički i ekonomski odnosi*, Centar CK SKH za idejno-teorijski rad „Vladimir Bakarić" - Politička škola SKH i OOUR NID „Komunist", Zagreb, 1988., str. 17.

[19] Veselin Drašković, *Kontrasti globalizacije*, Ekonomika, Beograd, i Fakultet za pomorstvo Kotor, 2002., str. 96.

[20] Prof. dr Vujo Vukmirica, *Svetska trgovinska politika i tržišta*, PS Grmeč - Privredni pregled, Beograd, 2000., str. 73. i 74.

[21] *Promjene u suvremenom razvijenom kapitalizmu* (Pierre Jalee), isto, str. 513/4.

[22] Milan Vojnović, *Savremeni kapitalizam*, Istraživačko-izdavački centar SSO Srbije, Beograd, 1986., str. 84.

[23] dr Tihomir Djokanović, *Zemlje u razvoju*, Privredni pregled, Beograd, 1971., str. 21. i 22.

[24] *Globalizacija*, CLIO (Martin Kor), isto, str. 74.

se smanjivao jaz između nerazvijenih i razvijenih, nerazvijene zemlje bi morale da investiraju preko 30% od vrednosti svog proizvoda, za što je njihova domaća akumulacija nedovoljna, zbog čega su primorane na stalno zaduživanje da bi ostvarivale bilo kakav ekonomski rast.

Inostrani zajmovi su, međutim, strogo selektivni jer kapital ide tamo gde se može najviše i najbrže oploditi, koncentrišući se pretežno u novoindustrijalizovanim zemljama OPEK-a, dok „...*ignoriše najsiromašniju zonu „periferije"*"[25]. Time potpomaže ekonomsku polarizaciju i stratifikaciju i među samim nerazvijenim zemljama, što olakšava kolonijalnu eksploataciju i učvršćuje kolonijalni poredak.

U takvom poretku najbolje prolaze zemlje koje uspevaju da se zaštite od surove eksploatacije. Pored samih kolonizatorskih sila, to su i manje razvijene zemlje koje nezavisnom ekonomskom politikom i raznim zaštitnim merama uspevaju da spreče odlivanje ekonomskih resursa. Mnoge nerazvijene zemlje „...*snažno su se razvijale upravo u periodima kada su ostale izolovane, kada nije bilo uticaja razvijenih kapitalističkih zemalja, odnosno kada taj razvoj nije imao „satelitske karakteristike"*"[26].

Japan je u razvojnu ekspanziju krenuo tek kad je 1952. god. stekao nezavisnost, postižući do 1973. godine godišnji rast bruto proizvoda po stopi od 10,5%[27]. Odupirući se diktatu kolonijalnih sila, „...*spektakularan ekonomski rast postigli su...*" i istočnoazijski „zmajevi" (Južna Koreja, Tajvan, Singapur i Hongkong), sa godišnjim povećavanjem proizvodnje za izvoz od 13,2-23,8% između 1980. i 1987. godine[28]. I ekonomski napredak Nikaragve pod samostalnom antikolonijalnom vladom sandinista ranih 80-ih godina XX veka, „...*bio je, uprkos užasnim uslovima, iznenađujuće dobar, sa najvišom stopom rasta u Centralnoj Americi*"[29].

Nerazvijene zemlje koje su takoreći iz feudalizma krenule u socijalizam, uspele su da se održe i industrijalizuju zahvaljujući pre svega tome što su se centralizovanim državnim planiranjem zaštitile od kolonijalne eksploatacije

[25] Milan Vojnović, cit. rad, str. 102.
[26] A.G. Frank, navod, dr Danica Drakulić, dr Kosta Josifidis, dr Vera Pilić, *Globalizacija svetske ekonomije*, Savez ekonomista Vojvodine, Novi Sad, 1992., str. 75.
[27] Drago Buvač, *Anatomija japanskog uspjeha*, Globus, Zagreb, 1982., str. 13.; Pol Kenedi, *Uspon i pad velikih sila*, CID Podgorica, IP „Službeni list", Beograd 1999, str. 468.
[28] *Globalizacija - mit ili stvarnost*, zbornik (Džejms Mitelman), Zavod za udžbenike i nastavna sredstva, Beograd, 2003., str. 161.
[29] Noam Čomski, *Kontrolisana demokratija*, CID, Podgorica, 1999., str. 400.

i žestoke tržišne konkurencije. Zahvaljujući samostalnoj ekonomskoj politici, Socijalistička Federativna Republika Jugoslavija orijentacijom na samoupravljanje ostvarila je ekonomski napredak kakav njene republike nikada u svojoj istoriji nisu imale. *„Za četiri i po decenije nakon II svetskog rata ostvarivala je neke rezultate za koje je Zapadnoj Evropi trebalo više vekova. Od tipično nerazvijene zemlje postala je srednje razvijena zemlja. Od tipično agrarne postala je „novoindustrijalizovana"*"[30]. Čak i u vreme velike ekonomske i političke blokade 90-ih godina XX veka, Savezna Republika Jugoslavija je lakše „disala" nego nakon njenog ukidanja ulaskom u kolonijalnu tranziciju.

Zatvaranje od ostalog sveta nije, međutim, trajno rešenje. Zatvorenost je obezbeđivala opstanak i izvestan razvoj dok nije zasićeno domaće tržište, a onda je pod velikim spoljašnjim pritiskom kolonijalnih sila došlo do katastrofalnog sloma i naglog pada zemalja centralizovanog planiranja u kolonijalnu tranziciju. Za kratko vreme ogroman deo njihovog kapitala preliven je u razvijene kolonizatorske zemlje, pod čiju su dominaciju takoreći prekonoć potpale. Glavni udar usmeren je upravo na državnu samostalnost i državni kapital kao glavne prepreke kolonizaciji. Državna imovina se bukvalno razvlači pošto sama *„...država prodaje nacionalna preduzeća ne dobijajući za uzvrat ništa, ili još manje od ništa, budući da uvek plati onaj ko prodaje"*[31].

Od zemalja centralizovanog državnog planiranja jedino se Kina, upravo zadržavanjem izvesne samostalnosti i zahvaljujući prostranosti domaćeg tržišta, još opire totalnoj kolonizaciji, mada je i ona zbog ekonomskog zaostajanja izložena neizbežnoj eksploataciji od strane razvijenih zemalja. Pa ipak, *„...kontrast između tranzicije u Rusiji, kako je ona zamišljena i izvedena od strane međunarodnih ekonomskih* (kolonijalnih - Ž.M.) *institucija, i one u Kini, osmišljene i sprovedene domaćim snagama, nije mogao biti veći: dok je u 1990. godini bruto društveni proizvod (BDP) Kine iznosio 60% od onoga u Rusiji, do kraja iste decenije te vrednosti su se preokrenule. Rusija je u tom periodu iskusila porast siromaštva bez presedana, a Kina je doživela pad siromaštva"*[32].

Samostalnost, međutim, ne znači i nezavisnost od ostalog sveta, u kom stanju više nijedna zemlja na svetu ne može postojati ni opstati, ali podrazumeva uzajamnu i jednakostranu zavisnost pri kojoj nijedna strana nije u poziciji da dominira nad drugom. To je zapravo istorijska alternativa koju su

[30] Blagoje S. Babić, cit. rad, str. 98.
[31] Eduardo Galeano, *Biti kao oni - kultura mira i neokolonijalizam*, Gutenbergova galaksija, Beograd, 1996., str. 126/7.
[32] Džozef E. Stiglic, *Protivrečnosti globalizacije*, SBM - x, Beograd, 2002., str. 20.

kolonizirane zemlje suprotstavile vladajućim kolonijalnim odnosima, i koja pretpostavlja još uglavnom nepostojeće odnose suverene jednakosti.

Suverene jednakosti ne može ni biti na temeljima suverene nejednakosti između kapitala i rada. Sve dok kapital kao glavni činilac društvene reprodukcije, dominira nad živim radom, dominiraće njegovi vlasnici nad proizvođačkim klasama i razvijene kolonijalne sile nad nerazvijenim kolonijama. Bez ukidanja te dominacije ne može se ukinuti kolonijalna eksploatacija, ni među kolonijama i kolonizatorima uspostaviti odnosi suverene jednakosti.

S obzirom da je kapital ključni činilac kapitalističke reprodukcije, ključ za razrešenje osnovne protivrečnosti između rada i kapitala je u samom kapitalu, u odnosu njegovog postojanog i promenljivog dela. Kao što sve postojeće sa svojim postojanjem istovremeno i nestaje, tako je i sa kapitalom, koji se ubrzavanjem sopstvene reprodukcije ubrzano približava sopsvenom kraju, i čiji je kraj početka istovremeno i početak njegovog kraja.

Osnovu razvoja kapitalističkog društva čini reprodukcija kapitala, koja se sastoji u stalnom uvećavanju njegovog postojanog a smanjivanju promenljivog dela. To je suštinska implikacija naučno-tehnološkog progresa, kojim se povećava uloga nauke i tehnologije, a smanjuje uloga živog rada u neposrednom procesu proizvodnje. Glavnu karakteristiku strukturnih promena razvijenih kapitalističkih zemalja predstavlja „...uslovljenost reprodukcije visokom stopom investicija u fiksni kapital, odnosno takve raspodele neto proizvoda koja obezbeđuje visoku stopu akumulacije"[33].

Reprodukcioni izdaci za nauku i tehnologiju stalno se povećavaju a za radnu snagu smanjuju, čime se proces kapitalističke reprodukcije nezaustavivo približava „...kapitalizmu bez rada"[34]. Ali „kapitalizam bez rada" je „kapitalizam" bez kapitala, koji se bez usisavanja živog rada ne može oplođavati ni postojati, a kapitalizam bez kapitala više i nije kapitalizam. Stoga je sve više u opciji savremene naučne misli postkapitalističko, odnosno informatičko ili stvaralačko društvo, društvo znanja i slično, kao ideološki pandan komunističkom društvu, što je sve na liniji istog idejnog usmerenja ka slobodnom društvu, koje u suštini treba da je društvo slobodnog stvaralačkog rada.

Oslobađanje rada ne zbiva se tek nakon kapitalizma već u toku razvojne reprodukcije samog kapitala. Oslobađanje rada od kapitala i kapitala od

---

[33] Vladimir Milenković, *Rad i kapital na Zapadu*, Sedma sila, Beograd, 1965., str. 18.
[34] Ulrich Beck, „*Vitual Taxpayers*" in *What is Globalization*, Polity Press, Cambridge, 2000.

rada je istovetan razvojni proces, i ukoliko se kapital oslobađa od rada uto-liko se rad oslobađa od kapitala. Svaka strana neodoljivo teži da se što pre oslobodi nepoželjnog tereta druge strane i da se sama za sebe i sama od sebe reprodukuje, što se već uveliko ostvaruje. Mnogi industrijski pogoni rade bez prisustva ili uz minimalno prisustvo žive ljudske sile u neposrednom procesu proizvodnje, a „...*svaki drugi odrasli Amerikanac - 90 miliona ljudi sve u svemu - radi kao neplaćeni službenik za neku neprofitnu organizaciju, pri čemu većina daje od sebe najmanje tri sata neplaćenog rada nedeljno...*"[35], što je sve šira pojava i u drugim zemljama. Kapital bez rada nije više kapital već pomoćno sredstvo društvene reprodukcije, a rad bez kapitala nije rad (u tradicional-nom smislu fiziološke i društvene prinude) nego slobodna stvaralčka igra ljudskog uma.

Mutiranjem u nauku i tehnologiju, kapital sam sebe lišava ključne fun-kcije u neposrednom procesu reprodukcije prenoseći je sve više na objektiv-izirano znanje, što je presudno i za zamenu prinudnog proizvodnog rada slo-bodnim stvaralaštvom. Time se vrši organsko sjedinjavanje tekućeg i minulog rada akumuliranog u opštečovečanskim tekovinama nauke i tehnologije, ko-je se ne mogu privatizovati i monopolisati ukoliko se oslobađaju društvene dominacije kapitala, te se utoliko sve manje mogu stavljati u funkciju klasne i kolonijalne eksploatacije.

To je zakonomerni i nezaobilazni put ukidanja svih društvenih nejed-nakosti zasnovanih na monopolskom prisvajanju, pa i same ekspolatacije u funkciji njihovog održavanja i obnavljanja. Glavni zalog samostalnog mete-orskog uzleta Japana iz ekonomske zaostalosti nije bio tuđi kapital već sop-stvena pamet oslonjena na naučna i tehnološka dostignuća. I istočnoazijski „zmajevi" su „...*verovali da, ako žele da smanje jaz u visini dohotka u odnosu na razvijenije zemlje, moraju da smanje jaz u obrazovanju i tehnologiji, tako da su zacrtale takve obrazovne i investicione politike koje mogu da obave takve zadatke*"[36]. Tim putem morale bi krenuti sve nerazvijene zemlje, što je, po svemu sudeći, jedini način da se otrgnu iz ekonomske zaostalosti i da iz temelja uzdrmaju vladajući kolonijalni poredak.

Na isti način i kolonijalne sile pokušavaju da kolonijalni poredak održe i učvrste, dovodeći međunarodnu podelu rada do krajnje polarizacije na um-ni i fizički rad. U toku je proces deindustrijalizacije najrazvijenijih zemalja i

---

[35] Peter F. Drucker, cit. rad, str. 67.
[36] Džozef E. Stiglic, cit. rad, str. 104.

ktično svodi na ogoljenu klasnu eksploataciju. Koncentrisanjem na uslužne delatnosti, kolonijalne sile nastoje da zadrže naučno-tehnološki monopol, a time i supremaciju u ekonomskoj razvijenosti kao osnovni uslov kolonijalne eksploatacije.

Takva strategija se, međutim, ne može trajno održati ako i same nerazvijene zemlje krenu u stvaralačku utakmicu samostalnog kreiranja novih proizvoda, usluga i tehnologija. Ako moćnim metropolama ne mogu parirati kapitalom, moćiće stvaralačkim sposobnostima uz korišćenje sve dostupnijih naučnih i tehnoloških tekovina. Sa novim, kvalitetnijim proizvodima i uslugama svako na otvorenom međunarodnom tržištu može uspešno konkurisati svakome ako svojom kreativnošću prednjači ili bar ne zaostaje.

Profit i život

Protivrečnost kapitala i rada implicira i protivrečnost između profita i života. Kapital je osnova profita, a život osnova rada, ali bez profita nema ni kapitala kao što bez rada nema života. Život je izvor rada, kojim se stalno obnavlja, a rad je izvor profita, i samo preko profita izvor kapitala. Život - rad - profit - kapital je zatvoreni lanac kapitalističke reprodukcije, čije su karike neraskidive jedna od druge.

Njihova neraskidivost podrazumeva međusobnu suprostavljenost u kojoj svaka karika vuče na svoju stranu, čime se lanac reprodukcije zateže i do usijanja. Ključna suprotnost, čijim se jačanjem ili slabljenjem lanac reprodukcije prenapreže ili popušta, skriva se u odnosu profita na strani kapitala, i najamnine na strani života i rada. Kapital zahteva što veći profit, a život i rad što veću najmninu, zbog čega je borba između vlasnika kapitala i rada, te metropola i kolonija neizbežna s obzirom na neizostavnu ograničenost novostvorene vrednosti koju treba deliti.

Profit je glavni cilj angažovanja kapitala, a najamnina glavni motiv angažovanja najamnog rada u procesu reprodukcije. I s obzirom da je nasušna potreba samog života, najamnina je središte direktnog reprodukcionog sučeljavanja i međusobnog sukobljavanja profita i života. Težeći maksimalnoj racionalizaciji proizvodnih činilaca, profiterstvo teži da i cenu radne snage snizi do najnižeg mogućeg nivoa svodeći život najamnika na jedva podnošljivi minimum egzistencije.

Ali ako je profit bitan činilac razvoja, mora postojati objektivna granica između profita i najamnine na kojoj se (ako se apstrahuju ostali činioci) postiže najviši nivo produktivnosti i najbrži mogući razvoj. Kao što krava muzara najviše mleka daje kad se najbolje hrani, tako i radnik najveći učinak postiže kad je „pun životne snage". To ukazuje na besmislenost i ekonomsku neopravdanost besomučne eksploatacije, kojom čovek ispoljava veću bezočnost prema čoveku nego prema životinji.

Najbrži mogući razvoj pri najvišoj mogućoj produktivnosti najamnog rada podrazumevao bi odgovarajuću raspodelu profita na maksimum razvojnih investicija i minimum lične potrošnje vlasnika kapitala. To se dešava uglavnom pri uspinjanju na preduzetničku scenu i pri jakoj konkurenciji kad postoji subjektivna ili objektivna (samo)prinuda na štednju da bi se započeo biznis ili izdržala konkurencija. A kad posao krene i kapital se osili, nastaje opuštanje, dok štednja prelazi u relativno rasipništvo koje i samo postaje sastavni deo biznisa. Preko određene granice rasipništvo, međutim, počinje ugrožavati normalne tokove reprodukcije, kada se počinje javljati i pretnja kolapsom ili bankrotstvom.

Umorstvo radne snage na jednoj, i usputno rasipanje viška rada na drugoj strani su prirodne krajnosti kapitalističke reprodukcije. U svom zahuktavanju, kapital, i na sopstveni račun, pravi „kolateralne" štete, ruši gradeći, i razara stvarajući. Racionalnosti profita počivaju na neracionalnosti života, jer profit je zapravo opredmećeni, umrtvljeni i izgubljeni život. Dobitak na jednoj strani, neizostavan je gubitak na drugoj strani.

Unutarnji nagon razvojne, proširene i sve šire reprodukcije kapitala zahteva intenzivnu i ekstenzivnu eksploataciju, što veće izrabljivanje što većeg broja najamnika. Pošto su resursi radne snage prostorno ograničeni, kapital svoje pipke širi preko regionalnih i nacionalnih granica. Za razliku od nepokretne zemlje, kao ključnog činioca poljoprivredne proizvodnje, belosvetski putnik kapital, kao ključni činilac industrijske proizvodnje, može se kretati širom Planete.

U potrazi za svojim žrtvama, kapital najpre ide tamo gde se može najviše i najbrže oploditi usisavajući i apsolutni i relativni višak vrednosti. I svejedno mu je na kojoj je strani sveta i sa koje strane regionalnih i nacionalnih međa. Ravnodušan je i prema svojim vlasnicima, spreman da ih u svakom trenutku menja i zamenjuje ukoliko ne odgovaraju njegovom neodoljivom nagonu da se stalno oplođava i uvećava. „U duši" je transnacionalista i kosmopolita pošto ne odoleva urođenom nagonu da se neograničeno širi i sa svima poigrava.

Da bi se oplođavao, uvećavao i održavao, kapital mora stalno iznova da prevaljuje put od izvora do ušća - od viška rada preko viška proizvoda i viška vrednosti do profita, kao nemirno more koje svojim isparenjima i njihovim vodenim padavinama stalno napaja svoje izvore odakle mu se ponovo vraćaju. U traganju za svojim izvorištima, on napaja samo ona iz kojih mu se može vratiti više nego što ulaže. Svojom velikodušnošću leči svoju malodušnost.

U potrazi za apsolutnim viškom rada, kapital je prinuđen da, zbog njegove prirodne ograničenosti, obilazi ceo svet. Kolonije su dragoceni rezervoari radne snage koja obilato daje višak rada pod uslovom da dobija skromnu naknadu za potreban rad kojom obezbeđuje najskromniju egzistenciju. Time se ceo život koloniziranih najamnika stavlja u funkciju pravljenja profita jer za nekakav drugačiji život nema ni vremena ni sredstava.

Celo vreme kolonizirani najamnik provodi na poslu i u pripremi za posao, posvećujući ceo život pravljenju tuđeg profita, na što praktično troši i svoju najamninu od koje se izdržava da bi radio za drugoga. I kad je u metropolama radni dan ograničen na osam časova, u kolonijama su najamnici radili znatno, pa i dvostruko duže. Celodnevni fizički rad iscrpljuje radnika do poslednjeg atoma snage da mu ne ostaje energije nizakakvu drugu aktivnost.

Veliki, pa i najveći deo radnog vremena i radne energije troši se na stvaranje viška proizvoda, preko kojeg se život i rad najamnika otuđuje i opredmećuje u profitu poslodavca. To sasvim evidentno pokazuju i visine najamnina, koje su u kolonijama neuporedivo niže nego u metropolama, kao i najamnine domorodaca u poređenju sa platama doseljenika u samim kolonijama. U elektronskoj industriji SAD, na primer, najamnine su 20 puta više nego na Tajvanu; jedan sat rada u korporaciji u Singapuru je 30 centi a u matičnoj krporaciji u SAD 3,40 dolara; cena rada u Brazilu je 10 puta niža nego u razvijenim zemljama; a cena rada u Karibima je u proseku 24% od cene američkog radnika[37]. Mnoge kolonije nemaju propise o maksimumu radnog vremena i minimumu najamnina.

Pošto je masa profita određena i intenzivnom i ekstenzivnom eksploatacijom, izrabljivanjem se zahvata celokupna radno sposobna populacija, bez

---

[37] dr Danica Drakulić i dr., cit. rad, str. 120.

obzira na pol i starost. „*Na svim radovima u kolonijama obilato se koristi ženska i dečja najamna radna snaga, koja se plaća veoma malo...*"[38] i kad po radnom učinku ne zaostaje za muškom i odraslom. „*Nove strukture tržišta radnom snagom veoma olakšavaju eksploatisanje radne snage žena na bazi skraćenog radnog vremena a time i zamenjivanje bolje plaćenih muških radnika iz jezgra koje je teže otpustiti, slabije plaćenom radnom snagom*"[39].

Da bi se masa profita uvećala, vršena je (kako u metropolama tako i u kolonijama) i nasilna proletarizacija, kojom je stvarana rezervna armija radne snage, i to ne samo da bi se popunjavala radna mesta u industriji, već i da bi se međusobnom konkurencijom nezaposlenih obarale najamnine. Zbog oduzimanja zemlje i zbijanja domorodaca u rezervacije, u kolonijama je naglo povećavan broj najamnih radnika, pa je, na primer, 1955. godine obezemljeno seljaštvo u Alžiru činilo polovinu, a u Maroku 60% seoskog stanovništva[40].

Zatečeno stanovništvo nije, međutim, moglo udovoljiti rastućim potrebama zahuktale kapitalističke industrijalizacije, sa čijom je eksplozijom došlo i do demografske eksplozije. Do početka industrijalizacije broj stanovnika na Planeti bio je relativno mali i neprimetno se uvećavao u odnosu na sadašnje stanje. Procenjuje se da je šest godina pre naše ere na Zemlji živelo svega pet miliona ljudi, a sada živi preko šest milijardi. Trebalo je milion godina da se sa dva i po miliona dođe na pet miliona, a zatim blizu osam hiljada godina da se taj broj udesetostruči i do 1650. godine poveća na 500 miliona. Za dvostruko povećavanje ovog broja bilo je potrebno dva veka, a za novo udvostručenje 80 godina, dok se u drugoj polovini XX veka udvostručavao za tridesetak godina[41]. U XVIII veku stanovništvo sveta uvećavano je za četvrtinu milijarde svakih 75 godina, a danas se takvo povećanje dešava svake tri godine[42].

Površna su objašnjenja da je demografska eksplozija rezultat poboljšanja uslova života i zdravstvene zaštite, ili brige za povećanje kućnog budžeta i zbrinjavanje u starosti ako se ima više dece[43]. Po tome bi razvijene zemlje imale veći prirast stanovništva nego nerazvijene jer imaju viši životni standard, bolju zdravstvenu zaštitu i mogućnosti da štede, dok su uslovi života

---

[38] Vera Nikolova, cit. rad, str. 203.

[39] David Harvey, *From Fordizm to flexibile accumulation*, in „The conditions of Postmodernity", Blackwell, Cambridge, 1996.

[40] V.P. Panov, cit. rad, str. 81.

[41] Rikard Štajner, cit. rad, str. 256.

[42] Pol Kenedi, *Priprema za 21. vek*, Službeni list, Beograd, 1997., str. 28.

[43] Vidi: Rikard Štajner, cit. rad; Pol Kenedi, *Priprema za 21. vek*

i zdravstvene zaštite koloniziranog stanovništva na donjoj granici opstanka sa minimalnim mogućnostima i za tekuće preživljavanje a kamoli za zbrinjavanje starijih i stvaranje nekakvih rezervi za budućnost.

Pokazuje se da su natalitet i životno blagostanje u protivrečnoj međuzavisnosti. Razvijene zemlje sa jednom trećinom svetskog stanovništva, imale su 1970-ih godina godišnju stopu rasta između 0,5% i 1%, a nerzvijene sa dve trećine stanovništva 2-3%[44]. To je za rezultat imalo da je od ukupno 5.734.000.000 ljudi koji su 1995. godine činili svet, četiri petine živelo u zemljama trećeg sveta, a ostali u 28 razvijenih zemalja[45], dok je 13 razvijenih zemalja imalo nulti rast stanovništva[46].

Eksplozija bogatstva i demografska eksplozija potekli su iz istog izvora ali na suprotnim stranama: jedna na strani poslodavaca, a druga na strani najamnika: *„Jedni su imali veliko bogatstvo i malo dece, drugi su imali mnogo dece i bili bez bogatstva"*[47]. Demografska eksplozija je bila uslov, a eksplozija bogatstva proizvod industrijske i kapitalističke revolucije, prva ulaz a druga izlaz kapitalističke reprodukcije.

Kapitalističke revolucije ne bi bilo bez industrijalizacije proizvodnje, ali ni industrijske revolucije bez akumulacije kapitala. I za jednu i za drugu neizostavni uslov bila je masovna proletarizacija proizvođača odvajanjem od proizvodnih sredstava i zadržavanja na minimumu egzistencije. Ubrzani industrijski rast kapitalističke privrede podrazumevao je *„...da se stanovništvo povećava, da bogati postaju još bogatiji, dok se plata radnika održava na egzistencijalnom minimumu"*[48].

Nezajažljive potrebe za industrijskom radnom snagom i akumulacijom kapitala omogućavale su zapošljavanje ali ne i bogaćenje sve većeg broja najamnika, čime je podsticano ubrzano uvećavanje proletarijata i u metropolama i u kolonijama. Povećavanjem kapitala povećavana je samo brojčanost radne snage sa tendencijom da se, konkurencijom mase nezaposlenih najamnika, najamnine sistematski održavaju na minimumu. Demografskom eksplozijom kolonije su pretvorene u rezervoar radne snage i za metropole, u kojima

---

[44] Miodrag Čabrić, *Program za razvoj u sistemu UN*, Centar za međunarodne studije Fakulteta političkih nauka Beograd i Savremena administracija, Beograd, 1974., str. 14/5.

[45] Zlatko Isaković, *Osnovi teorije političke moći u međunarodnim odnosima*, Institut za međunarodnu politiku i privredu, Beograd, 1998., str. 20.

[46] *Globalizacija*, CLIO (Robert Gutland), isto, str. 218.

[47] Prof. dr Volfram Engels, *Kapitalizam i njegove krize*, izdavač prof. dr Života Ristić, Beograd, 2000., str. 23/4.

[48] Navod Rikarda, isto, str. 16.

radi oko 120 miliona radnika iz siromašnih zemalja[49], a koje svoje probleme prenaseljenosti i nezaposlenosti rešavaju preseljavanjem u kolonije.

Proletarizacija kolonija i širenje kolonijalne eksploatacije predstavljaju veliku odušku za metropole. Iako se i u njima prezasićenošću tržišta radne snage i žestokom konkurencijom parališe pritisak zaposlenih na povećavanje najamnina, težište eksploatacije je na kolonijama, gde je armija nezaposlenih mnogo veća a najamnine neuporedivo niže. U 1977. god. nerazvijene zemlje su imale 330 miliona nezaposlenih ili delimično zaposlenih lica, što je preko 40% radne snage, koja u tim zemljama raste prosečno godišnje za 2,5%[50].

Radi eksploatacije u funkciji pravljenja profita, industrijski kapitalizam veštački proizvodi radnu snagu kao što proizvodi svaku robu i troši je kao što troši svaku proizvodnu snagu. Osnovni smisao kapitalističke reprodukcije je zapravo da od ljudskog života pravi profit, koji se pretvara u osnovni smisao samog života, postavljajući se time i kao osnovni cilj života, i to ne samo radnika već i kapitaliste, koji za profit živi i umire, samo što on to čini svesno i dobrovoljno a radnik po nuždi i pod posrednom ili neposrednom prinudom.

Profit je ne samo osnovni nego i krajnji cilj kapitalističke reprodukcije koji se postavlja iznad svih ostalih ciljeva, pa i generičkih ciljeva čovečanstva. Trka za profitom preti da ljudski rod preko demografske eksplozije dovede do samog ponora jer je neograničeni rast stanovništva u dubokoj i neprevladivoj koliziji sa prirodno ograničenim mogućnostima života na Planeti. Sva istraživanja pokazuju da se prirodni resursi ubrzano iscrpljuju bezobzirnom eksploatacijom u funkciji isrpljujućeg gomilanja profita.

Sa bezobzirnom eksploatacijom čoveka vrši se, radi uvećavanja profita, i bezobzirna eksploatacija prirode. Zajedno sa pokorenim čovekom, „... stavljena je u službu gomilanja novca i pokorena priroda... Nekoliko zemalja rasipa prirodna bogatstva svih. Zločin i ludilo rasipničkog sveta: najbogatiji ljudi - znači 6% od ukupnog svetskog stanovništva - proždiru trećinu energije i trećinu svih prirodnih bogatstava koja se troše u svetu"[51].

Povećana eksploatacija čovečanstva praćena je povećanom eksploatacijom Planete, koja se „...nalazi u komi, jer ju je industrijska civilizacija ozbiljno

---

[49] Podatak Međunarodne organizacije rada, Vojislav Mićović, *Globalizacija i novi svetski poredak*, Čigoja štampa, Beograd, 2001., str. 66.

[50] dr Taki Fiti, *Tehnološki kolonijalizam*, NIO „Studentski zbor", Skopje, 1984., str. 222.

[51] Eduardo Galeano, cit. rad, str. 116. i 117.

zatrovala a potrošačko društvo iscedilo do poslednje kapi"[52]. Za protekla dva veka količina energije koju troši ljudska civilizacija, povećana je pet puta[53], a samo u prvih 20 godina nakon II svetskog rata svet je potrošio više nafte i ruda nego što je potrošeno u celoj istoriji čovečanstva[54]. U Latinskoj Americi *„...umire u minutu 22 hektara šuma, najvećim delom žrtvovane kompanijama koje proizvode meso i drvo namenjeno uglavnom potrošnji u inostranstvu"*[55].

Upozorava se da je globalni industrijski rast kapitala već dosegao krajnju granicu, te da je *„...globalna privreda prevazišla mogućnost Zemlje da služi kao rudnik i kao otpad"*. Volfang Saks smatra da *„...kada bi se sve zemlje povele za primerom industrijskih zemalja, bilo bi potrebno pet ili šest planeta koje bi služile kao izvori za sirovine i slivnici za otpad privrednog razvoja"*[56]. Kao dokazi o dostignutoj granici rasta navode se: ograničena mogućnost prisvajanja biomase od strane čoveka, klimatske promene, rupa u ozonskom omotaču, uništenje zemljišta, smanjenje biološke raznovrsnosti[57].

Upozorenje je sa zakašnjenjem došlo od strane nauke, a *„...s gledišta politike, tek je tokom 80-ih godina (XX veka), s kiselim kišama, ozonskim rupama i „efektom staklene bašte" do svesti ljudi doprla činjenica da industrijsko zagađenje utiče na čitavu planetu, prelazeći sve granice"*[58]. I tek je 2002. godine na Međunarodnom skupu u Johanesburgu usvojena Deklaracija kojom je ukazano na socijalne, ekonomske, političke i ekološke probleme održivog razvoja[59], pod kojim se podrazumeva ravnoteža između potrošnje resursa i sposobnosti društvenih sistema da zadovolje potrebe sadašnjih i budućih generacija.

Kapitalistička klasa i kolonijalne metropole su, međutim, više zabrinuti za sudbinu kapitala nego za sudbinu sadašnjih i budućih generacija. Razvijene industrijske zemlje, koje najviše eksploatišu i zagađuju prirodu, najviše se opiru preduzimanju radikalnih mera da se ona zaštiti. Nagon za profitom i održanjem kapitala, uprkos sve ozbiljnijim upozorenjima na opasnost od planetarne katastrofe, i dalje nadjačava prirodni nagon za životom i održanjem ljudskog roda.

---

[52] Isto, str. 116.
[53] Zlatko Isaković, cit. rad, str. 32.
[54] Barnet, navod Blagoja S. Babić, cit. rad, str. 20/1.
[55] Eduardo Galeano, cit. rad, str. 116.
[56] Prilog u zborniku Globalizacija, CLIO, isto, str. 241
[57] Isto (Robert Gutland), str. 210-218.
[58] Isto (V. Saks), str. 253.
[59] Slobodan Pokrajac, cit. rad, str. 29.

Kapital je sve manje zabrinut za sudbinu stanovništva jer se sve više oslanja na eksploataciju minulog rada a žive radne snage je na sve strane sveta u sve većem izobilju. Otkako je težište kapitalističke ekploatacije počelo da se pomera s apsolutnog na relativni višak rada, reprodukcija kapitala se sve manje zasniva na živom, a sve više na minulom radu opredmećenom u objektiviziranom znanju. Scientizacija, tehnologizacija i automatizacija proizvodnje sve više izbacuju živu ljudsku silu iz proizvodnog procesa, i ona za reprodukciju industrijskog kapitala postaje sve suvišnija.

Promene u karakteru reprodukcije kapitala uslovljavaju i odgovarajuće demografske promene. Oslanjanje na sve veću eksploataciju žive sile dovodilo je najpre u kolonijalnim metropolama do demografske eksplozije, koja se potom sa tehnologizacijom i automatizacijom proizvodnih procesa stišavala i približavala nultom rastu a sada se spušta i ispod nivoa proste reprodukcije. Geografska pomeranja težišta biološke eksploatacije izazivaju slične demografske promene i u kolonijama, gde je nasuprot metropolama, u toku demografska eksplozija.

Sasvim je sigurno da će sa tehnološkom modernizacijom i smanjivanjem mogućnosti za zapošljavanje i preživljavanje, u celom svetu doći do ublažavanja demografskog rasta i njegovog usklađivanja s objektivnim mogućnostima opstanka, što potvrđuju i tekuće promene u novokoloniziranim zemljama Istočne Evrope. U Rusiji je sada stopa smrtnosti odraslog stanovništva za 10% viša nego u Indiji, a životni vek muškog stanovništva je sa 63,5 godine u 1970. opao na 58 godina u 1995. godini[60].

To je samo osnovna tendencija jer deluju i drugi faktori demografskih promena ali su svi povezani sa karakterom društvene reprodukcije. Nesumnjivo je da poboljšanje uslova života, koje je neposredno povezano sa društvenom reprodukcijom, podstiče demografski rast, ali na višem nivou životnog standarda pažnja se više poklanja kvalitetu nego kvantitetu života jer se niko ne miri s tim da mu se deca muče i gladuju. Svako voli da je bogatiji i da ima više, pa ko nije u mogućnosti da se bogati akumuliranjem viška vrednosti, satisfakciju traži u višku dece. Odatle je i potekla narodna izreka da su deca najveće bogatstvo, ali ne zato što, po rezonu bezdušnih profitera, doprinose bogaćenju već što svojim postojanjem obogaćuju sam život.

Sa tim je u vezi i jedan od najznačajnijih demografskih činilaca koji se obično previđa baš zato što je najneposrednije povezan sa nagonom za rađanjem. Čovek je po prirodi društveno biće i zato nagonski teži da stvara i širi

---

[60] Branislav Mitrović, *Tranzicija postsocijalističkih privreda*, Prosveta, Niš, 2000., str. 161.

društvenu zajednicu, u kojoj se što je šira tim sigurnije oseća. I što je zajednica manja i zatvorenija taj nagon jače deluje, zbog čega su patrijarhalne porodice bile brojnije od savremenih. Kad su industrijalizacijom patrijarhalni okovi porodice razbijeni, njeni članovi su se razmileli po celom svetu, i čežnja za punom kućom je iščezla.

Ali ne samo što su se čeljad iz kuće razmilela po svetu, nego je širenjem telekomunikacija i svet umileo u kuću. U šali se kaže da je televizor u kući zamenio ženu u krevetu, što nije bez osnova, ali ne zato što je prekratio vreme za bračnu igru već što je umanjio osećaj potrebe za rađanjem. Sa širenjem televizije demografska eksplozija je splasnula i u gradu i na selu, što nije slučaj sa zaostalim kolonijama gde televizija zbog krajnje siromaštine još nije doprla te se još živi odvojeno od sveta ili se zbog celodnevne zauzetosti i iscrpljenosti na poslu, ni za televiziju nema snage ni vremena.

Ta i televizija je u službi kapitala, koji život mesi po ukusu beživotnog profita. Po meri profita se ljudski život širi i sužava, unapređuje i unazađuje, obogaćuje i osakaćuje. Nova živa bića se ne rađaju radi samog života već radi rađanja novih profita, gomilanjem materijalnog bogatstva gomila se životna beda, oplođavanjem kapitala uškoplje se život, usrećivanjem malobrojnih krvopija ispija se krv mnogobrojnih unesrećitelja.

Oplođavanje kapitala uvećavanjem profita vrši se isisavanjem i usisavanjem života sa svih strana i na sve moguće načine a najviše sa najlakše strane i na najlakši način. I ako jedan izvor slabi drugi se pojačava, ako se teško savlađuje otpor na jednoj strani, napada se sa druge strane, gde se ne može profitirati život se prepušta usudu i zloj sudbini.

Svako uvećavanje profita vrši se na račun ljudskog života i rada. Ako se smanjuje apsolutni, još više se povećava relativni višak rada, pa i kad se podižu najamnine znatno više se podiže profit; ako se sužava eksploatacija živog, širi se eksploatacija minulog rada; smanjivanje direktne, vrši se uz povećavanje indirektne eksploatacije, a padanje profitne stope uz povećavanje mase profita; ublažavanje izrabljivanja metropola kompenzira se pojačanim izrabljivanjem kolonija.

Tehnologizacijom i automatizacijom proizvodnje obezbeđuje se uvećavanje profita na račun minulog rada mnogih generacija ne samo neposrednih stvaralaca naučnih i tehnoloških tekovina, već i proizvođačkih masa čijim se viškom rada omogućava naučno-tehnološko stvaralaštvo. Iako postojani kapital, u kojem je opredmećen minuli rad, sam po sebi ne stvara nikakvu vrednost, te se sam od sebe ne može uvećavati, bez njega se ne stvara nikakva nova vrednost. Pa i u direktnoj eksploataciji samog živog rada sadržana je i eksploatacija minulog rada opredmećenog u znanjima i iskustvima radnika, koja se vekovima stiču i prenose sa generacije na generaciju. Nova vrednost se stvara samo spajanjem živog i minulog rada, pa niti produktivnog rada ima bez ikakve tehnologije, niti se tehnologija može stavljati u funkciju proizvodnje bez ikakvog živog rada.

Industrijskom tehnologizacijom se progresivno menja organski sastav kapitala tako što se u neposrednom procesu proizvodnje povećava udeo minulog, a smanjuje udeo živog rada, te povećava postojani a smanjuje promenljivi kapital, usled čega profitna stopa pada ali veličina profita, upravo na račun minulog rada, raste. Time se direktna eksploataija sve više smanjuje a indirektna još više povećava, i smanjuje direktno a povećava indirektno uzurpiranje života.

Pre svega, indirektno se eksploatiše i uzurpira život ogromne mase nezaposlenih, koji svojim pritiskom na tržište radne snage obezbeđuju maksimalnu eksploataciju zaposlenih, pa kapital ne profitira samo na zaposlenim već i na nezaposlenim. Desetine i stotine miliona nezaposlenih i poluzaposlenih u kolonijama predstavljaju debelu zaleđinu bezobzirne eksploatacije zaposlenih, i u kolonijama i u metropolama. Indirektnu eksploataciju predstavlja i minuli rad nezaposlenih u firmama iz kojih su otpušteni a za koji nisu dobili nikakvu, ili su dobili samo delimičnu naknadu.

Ali profit se ne stiče samo eksploatacijom živog, već i opredmećenog rada i povećava se sa smanjivanjem troškova proizvodnje, kako izdataka za radnu snagu tako i za materijalne troškove. Što je u procesu proizvodnje angažovana veća radna snaga, veći su, po pravilu, i materijalni troškovi, pa se po oba osnova uvećava i profit. Ali ako raste produktivnost, profit se po osnovu ušteda na materijalnim troškovima uvećava i kad se radna snaga smanjuje jer se po radniku troši više materijala. Bezobzirni poslodavci štede i na račun zaštite na radu, kao i po drugim osnovama na štetu radnika.

Zakonita je tendencija kapitalističke reprodukcije da se tehnologizacijom proizvodnje povećava produktivnost i količina angažovanih proizvodnih sredstava, a smanjuje angažovana radna snaga. Sa rastom produktivnosti, proporcionalno raste proizvodna potrošnja pogonske energije, sirovina i repromaterijala, na čiji se račun produktivnost zapravo najviše i povećava. Da nije kolonija, njihove rezerve u metropolama bi odavno presušile, i industrijska proizvodnja bi stala.

Uvozom ili neposrednim korišćenjem (preko svojih korporacija) jeftinih, pa i besplatnih sirovina i energije, metropole zgrću ogromne profite na račun kolonija. *„Industrijske nacije, koje čine ⅕ svetskog stanovništva, troše ⅘ svetskih resursa, i to uglavnom za proizvodnju luksuzne robe...",* dok *„...Treći svet, koji čini ¾ svetskog stanovništva, troši svega 20% svetskih resursa"*[61]. Iscrpljivanjem prirodnih resursa, ugrožava se život ne samo sadašnjih već i budućih generacija, dovodeći u pitanje i sam opstanak koloniziranih naroda. Otimanjem i uništavanjem prirode, otimaju im i uništavaju život, bez izgleda za oporavak jer su mnogi vitalni resursi neobnovljivi.

Na drugoj strani, kolonizatorske zemlje se unapred obezbeđuju od moguće nestašice. Umesto prirodnih sirovina proizvode profitabilne veštačke materijale, prirodnu hranu zamenjuju jeftinijom veštačkom hranom, izlažući kolonije nepodnošljivoj konkurenciji i uništavajući njihovu proizvodnju. Početkom šezdesetih godina prošlog veka, nerazvijene zemlje su učestvovale sa 40% u svetskom izvozu hrane, a već u 1974. godini samo sa 25,5%. *„Nekada su siromašni bogatima morali prodavati jeftinu hranu...",* a *„...u novoj situaciji, bogati prodaju siromašnima skupu"*[62]. U međunarodnoj razmeni, kolonije izvoze jeftine sirovine, a uvoze skupe fabrikate, ali njihov udeo u prozvodnji sirovina sve više opada: od 1964-1982. god. pao je sa 85% na 45%[63].

Čak i najjeftinija veštačka hrana za kolonizirane mase je, usled sve veće siromaštine, sve skuplja, zbog čega sve više gladuju, obolevaju i umiru, što je jedna od svesnih ili nesvesnih mera za suzbijanje demografske eksplozije. *„Protiv nižih rasa koje se množe kao kunići, koristi se glad umesto gasnih komora... U nedostatku svetskih ratova, glad vodi bitku sa demografskom eksplozijom"*[64].

Ali glad nije jedina mora. Uništavanjem životnih resursa i primenom po život i zdravlje štetnih tehnologija, ugrožen je i sve više se ugrožava život cele Planete. *„Sve je veća oskudica pijaće vode i čistog vazduha (kiseonika), smanjenje šumskog fonda, izumiranje brojnih biljnih i životinjskih vrsta, kontaminiranost poljoprivrednog zemljišta, jezera, reka, mora i okeana itd."*[65]. Zbog *„...slijepe jurnjave za profitom, mnogi krajevi se pretvaraju u „stvarni muzej užasa" od zagađenja"*[66].

---

[61] *Globalizacija* (Martin Kor), CLIO, isto, str. 73.

[62] dr Rikard Štajner, cit. rad, str. 66-67.

[63] Marko Vrhunec, cit. rad, str. 48.

[64] Eduardo Galeano, cit. rad, str. 69.

[65] Slobodan Pokrajac, cit. rad, str. 29.

[66] Noam Čomski, *Kontrolisana demokratija*, isto, str. 391.

U velikoj jurnjavi za profitom, „...*slavni porast produktivnosti je u velikoj meri omogućen ogromnom potrošnjom fosilne energije, koja zahteva raskopavanje tla, sa jedne strane, i gomilanje otpada, sa druge*"[67]. I s obzirom da najveću produktivnost ostvaruju razvijene industrijske zemlje, one najviše i zagađuju Planetu, izbacujući u atmosferu, pored ostalog, i 74% ugljenične kiseline prema 26% nerazvijenih zemalja[68].

Industrijske metropole, međutim, sebe zaštićuju prebacivanjem ekološkog tereta na kolonije. „*Stvaraju se privilegovane ekološke zone na jednom, i rezervati za smeštaj opasnih materija na drugom polu*"[69]. U kolonije se iz metropola izvoze prljave i zabranjene tehnologije, a uvoze ekološki zdravi proizvodi. „Folksvagen" i „Ford" u Brazilu proizvode automobile bez filtera za tržište nerazvijenih, a sa filterom za tržište razvijenih zemalja. Argentina proizvodi bezolovni benzin za izvoz, a za domaće tržište proizvodi otrovni benzin[70]. Metropole pustoše bioenergetske resurse kolonija, a za uzvrat njihova tržišta pune zatrovanom hranom, radioaktivnim mlekom i cigaretama prepunim katrana i nikotina, lekovima, kontraceptivnim sredstvima i pesticidima zabranjenim u Evropi, SAD i Japanu[71].

Procenjuje se da su „...*ekološke potrebe našeg privrednog sistema ispunile raspoloživ ekološki prostor Planete...*"[72], čime su praktično zatvorene perspektive za dalju industrijalizaciju sa sadašnjim tehnologijama, jer bi dalje iscrpljivanje ekoloških potencijala vodilo u planetarnu katastrofu. Samo udvostručenje inače niskog životnog standarda Kine i Indije „...*zapretiće ukupnoj atmosferi Zemlje...*", i ako bi se ispunili planovi Kine da svaka kuća ima frižider, „...*iscrpljivanje zaštitnog ozonskog omotača bilo bi ogromno*"[73].

Prva konferencija Ujedinjenih nacija o čovekovoj okolini, održana u Štokholmu juna 1972. godine, usvojila je Deklaraciju koja proklamuje „...*pravo ljudskih bića na zdravu okolinu i njihovu odgovornost da štite i poboljšavaju tu okolinu za buduće generacije...*", a Generalna skupština UN usvojila je, iste godine, Program za čovekovu okolinu. Međutim, proklamovana prava najviše krše i usvojeni Program ignorišu najveći zagađivači čovekove okoline[74].

---

[67] *Globalizacija* (V. Saks), CLIO, isto, str. 241.

[68] Veslin Drašković, cit. rad, str. 37.

[69] M. Pečujlić, *Globalizacija - dva lika sveta*, Gutenbergova galaksija, Beograd, 2002., str. 131/2.

[70] Eduardo Galeano, cit. rad, str. 121.

[71] *Globalizacija* (Martin Kor), CLIO, isto, str. 66.

[72] Isto (Dejvid S. Korten), str. 31.

[73] Pol Kenedi, *Priprema za 21. vek*, isto, str. 217/8.

[74] *Ujedinjene nacije*, Ujedinjene nacije, Njujork, 1985., str. 83.

U besomučnoj jurnjavi za profitom, razvijene industrijske zemlje i njihove korporacije dovode u pitanje i sopstvenu budućnost. Demografskoj eksploziji ima da zahvale za stvaranje ogromnog tržišta, ne samo najamne radne snage već i sopstvenih proizvoda, koje ne bi imale kome prodavati. Demografskim umorstvom i zatvaranjem razvojnih perspektiva kolonija unapred se svete samim sebi jer u skoroj budućnosti, ako tako nastave, neće imati gde i niotkud da zgrću profite.

Dok se bogati sve više bogate, siromašni sve više siromaše, i „...*sve je dublji ponor između ogromne većine kojoj treba mnogo više od onoga što troše, i majušne manjine koja troši mnogo više nego što joj je potrebno*"[75]. I „...*uprkos obećanju o smanjenju siromaštva ponavljanom tokom poslednje decenije XX veka, stvarni broj ljudi koji žive u siromaštvu je u tom periodu porastao za skoro 100 miliona, što se desilo istovremeno sa prosečnim godišnjim rastom svetskog dohotka od oko 2,5%*"[76].

Tokom kolonizacije, nivo egzistencije koloniziranih naroda sve više je snižavan tako da oni „...*danas žive pogubnijim i siromašnijim životom nego u vreme oslobođenja od (klasičnog) kolonijalizma...*"[77], dok je standard kolonizatora istovremeno, zajedno sa profitima, rastao. Samo u deceniji od 1979. do 1987. godine prosečni godišnji dohodak najsiromašnije petine stanovništva opao je za preko 6%, dok je u međuvremenu za petinu najbogatijih porastao za preko 11%, a raskorak u kretanju njihovih plata bio je još veći: između pada od 9,8% i rasta od 15,6%[78].

Kao rezultat takvog trenda, još 1980-ih 17-20% populacije nerazvijenih zemalja živelo je u apsolutnom siromaštvu bez elementarnih uslova za život: redovnog zaposlenja, odgovarajućeg stanovanja, zdrave pijaće vode, redovne lekarske nege i dr.[79] A 2000. godine, 20% najsiromašnijih stanovnika Planete jedva je preživljavalo sa 1,4%, dok je 20% najbogatijih uživalo 82,7% svetskog dohotka, tako da su dohoci jednih bili 60 puta manji od dohodaka drugih. U isto vreme, dohodak 20% najbogatijih koji su živeli u siromašnim zemljama, i 20% najsiromašnijih iz bogatih zemalja bio je u srazmeri 1:150[80]. Skoro tri milijarde stanovnika Planete imalo je dohodak ispod dva dolara,

---

[75] Eduardo Galeano, cit. rad, str. 74/5.

[76] Džozef E. Stiglic, cit. rad, str. 19.

[77] *Globalizacija* (V. Saks), CLIO, isto, str. 240.

[78] Noam Čomski, *Kontrolisana demokratija*, isto, str. 119/20.

[79] dr Taki Fiti, cit. rad, str. 101.

[80] *Globalizacija* (Dejvid S. Korten), CLIO, isto, str. 34.

dok je 15% uživalo blagodeti 80% prirodnog bogatstva sveta. U nerazvijenim zemljama životarilo je 777 miliona gladnih, a u 49 najnerazvijenijih zemalja 307 miliona tavorilo sa manje od 1 dolara dnevno[81]. Od svakih deset Latinoamerikanaca, četiri žive u apsolutnoj bedi. U 1960. godini, jedan od tri Brazilca bio je neuhranjen, a danas su neuhranjena dva od tri. Brazil ima 17 miliona napuštene dece, a od desetoro dece koja umiru, sedmoro ubije glad. Godine 1970. u Čileu je bilo 20% siromašnog stanovništva, a danas je siromašno 45%[82].

U istočnoevropskim zemljama čija je kolonizacija u toku, odvijaju se slični trendovi. U 11 zemalja „tranzicije" broj apsolutno siromašnih porastao je samo između 1989. i 1994. godine za 75 miliona[83], a u Rusiji se od 1989-1998. godine udeo siromašnih u ukupnoj populaciji popeo sa 2% na 23,8%[84]. U toku samo jedne godine, potrošačke cene na ruskom tržištu skočile su za 100%, realne zarade smanjene za 80%, a milijarde rubalja višegodišnjih ušteđevina građana obezvređene[85].

Za utehu, ali i za ohrabrenje kolonizirane sirotinje, sve više siromaši i radno stanovništvo razvijenih zemalja. Za dvadeset godina, zemlje Evropske unije postale su bogatije za 50-70% i privreda je rasla mnogo brže od populacije, pa se ipak broj nezaposlenih popeo na 20 miliona, 50 miliona je ispod granice siromaštva, a 5 miliona beskućnika[86]. Dok je u SAD „...*nacionalna ekonomija rasla, ekonomski izgledi za većinu Amerikanaca su se smanjivali*"[87]. Životni standard je od 1980. godine stalno padao, razlike u zaradama se povećavale, a polarizacija između bogatih i siromašnih se produbljivala. Godine 1989., 1% najbogatijih američkih domaćinstava (od kojih svako vredi bar 2,3 miliona dolara) posedovalo je gotovo 40% nacionalnog dohotka; krajem 1990-ih, američki menadžeri zarađivali su 90 puta više od industrijskih radnika, a zarade 30% Afroamerikanaca i 20% hispanika bile su ispod zvanične granice siromaštva. Još 1960-ih godina, preko 25%, odnosno 50 miliona stanovnika SAD bilo je siromašno, preko 10 miliona bez socijalnog osiguranja, a više od 8 miliona živelo je u najbednijim uslovima. Godine 2000. skoro četvrtina od

---

[81] Borivoje - Bora Đorđević, cit. rad, str. 149.

[82] Eduardo Galeano, cit. rad, str. 71/2, 74. i 128.

[83] Zoran Vidojević, *Tranzicija, restauracija i neototalitarizam*, Centar za sociološka istraživanja Instituta društvenih nauka, Beograd, 1997, str. 54.

[84] Džozef E. Stiglic, cit. rad, str. 162.

[85] Džeremi Foks, *Čomski i globalizacija*, IP Esotheria, Beograd, 2003., str. 53.

[86] Ulrich Beck, *Vitual Taxpayers*, in „What is Globalization", Polity Press, Cambridge, 2000.

[87] Džeremi Foks, cit. rad, str. 36.

ukupnog broja i čak 50% afro-američke dece mlađe od 6 godina živelo je ispod granice siromaštva[88].

Pogubne ekstremnosti i neracionalnosti profiterske reprodukcije najdrastičnije se ispoljavaju kroz pomore miliona potencijalnih proizvođača i stvaralaca na jednoj, i megalomansko rasipništvo gotovanskih profitera na drugoj strani. Dvesta pedeset pet svetskih milijardera kontroliše više bogatstva nego što iznosi kombinovani godišnji dohodak zemalja u kojima živi 45% svetskog stanovništva[89]; dvesta najbogatijih ljudi na svetu raspolaže imovinom većom od hiljadu milijardi dolara, a tri najbogatija milijardera poseduju 135 milijardi dolara, što premašuje ukupan bruto-nacionalni prihod 35 siromašnih zemalja[90].

Dalje produbljivanje klasnih i kolonijalnih suprotnosti potpuno bi blokiralo ekonomski i društveni razvoj, što bi vodilo pravo u ponor, na čijoj ivici je neizbežna socijalna eksplozija. Ako se predviđa da će „...*napadi na superbogate u jednom trenutku porasti...*" u samim SAD[91], šta reći o napadima siromašnih i opljačkanih kolonija na superbogate metropole koje sve više ispijaju njihovu krv i znoj.

Da bi se razvoj održao, odnos između profita i života mora se potpuno obrnuti, pa umesto života u funkciji profita, profit da je u funkciji života, koji umesto profita treba da postane najviša vrednost i osnovni smisao društvene reprodukcije. Život radi tuđeg profita i profitiranje na tuđem životu treba da se zameni profitiranjem radi sopstvenog života i životom radi samog života.

Naučno-tehnološki progres u funkciji razvoja, ubrzava ali samim tim i ukida klasnu i kolonijalnu eksploataciju, odvajajući reprodukovanje mrtvog kapitala od živog rada, i živog rada od mrtvog kapitala. Umesto da uzaludno očekuju milost nemilosrdnog kapitala, nezaposleni se moraju sami zapošljavati. „*Dok zvanična (profitabilistička kapitalistička) privreda nastavlja da se raspada, većinu ljudi će muka naterati da žive van nje*"[92].

Put bez eksploatacije čovečanstvo je počelo da u (nekapitalističkoj i neprofitabilističkoj) zadružnoj privredi pronalazi još sredinom XIX veka, i to

---

[88] Vidi: Majkl Harington, *Druga Amerika*, Prosveta, Beograd, 1965; *Globalizacija*, zbornik, Zavod za udžbenike, Beograd, 2003.; Džeremi Foks, cit. rad; *Globalizacija*, CLIO, Beograd, 2003; Pol Kenedi, *Priprema za 21. vek*, isto

[89] Miroslav Pečujlić, cit. rad, str. 118.

[90] Vojislav Mićović, cit. rad, str. 181. i 187.

[91] Džeremi Foks, cit. rad, str. 37.

[92] *Globalizacija* (Edvard Goldsmit), CLIO, isto, str. 476.

u tada najkapitalističkijoj zemlji (Engleskoj). Uporedo sa monopolističkim kapitalizmom razvija se nemonopolističko zadrugarstvo, sa blizu milijardu ljudskih duša koje su u njega na razne načine uključene, i najrazvijenije je upravo u najrazvijenijim kapitalističkim zemljama[93].

Ubrzanom tehnologizacijom i automatizacijom proizvodnje, smanjivanjem najamne radne snage i padanjem profitne stope, kapitalistička reprodukcija se ubrzano približava svom kraju, bez najamnog rada i bez kapitala. Samim tim sve više pada ekonomska vrednost proizvoda, a time i sredstava proizvodnje, približavajući se nultoj vrednosti i stanju slobodnog raspolaganja sredstvima i proizvodima ljudskog rada. Potisnuti iz neposrednog procesa proizvodnje, slobodni proizvođači i stvaraoci moraju biti spremni da kapitalističko privređivanje u celini prevedu u zadružno.

Konkurencija - monopolizacija - integracija

Pokretačku snagu kapitalističke reprodukcije predstavlja protivrečnost između slobodne konkurencije i prinudne integracije, zasnovane na monopolizaciji. Osnovni proces reprodukcije počiva na spajanju dva relativno slobodna i konkurentna činioca: radne snage i kapitala. Oni su na slobodi i u konkurenciji samo dok su jedan naspram drugog, a čim se spoje, čvrsto se vezuju jedan za drugog i integrišu u jedinstvenu reprodukcionu celinu, ali pod apsolutnom dominacijom kapitala, koji tokove reprodukcije, po meri sopstvenog oplođavanja, sam određuje.

Na slobodnom tržištu, radnik konkuriše sa ponudom radne snage, a vlasnik kapitala sa ponudom posla. Do slobodne pogodbe i razmene dolazi pod uslovom najpovoljnije ponude s obe strane (najniže cene radne snage i najviše najamnine) jer su i jedna i druga strana izložene pobočnoj konkurenciji drugih najamnika i poslodavaca. I vlasnik radne snage i vlasnik kapitala su slobodni da biraju između različitih ponuda ali su prinuđeni da izaberu jednu jer se kapital bez radne snage ne može reprodukovati niti radnik bez najamnine živeti.

Pošto je reprodukcija kapitala osnovni smisao kapitalističke reprodukcije, pod njegovom dominacijom uspostavlja se vertikalna integracija, koja se

---

[93] Vidi: Dragan Marković, *Zadružno upravljanje*, Savez naučnih stvaralaca, Zadružni savez Jugoslavije, Beograd, 2002.

može održavati samo pomoću <u>nagonske</u> prinude kapitala da se reprodukuje i radnika da se održi u životu, kao i neposredne društvene prinude u samom procesu reprodukcije. Takva prinuda neophodna je zbog suprostavljenih interesa: s jedne strane poslodavca da za što nižu najamninu iz najamnika iscedi što više rada, i s druge strane najamnika da se za što veću najamninu što manje zamara.

Nužnost konkurencije proističe iz obostrane ograničenosti kapitala i radne snage, jer niti kapitala ima toliko da pod najpovoljnijim uslovima može uposliti svu radnu snagu, niti je radne snage toliko da je kapital može eksploatisati besplatno i neograničeno. Usled tih ograničenja, integralno tržište kapitala i radne snage uvek je ograničeno, i širi se ili sužava zavisno od povećanja ili smanjenja ponude zaposlenja i radne snage nezaposlenih.

Kolonizacija je u funkciji sve većeg širenja integralnog tržišta, koje je u interesu i kolonija i metropola, dovelo do prerastanja zatvorenih nacionalnih tržišta u otvoreno, ali takođe ograničeno planetarno tržište. Nacionalne i regionalne granice više ne predstavljaju nepremostivu prepreku za slobodno kretanje i kapitala i radne snage u svim pravcima i svim smerovima, ali uprkos tome kapital upošljava sve manje radne snage, koja je sve jeftinija što je kapitala više.

S obzirom da je kapital ključni činilac kapitalističke reprodukcije, ključnu ulogu u širenju integralnog tržišta ima međusobna konkurencija vlasnika kapitala, koji kao vodena bujica probija zatvorenost nacionalnih i regionalnih tržišta i širenjem kolonizacije sve više širi planetarno tržište. Kapitalistički moćnici metropola ne biraju sredstva da, milom ili silom, na bilo kojem kraju Planete dođu do što jeftinije radne snage, sirovina, energije i novih tržišta, kako bi postali još moćniji ali i da ne bi izgubili već stečenu moć.

Upravo se radi o biti ili ne biti jer konkurencija deluje kao viša sila kojoj se svako, hteo ne hteo, mora povinovati da bi napredovao i opstao. Zato je srećnike ili nesrećnike koji su se u njeno kolo uhvatili, uzaludno pozivati na razum i uzdržavanje od preterane eksploatacije. Oni moraju igrati, i nadigravati se, kako orkestar neumoljive konkurencije svira ili će iz kola ispasti i propasti, pa i pored najbolje volje ispadaju i propadaju ako nisu dobri, i najbolji igrači.

Nadigravanje se vrši pre svega u eksploataciji najamne radne snage jer ko više eksploatiše taj je konkurentniji, ostvaruje veći profit i ostaje u igri, dok oni koji zaostaju gube i ispadaju. A što se odigrava među pojedinačnim eksploatatorima, odigrava se i među eksploatatorskim državama u eksploataciji

kolonija jer ko u tome prednjači, prednjači i u ekonomskom razvoju, obezbe-
đujući najveću konkurentnost na međunarodnom tržištu. Prednjačenje bo-
gatih metropola u srazmeri je sa zaostajanjem njihovih siromašnih kolonija,
pa je Galeano u pravu kad kaže da bogatstvo bogatih zemalja „…*u velikoj
meri potiče od stranog siromaštva i njime se hrani sve više i više*"[94].

Stihijno utrkivanje u eksploataciji da bi se ostalo u konkurenciji, izmiče
kontroli zdravog razuma jer preterana eksploatacija postaje kontraproduk-
tivna dovodeći proizvodnu snagu najamnika do iscrpljenosti sa kojom pro-
duktivnost neizbežno pada. To je opšta karakteristika stihijnog i primitiv-
nog ili divljeg kapitalizma, koji hara i današnjim kolonijama, satirući ih
takozvanom slobodnom konkurencijom moćnih metropola, oplemenjenom
prosvećenim monopolskim kapitalizmom.

Što u obuzdavanju divlje eksploatacije primitivni kapitalizam nije mo-
gao postići pojedinačnim razumom izolovanih i međusobno suprostavljen-
ih konkurenata, postigao je prosvećeni kapitalizam kolektivnim razumom
države, svodeći eksploataciju na razumnu meru ograničavanjem radnog
vremena i garantovanjem minimuma egzistencije putem državnih propi-
sa[95]. Zabluda je da je viši standard zaposlenih u razvijenim industrijskim
zemljama rezultat samo ili prvenstveno organizovane borbe radničke klase
gde je ona inače najneborbenija. Omogućen je pre svega kolonijalnom eksp-
loatacijom nerazvijenih i manje razvijenih zemalja, a prva je počela da ga
obezbeđuje kapitalistička država, i to prvenstveno u interesu kapitalističke
klase radi povećanja produktivnosti i još profitabilnije eksploatacije.

Ako se preduzetnička integracija najamnog rada i kapitala održava
pod neposrednom prinudom poslodavca nad najamnicima, njihova nacio-
nalna integracja obezbeđuje se državnom prinudom vladajuće kapitalističke
klase nad obezvlašćenim proizvođačkim klasama, s tim što se država kao
integrativna sila u interesu cele kapitalističke klase postavlja i iznad njenih
pojedinačnih pripadnika. Kolonizacijom se ona proširuje u planetarnu inte-
graciju pod dominacijom najmoćnije kolonijalne sile pod čijim su kolonijal-
nim bičem vertikalno integrisane nacionalne zajednice cele Planete.

Sa najnižeg do najvišeg nivoa vertikalne integracije stiže se dijalektičkom
igrom konkurencije i monopolizacije, koje se međusobno suprostavljaju ali i
pretpostavljaju. Kroz tu igru odvija se ceo proces kapitalističke reprodukcije.

---

[94] Cit. rad, str. 16.
[95] Vidi: Vladislav Milenković, cit. rad, str. 119-151; Silvester Zavadski, *Država blagostanja*,
Radnička štampa, Beograd, 1975., str. 16. i 21-41.

Osnovni smisao slobodne konkurencije sastoji se u spajanju najamnog rada i kapitala, čija se vertikalna integracija održava društvenom prinudom, koja pretpostavlja monopol nad osnovnim činiocima kapitalističke reprodukcije, bez čijeg se posedovanja prinuda ne može vršiti.

Najamni rad mora da se spaja sa kapitalom zbog toga što je on u monopolskom posedu kapitalističke klase, kojim se obezbeđuje i monopol nad radnom snagom. Već pri prvobitnoj akumulaciji kapitala kapitalistička klasa čini sve da proizvođača odvoji od proizvodnih sredstava i prinudi na prodaju radne snage, čime ga praktično pripaja kapitalu i preuzima u sopstveni monoploski posed. Sva takozvana slobodna konkurencija među pojedinačnim posednicima radne snage i kapitala odvija se unutar tog kolektivnog monopola.

Na slobodnom tržištu susreću se sve sami monopolisti. Svaki poslodavac je monopolski posednik svog kapitala, i svaki najamnik isključivi posednik sopstvene radne snage. U slobodnu konkurenciju ulaze isključivo monopolisti nudeći ono što drugi ne poseduju, i prolaze samo oni što nude pogodnosti koje drugi ne mogu ponuditi. Pri nestašici radne snage, dobiće je samo oni koji više plate, kao što će se pri oskudici posla, zaposliti samo besposličari koji mogu da podnesu niže najamnine. A kad uđe u najam, najamnik gubi monopol i nad radnom snagom, čiji isključivi posednik postaje poslodavac.

U međusobnoj konkurenciji posednika kapitala, u monoplskom je položaju svako ko koristi jeftinije ulazne činioce reprodukcije (radnu snagu, sirovine, repromaterijal, pogonsku energiju, prirodne pogodnosti) i na unosnijem tržištu robu i usluge prodaje iznad cene koštanja. To je i osnovni smisao monopolizacije kolonija od strane metropola, koje čine sve da ih vezuju za sebe, pa i potpunom asimilacijom.

S internacionalizacijom tržišta internacionalizuju se i konkurencija i monopolizacija, koje zapravo sve većoj internacionalizaciji tržišta i vode goneći na pronalaženje i osvajanje novih mogućnosti, prednosti i pogodnosti. *„Da bi monopol bio potpun, konkurente treba odstraniti ne samo s unutrašnjeg tržišta (s tržišta date države), nego i s vanjskog, iz cijelog svijeta…"*[96], radi čega je *„…jačanje konkurentske snage postalo centralni problem kapitalističke privrede"*[97].

---

[96] V.I. Lenjin, *O nacionalnom i kolonijalnom pitanju*, Naprijed, Zagreb, 1958., str. 299.
[97] Vojislav Milenković, cit. rad, str. 8.

Podleganjem neizdržljivoj konkurenciji, najslabiji konkurenti propadaju ali ne propada njihov kapital već prelazi u jače ruke, na čemu se zasniva sve veća centralizacija kapitala sa stvaranjem sve većih i najvećih korporacija „*...najsposobnijih da izvrše napore investiranja i istraživanja, koji su ključ konkurentske sposobnosti, naročito na sektorima napredne tehnologije*"[98]. Upravo je „*...priliv velikih količina industrijskih proizvoda...*" takvih korporacija u kolonije „*...izazvao raspad domaćih zanatskih i sitnih industrijskih preduzeća koja nisu bila u stanju da izdrže konkurenciju razvijenih industrijskih zemalja*"[99].

Ali konkurencijom se ne razaraju samo mala preduzeća nego i životna sredina. Da bi se maksimalno povećala konkurencija, vlasnici fabrika ne poštuju nijedan propis o uklanjanju otpada, što ne zavisi samo od njihove dobre volje već i od gvozdenih zakona same konkurencije. „*U globalnoj privredi, slobodnoj za sve, nijedna zemlja ne može da pooštri propise o zaštiti životne sredine koji bi povećali industrijske troškove a da sebe ne dovede u „nepovoljan položaj" u odnosu na svoje konkurente*"[100].

Glavne konkurentske mogućnosti nisu, međutim, u razaranju nego u stvaranju, odakle i razorna snaga konkurencije potiče. Najkonkurentnije su firme sa najvišom produktivnošću, a u produktivnosti prednjače oni koji koriste visoke i najviše tehnologije. Zato konkurencija deluje kao glavna pokretačka snaga tehnološkog novatorstva i naučno-tehnološkog progresa, podstičući stalna i sve veća ulaganja u istraživačku delatnost, kao najznačajniju investiciju. I ko najviše ulaže taj prednjači i obezbeđuje tehnološki monopol u konkurenciji s ostalima.

Tehnološki monopol je osnova, ali i proizvod tehnološke kolonizacije. Pošto tehnološka istraživanja zahtevaju velika ulaganja, mogu ih finansirati samo moćne korporacije koje ostvaruju visoke profite, dok su eksploatisane firme i kolonije iz kojih se profiti odlivaju, osuđene na korišćenje tuđih i već zastarelih tehnologija, čime se, za račun tehnoloških monopolista, izlažu još većoj eksploataciji i gube sopstvenu konkurentnost.

S obzirom da se ograničeni resursi kolonija sve više iscrpljuju, njihovo zaostajanje u razvoju sve više proističe iz neiscrpnog a monopolističkog novatorstva metropola. Produbljivanjem tehnološkog jaza produbljuju se raz-

---

[98] *Promjene u suvremenom razvijenom kapitalizmu*, knj. 2. (Jean-Jacques Servan – Schreiber), isto, str. 106.

[99] dr Tihomir Đokanović, cit. rad, str. 26.

[100] *Globalizacija* (Edvard Goldsmit), CLIO, isto, str. 108. i 118.

like u razvijenosti, koje vode ka zaustavljanju i na jednoj i na drugoj strani pošto se jedni razvijaju na račun drugih.

Spas od ubitačne konkurencije traži se u reprodukcionom povezivanju i udruživanju u konkurentne monopolističke korporacije. Tako su, ne samo po dobroj volji već i po nuždi, nastajale sve privredne asocijacije, među kojima su i najmoćnije transnacionalne korporacije, sa milionima akcionara i mnoštvom integrisanih osovinskih i pobočnih, velikih i malih, ali od konkurencije zaštićenih privrednika.

Koliko konkurencija podstiče monopolizaciju, toliko monopolizacija jača konkurenciju. Konkurenciju malih sve više smenjuje konkurencija velikih konkurenata s implikacijama koje u društvenoj reprodukciji izazivaju duboke potrese sa pratećim i pretećim krizama hiperprodukcije. Pri stihijnom utrkivanju, svako se za sebe i protiv svih bori da što većom i što jeftinijom proizvodnjom osvoji i monopoliše tržište, što neizbežno vodi do manjih ili većih potresa. Najveći potres kapitalističke reprodukcije izazvala je velika kriza 1929. godine, kada su najviše stradale najveće korporacije i najrazvijenija - američka privreda.

Upravo u isto vreme vršena je u Sovjetskom Savezu etatistička centralizacija celokupne društvene reprodukcije, od koje su spasitelji kapitalističke reprodukcije razvijenih industrijskih zemalja imali dosta da nauče. Državna centralizacija je za sve predstavljala najurgentniji spas od pogubnih posledica stihijne i nekontrolisane konkurencije, zbog čega je sredina XX veka obeležena planetarnim jačanjem državnog monopolizma, koji je presekao lanac vrtoglavih kriza hiperprodukcije i, uprkos velikim ratnim razaranjima bar za određeno vreme obezbedio ubrzani privredni rast.

Ne samo za Sovjetski Savez i njegove kolonijalne satelite već „...za kapitalističku ekonomiju i buržoasko društvo u celini, u vremenu posle 1930. godine, jedna od osnovnih karakteristika bila je postepeno jačanje države, koja je ubrzo postala njegova osnovna snaga"[101]. Uticaj države „...na celokupne društvene i ekonomske tokove savremenih kapitalističkih zemalja izvanredno brzo raste, naročito posle velike ekonomske krize 30-ih godina, i drugo, posle II svetskog rata, a naročito od kraja 50-ih godina, ona sve manje interveniše u privredi, a sve pretežnije istupa kao faktor

---

[101] dr Ljubinka Bogetić, dr Sava Živanov, dr Žarko Gudac, *Prilozi za savremenu političku istoriju*, ITRO „Privredno finansijski vodič", Beograd, 1981., str. 77.

integralnog državno kapitalističkog regulisanja i planiranja privrede visoko razvijenih kapitalističkih zemalja"[102].

Preuzimanjem ključnih grana društvene reprodukcije, država je postala ključni stožer ekonomske i društvene integracije, pa i glavni monopolista sa odlučujućim uticajem na monopolsko ponašanje svih ostalih subjekata reprodukcije. Svojim propisima i merama, te preko državnih službi i preduzeća mogla je direktno i indirektno da usmerava osnovne tokove i odnose reprodukcije, reguliše ponudu i tražnju, obezbeđuje privredni razvoj, sprečava moguće poremećaje i utiče na odnose međusobne konkurencije privrednih subjekata a da sebe obezbeđuje od svake konkurencije.

Kao ključni stožer nacionalne integracije, država je postala i glavni akter međunarodne integracije. Ona se u međunarodnim odnosima javljala kao glavni izvoznik i uvoznik roba i usluga; prodavac i kupac profitabilnih patenata i licenci za njihovo korišćenje; garant izvoznih i uvoznih poslova, kredita i investicija privatnog kao i državnog kapitala; jemac za komercijalne i političke rizike u poslovima s inostranstvom; zaštitnik domaće proizvodnje putem carinskih, trgovinskih, direktnih i indirektnih mera zaštite. Brinula se za osvajanje novih tržišta, i posebno za profitabilan izvoz i sigurnost izvezenog finansijskog kapitala[103]. *„Spoljna trgovina, na čije usmeravanje država utiče zakonskim propisima, sklapanjem međunarodnih ugovora, deviznom i monetarnom politikom, predstavljala je oblast u kojoj individualni ekonomski agensi nisu više imali nikakvu slobodu delovanja, već su se naprotiv morali pokoravati pravilima koja im je nametala država"*[104].

Država je oduvek bila akter kolonizacije i kolonijalne eksploatacije, ali nikada toliko angažovana kao na savremenoj kolonizaciji. Od privrede do ideološke propagande, ona u svim sferama kolonizatorske aktivnosti igra glavnu ulogu u kolonijalnom potčinjavanju i učvršćivanju vertikalne integracije između kolonija i metropola. I to ne čine samo državne vlasti metropola, nego u sprezi sa njima, i vlasti samih kolonija.

Vertikalna etatistička i kolonijalistička integracija su komplementarni tokovi jedinstvenog procesa nacionalne i internacionalne centralizacije i monopolizacije kapitala, koji se odvija kroz međusobnu konkurenciju njegovih

---

[102] dr Stojan Jankov, *Savremeni privredni sistemi*, Savremena administracija i Institut za ekonomska istraživanja, Beograd, 1972., str. 70.

[103] Vladislav Milenković, *Današnji kapitalizam*, NIP „Borba", Beograd, 1969., str. 145/6; Rudolf Hilferding, *Finansijski kapital*, Kultura, 1958., str. 386.

[104] *Promjene u suvremenom razvijenom kapitalizmu* (Louis Davin), isto, str. 322.

sopstvenih vlasnika. Kao što su se pojedinci eksploatacijom kroz konkurenciju i monopolizaciju bogatili na račun drugih pojedinaca, na sličan način su se i pojedine zemlje kolonijalnom eksploatacijom kroz međunarodnu konkurenciju i monopolizaciju bogatile na račun drugih zemalja, što je za krajnji rezultat imalo nacionalnu i internacionalnu centralizaciju bogatstva, koje je zajednički proizvod svih proizvođačkih i stvaralačkih snaga Planete.

S obzirom da je kolonijalna eksploatacija samo produženi oblik klasne eksploatacije, kolonijalni profiti slivaju se kroz klasnu konkurenciju samo na račune bogatih i najbogatijih eksploatatora, pa se i kroz kolonijalnu konkurenciju koncentrišu uglavnom u bogate i najbogatije metropole. Time se istovremeno vrši i nacionalna i internacionalna centralizacija kapitala, koji po nagonskoj inerciji teži da se koncentriše i centralizuje.

Po toj inerciji, stvaraju se nacionalne piramide vertikalne integracije, na koje se nadograđuje planetarna piramida, sa eksploatisanim klasama i kolonijama u osnovi, i najmoćnijim profiterima u vrhu. Vekovima se probijala klasna i kolonijalna tendencija da se na grbači eksploatisanih podigne globalna planetarna piramida eksploatatorske reprodukcije, i ona je, na sreću eksploatatora i nesreću eksploatisanih, konačno podignuta.

Ni planetarna ni nacionalna piramida nisu građene nipokakvom sporazumu malih i velikih, eksploatatora i eksploatisanih, već kroz nepomirljivu klasnu i unutarklasnu, međunacionalnu i unutarnacionalnu borbu da se uspne do vrha piramide. Trku su vodile samo kolonijalne sile, i to sa najmoćnijim na čelu, jer se bez kolonijalne eksploatacije do vrha nije moglo uspeti.

Na sam vrh planetarne piramide zasela je konačno jedna jedina, gotovo u svakom pogledu najmoćnija kolonijalna sila, koja je „...najvećim delom XX veka bila i najdominantnija ekonomska sila"[105]. Još 1948. godine, Sjedinjene Američke Države su sa samo 6,3% svetskog stanovništva posedovale oko 50% svetskog bogatstva[106], a 1970-ih godina ostvarivale su 2,5 puta veći društveni proizvod nego sve nerazvijene zemlje zajedno[107], i to pretežno „...uz pomoć tuđe akumulacije i izvlačenja viška vrijednosti iz cijelog svijeta"[108].

SAD su svoj ekonomski uspon otpočetka zasnivale na monopolskim prednostima i velikoj konkurentskoj sposobnosti. „Kada se završio Građanski rat,

---

[105] Noam Čomski, Šta to (u stvari) hoće Amerika?, Institut za političke studije, Beograd, 1994., str. 58.

[106] Isto, str. 15.

[107] dr Rikard Štajner, cit. rad, str. 19.

[108] Marko Vrhunec, cit. rad, str. 21.

SAD su bile u stanju da iskoriste mnoge prednosti - bogato poljoprivredno zemljište, ogromne rezerve sirovina, a čudesan razvoj moderne tehnologije (željeznice, parnih mašina, opreme za rudnike) bio je pri ruci da pomogne razvijanje ovih resursa; nedostatak društvenih i geografskih stega; odsustvo značajne spoljne opasnosti; priliv stranog, a sve više i domaćeg kapitala - sve je to iskorišćeno da se Amerika peobrazi zadivljujućom brzinom. Činilo se da SAD imaju sve one ekonomske prednosti koje su neke od ostalih sila samo delimično posedovale, a nijedan njihov nedostatak"[109].

Zahvaljujući izuzetno brzoj industrijalizaciji, SAD su već krajem XIX veka pretekle Veliku Britaniju i izbile na prvo mesto u svetskoj industrijskoj proizvodnji, pa su „...*između 1860. i 1924. godine više nego sedmostruko povećale svoj izvoz (sa 334 miliona na 2.365 miliona dolara), a zato što su toliko štitile domaće tržište, uvoz se povećao samo petostruko (sa 356 miliona na 1.896 miliona dolara)"[110]. U „...I svetski rat ušle su kao veliki dužnik evropskih zemalja, a kraj rata dočekale kao njihov krupan poverilac i kreditor"[111].* Pošto su 1930-ih prebrodile veliku ekonomsku krizu, iz II svetskog rata su opet izvukle daleko više koristi nego što su imale štete, „...*postavši najveći finansijer i kreditor na svetu...",* sa ⅔ (ili 20 milijardi dolara) ukupnih zlatnih rezervi i više od polovine svetske industrijske proizvodnje, a u toku samog rata (1940-1944. god.) „*... industrijski razvoj SAD rastao je bržim korakom - preko 15% godišnje - nego u bilo kom periodu pre i posle toga"[112].*

Osnovu ekonomskog uspona SAD činio je ubrzani rast produktivnosti, zasnovan prvenstveno na tehnološkom novatorstvu. „*Tehnička opremljenost i napredak u upravljanju podigli su produktivnost rada po zaposlenom čovjeku na nivo koji je za 40% iznad nivoa u Švedskoj (a ona se na svjetskoj ljestvici nalazi odmah iza Amerike), za 60% iznad nivoa u Njemačkoj, za 70% iznad nivoa u Francuskoj, a za 80% iznad nivoa u Engleskoj"[113].* Punih 20 godina posle II svetskog rata produktivnost u američkoj privredi rasla je po godišnjoj stopi od preko 3%[114], i nakon privremenog usporavanja, ponovo je nastavila da raste, pa je od 1980-1986. god. porasla za 20%, kada je industrijska proizvodnja povećana za 46%, najviše među razvijenim zemljama[115].

---

[109] Pol Kenedi, *Uspon i pad velikih sila*, CID, Podgorica i IP „Službeni list", Beograd, 1999., str. 276.

[110] Isto, str. 279.

[111] dr Ljubinka Bogetić i dr., isto, str. 66/7.

[112] Pol Kenedi, *Uspon i pad velikih sila*, isto, str. 370, 402. i 403.

[113] *Promjene u suvremenom razvijenom kapitalizmu*, isto, str. 104.

[114] John Naisbitt, *Megatrendovi*, Globus, Zagreb, 1985., str. 63.

[115] Prof.dr Vujo Vukmirica, cit. rad, str. 89.

Kao izarazito najrazvijenija, Amerika je praktično postala metropola celog sveta, a sve ostale zemlje njene kolonije. Od II svetskog rata, „...*svi ekonomski impulsi kretali su se iz SAD i nacionalna privreda Amerike određivala je manje više sva ekonomska kretanja u svetu*"[116]. Svoje pozicoje Amerika je širila i premoć ostvarivala „...*izvozom kapitala i tehnologije, na bazi svoje ogromne finansijske, tehnološke, tržišne moći, kontrolom nad sredstvima masovnih komunikacija, uticajem na sistem vrednosti, način života, model potrošnje itd.*"[117].

Zahvaljujući pre svega tehnološkoj i ekonomskoj nadmoći, SAD su faktički prisvojile ne samo sve postojeće kolonije, već su kolonizirale i njihove kolonizatore. Uz pomoć II svetskog rata, nadvladale su i pokorile i svoje najveće kolonijalne konkurente iz Zapadne Evrope i Azije. Najmoćnije kolonijalne sile, koje su nekada pod kolonijalnom vlašću držale najveći deo Planete, faktički su pretvorene u kolonije Sjedinjenih Država. Kad su kao saveznici u Drugom svetskom ratu upali u Evropu, Amerikanci iz nje više nisu izlazili, ali pobedonosno oružje protiv saveznika nije bila vojna sila nego dolar. Iscrpljene ratom i ratnim razaranjima, zapadnoevropske zemlje su se same predale, pa je i svojevremeno najmoćnija kolonijalna sila Engleska postala „...*kolonija svoje nekadašnje kolonije*"[118].

Amerikanci su svoj kapital, pod etiketom prijateljske pomoći, u Evropu ulagali da bi je pridobili, porobili i izrabili, pa iz njenog sopstvenog kapitala „...*kanda jedino američka preduzeća doista izvlače dobit*"[119]. Stvarni motiv Maršalovog plana nisu bili humanizam i velikodušnost SAD-a, već jačanje sopstvene bezbednosti i evropskog tržišta za plasman američkih proizvoda[120]. Evropski „...*nacionalni kapital je toliko penetriran američkim kapitalom, da evropske države takođe deluju u interesu američkog kapitala*"[121]. Prema priznanju američkog ideologa Zbignjeva Bžežinskog, Evropa „...*de fakto predstavlja vojni protektorat velikih sila pod komandom SAD-a...*"[122], što se može reći i za Japan, koji „...*bar za sada (krajem XX veka) ostaje u suštini američki protektorat*"[123].

---

[116] Kosta Andrejević, *Međunarodna banka za obnovu i razvoj i njena uloga u razvoju svojih članova*, magistarska teza na Fakultetu političkih nauka u Beogradu, 1971., str. 22.

[117] dr Danica Drakulić i dr., cit. rad, str. 91.

[118] Eduardo Galeano, cit. rad, str. 53.

[119] *Promjene u suvremenom razvijenom kapitalizmu* (Jean Jacques Servan - Sehreiber), isto, str. 120.

[120] Isto.

[121] *Poulantras*, navod dr Danice Drakulić i dr., cit. rad, str. 69.

[122] Navod Vojislava Mićović, cit. rad, str. 98.

[123] Zbignjev Bžežinski, *Velika šahovska tabla*, CID, Podgorica, 1999., str. 30.

Kolonizacija Evrope od strane SAD praktično je dovršena i završena „tranzicijom" SSSR-a i istočnoevropskih zemalja u poslednjoj deceniji XX veka, pa je Planeta u XXI vek ušla kao unitarna kolonijalna imperija sa jednom jedinom metropolom i pod apsolutnom dominacijom do kraja centralizovanog transnacionalnog kapitala. Postoji samo relativna razlika u stepenu kolonizacije različitih zemalja jer je svako u kolonizatorskom položaju prema slabijem od sebe, a i sama Amerika je praktično u kolonijalnom položaju prema sopstvenim (ali sve više i drugim) transnacionalnim korporacijama. Kolonizacijom tzv. realsocijalističkih zemalja, globalna piramida vertikalne integracije je dovršena i više ne može rasti ni u visinu ni u širinu ali je već u toku njeno obrušavanje, transformisanje i rekonstruisanje.

Vertikalne integracije nema bez horizontalne integracije, kolonijalna piramida se ne može visiti a da se ne širi, kao što biljka ne može rasti a da se ne žili i ne grana. Iako su međusobno suprostavljene, sile vertikalne i sile horizontalne integracije su komplementarne i kroz njihovo protivrečno delovanje odvija se ceo društveni razvoj, koji se neizostavno remeti ako jedna sila guši drugu.

Reprodukcija kapitala zasniva se na robnoj proizvodnji i razmeni, koja podrazumeva horizontalno, dobrovoljno i ravnopravno povezivanje proizvođača i potrošača, davalaca i korisnika usluga, koje od povremenog i slučajnog susretanja sve više prerasta u trajnu i organizovanu saradnju. Krize hiperprodukcije proisticale su upravo iz neusklađenosti proizvodnje i potrošnje, te neorganizovane razmene, kao što savremeni reprodukcioni poremećaji nastaju zbog neusklađenosti robnog i monetarnog tržišta.

Savremena kolonizacija počiva na organizovanim i sinhronizovanim tokovima reprodukcije, te na koliko toliko dobrovoljnoj saradnji privrednih subjekata kolonija i metropola. I na toj osnovi, putem odlivanja i prelivanja novostvorene vrednosti, izrasta vertikalna integracija i centralizacija kapitala, koji se sve više otuđuje od svojih izvora i nad njima sve više dominira.

U funkciji vertikalne integracije i centralizacije kapitala, razvijani su oblici sve tešnjeg i sve organizovanijeg horizontalnog povezivanja: od trgovinskih ugovora preko poslovnih saveza i proizvodne kooperacije do integracije manjih u veće reprodukcione celine i sisteme. Oni su danas do te mere internacionalizovani da i „...cipele u toku proizvodnje često obiđu nekoliko zemalja...", a da se ne govori o složenijim proizvodnim procesima, gde na primer, jedna američka firma gradi hotele u Saudijskoj Arabiji, za koje se kompletne sobe proizvode u Brazilu, radna snaga stiže iz Južne Koreje, a Amerikanci obavljaju informatičke poslove rukovođenja gradnjom[124].

Neposredno reprodukciono povezivanje kolonijalnih i kolonizators-kih firmi postalo je jedan od osnovnih oblika vertikalne integracije u funkciji savremene kolonizacije. „Za privatni kapital niza imperijalističkih zemalja mješovite su kompanije *postale jedan od glavnih načina prodora u ekonomiku zemalja Azije, Afrike, i Latinske Amerike...*"[125], čija su mala i srednja preduzeća *„...u ropskoj zavisnosti od velikih naručilaca i firmi..."* i na koje monoposki kapi-tal *„...u nizu slučajeva prebacuje ekonomski rizik"*[126].

Veza između vertikalne i horizontalne integracije ovde je sasvim nepo-sredna i funkcionalna. Formalna samostalnost integrisanih proizvodnih jed-inica je u funkciji njihove reprodukcione podređenosti korporacijskj centrali, koja vodi poslove i usklađuje reprodukcione tokove. *„U korporaciji odnosi su neposredni, hijerarhijski, birokratski. Ovdje vlada pravo planiranje s direktivama odozgo prema dolje i odgovornošću od dolje prema gore"*[127].

Sa jačanjem neposredne uloge države u kapitalističkoj reprodukciji, neposredno reprodukciono povezivanje je sve više potpomagano i međudr-žavnim povezivanjem u funkciji podsticanja, usklađivanja i usmerava-nja reprodukcionih tokova. Preko međudržavnih ugovora, zona slobodne trgovine, carinskih saveza, zajedničkih tržišta, ekonomskih saveza, regional-nih unija i međunarodnih organizacija, državne i međudržavne zajednice i savezi imali su i imaju veoma značajnu ulogu u ekonomskim integracija-ma i međunarodnoj centralizaciji kapitala. U toj funkciji nastale su brojne ekonomske organizacije, kao što su: Evropska ekonomska zajednica (EEZ), Evropsko udruženje slobodne trgovine (EFTA), Organizacija za ekonom-sku saradnju i razvoj (OECD), Savet za uzajmnu ekonomsku pomoć (SEV), Udruženje zemalja jugoistočne Azije (ASEAN), Organizacija afričkog jedin-stva (OAU), Severnoamerički ugovor o slobodnoj trgovini (NAFTA), kao i moćne međunarodne organizacije: Međunarodni monetarni fond (MMF), Svetska banka (SB) i Sverska trgovinska organizacija (STO).

Iako su nastajale dobrovoljnim udruživanjem i pridruživanjem, sve pomenute organizacije su, bez obzira na formalno proklamovane principe ravnopravnosti, pod stvarnom dominacijom kolonijalnih sila i u funkciji

---

[124] John Naisbitt, cit. rad, str. 74.

[125] *Promjene u suvremenom razvijenom kapitalizmu* (B.P. Panov), isto, str. 182.

[126] Isto (A. Melejkovski, V. Šundjejev, R. Entov), str. 364.

[127] Isto (Paul A. Baran, Paul M. Sweezy), str. 270.

kolonijalnog porobljavanja. „*Pridruživanje 18 zemalja Afrike Evropskoj ekonomskoj zajednici (pod patronatom SAD) imalo je, u suštini, za cilj da produži zavisnost tih zemalja, da njihova privreda i dalje ostane dopuna privredi evropskih zemalja...*"[128], a ekonomska integracija Latinske Amerike vrši se pod direktnim uplivom SAD, koje imaju gotovo apsolutnu vlast nad međunarodnim ekonomskim organizacijama, i direktan ili indirektan uticaj na sve regionalne saveze, kao što je i SSSR ostvarivao potpunu dominaciju nad SEV-om.

Indirektnim i direktnim uplivom u tokove kapitalističke reprodukcije, država se upliće i u nacionalnu i u međunaconalnu integraciju i centralizaciju kapitala. Pored gomilanja sopstvenog kapitala, potpomagala je i potpomaže i njegovo privatno ukrupnjavanje stvaranjem velikih i moćnih korporacija, koje uživaju mnoge monopolske pogodnosti, pa i državne povlastice u odnosu na sitna i srednja preduzeća. U SAD je 1990-ih godina spajanjem manjih firmi vršena ubrzana centralizacija agro-industrijskog kompleksa, a Ministarstvo finansija je umesto 14.000 postojećih, predložilo stvaranje 5-10 američkih gigantskih banaka[129].

Sa centralizacijom kapitala ide i centralizacija proizvodnje. „Smatra se da svega oko 500 međunarodnih korporacija giganata kontroliše preko jedne trećine industrijske proizvodnje, preko 50% svetske trgovime i oko 80% savremenih tehnologija[130]. Nasuprot tome, „...*u zemljama u razvoju gde danas živi 80% stanovništva sveta, obavlja se svega 12% industrijske proizvodnje i 17-18% izvoza, dok te zemlje ostvaruju svega 16-20% društvenog proizvoda u svetu...*", što rezultira iz toga da je „...*u grupi zemalja sa visoko industrijski razvijenim privredama koncentrisano 92% ukupnog svetskog kapitala*"[131].

To, međutim, nije isključiva zasluga državne politike kolonijalnih sila. Integracija i centralizacija kapitala odvija se, po sili ekonomskih zakona, i nezavisno, pa i u suprotnosti sa državnim interesima nacionalnih zajednica. „*U savremenom kapitalizmu centralizacija se sve manje događa na osnovi čisto nacionalne privrede...*"[132], koja se sve više integriše u planetarne ekonomske tokove sa kojima se i slaže i sukobljava.

Dok se državna centralizacija kapitala zasniva na političkim odlukama koje se rukovode državnim odnosno nacionalnim interesima, osnovu

[128] dr Mićo Ćušić, cit. rad, str. 27.
[129] *Globalizacija* (Karen Lejman, AL Krebs, Dejvid Moris), CLIO, isto, str. 148. i 224.
[130] Prof. dr. Vujo Vukmirica, cit. rad, str. 177.
[131] Vojislav Mićović, cit. rad, str. 66.
[132] Milan Vojnović, cit. rad, str. 45.

ekonomske centralizacije čine interesi vlasnika kapitala i gvozdena logika reprodukcije kapitala da se uvećava bez obzira na bilo čije interese. I dok se državni kapital nagomilava prinudnim administrativnim merama (nacionalizacijom, oporezivanjem i sl.), ekonomska koncentracija vrši se dobrovoljnim udruživanjem vlasničkih udela (kupovinom akcija, zadružnim udelima i sl.) i samooplođivanjem.

To je presudno za odlučujuću ulogu akcionarstva u planetarnoj integraciji i centralizaciji, dok su pokušaji i najmoćnijih država da to postignu silom, trpeli neuspehe. *„Akcije su se pokazale kao moćan instrument za bolju organizaciju proizvodnih snaga...“*, i *„...polet akcionarskih društava nije samo pratio razvoj kapitalizma...“*, nego je *„...bio jedan od najvažnijih uzroka za taj razvoj“*[133]. Već *„...krajem XIX i početkom XX veka, akconarski oblik svojine postao je preovlađujući u većini grana krupne industrije, a u SAD je 1929. godine 48,3% svih preduzeća imalo akcionarski oblik i ona su zapošljavala 89,9% celokupne radne snage i davala 92,1% celokupne proizvodnje prerađivačke industrije“*[134]. Početkom 1990-ih godina, oko 40 hiljada matičnih kompanija kontrolisalo je preko 200 hiljada afilijacija u inostranstvu, da bi u 1998. godini skoro 60 hiljada matičnih kompanija kontrolisalo preko 508 hiljada inostranih afilijacija. Raspolagale su sa trećinom svih proizvodnih fondova, proizvodile preko 40% svetskog bruto društvenog proizvoda i 50% svetske industrijske proizvodnje, ostvarivale preko 50% spoljnotrgovinske razmene i 80% trgovine visokim tehnologijama, te kontrolisale 90% svetskog izvoza kapitala[135].

Takav uspon akcionarske korporacije su postigle zahvaljujući mnogim prednostima, iz kojih proističu njihove monopolske pozicije i konkurentska preimućstva. Te prednosti su, pored ostalog, sledeće: mogućnosti veće eksploatacije radne snage i drugih proizvodnih resursa; tehnološko prednjačenje; velika pokretljivost prema najprofitabilnijim resursima; ekonomija velikog obima; ubrzani obrt kapitala; mogućnost kombinovanja proizvodnih činilaca, podele rada i specijalizacije; dobra organizacija i planiranje; izuzetne mogućnosti prilagođavanja uslovima reprodukcije; širenje tržišta; zaobilaženje tržišne stihije i konkurencije; mogućnosti izuzetne reklame; veća kredibilnost; pomoć države; veliki uticaj na državne organe i međunarodne organizacije; neorganizovan otpor radničke klase na planetarnom nivou; organizovano nastupanje prema konkutentima, radničkoj klasi, sindikatima,

---

[133] Prof. dr Volfram Engels, cit. rad, str. 243/4.

[134] dr Stojan Jankov, cit. rad. str. 2.

[135] *Tranzicija i globalizacija*, zbornik (dr Snežana Popović-Avrić), Institut za međunarodnu politiku i privredu, Beograd, 2001., str. 238; Veselin Drašković, cit. rad, str. 64.

državnim i međunarodnim organizacijama i organima. *„Transnacinalne korporacije uzimaju trešnju četiri puta: prvo, time što dobijaju najbolji mogući pristup kvalitetnoj infrastrukturi; drugo, primanjem raznih subvencija; treće, smanjivanjem svojih poreskih izdataka na minimum; i četvrto, eksternizovanjem troškova nezaposlenih"*[136].

Iz tih prednosti proističe velika ekonomska, pa i politička moć transnacionalnih korporacija, koja nadmašuje moć mnogih država. *„Među sto zemalja i kompanija čiji je godišnji bruto nacionalni proizvod, odnosno obim godišnjeg prometa 1980. godine prelazio tri milijarde dolara, bio je veći spisak korporacija nego zemalja, što, u stvari, znači da je ekonomska moć ovih pedesetak transnacionalnih korporacija, svake pojedinačno, prevazilazila ekonomsku snagu dve trećine zemalja članica OUN, odnosno najveći broj zemalja Azije, Afrike i Latinske Amerike"*[137]. Zahvaljujući tome, *„…korporacije poseduju i ogromnu političku moć…"*, koju *„…intenzivno koriste da bi promenile tržišne zakone u svoju korist"*[138].

Svojim integrativnim funkcijama transnacionalne korporacije daleko nadmašuju moć i najmoćnijih država jer vrše organsko reprodukciono i teritorijalno povezivanje različitih privrednih i društvenih delatnosti, regiona i zemalja, sa tendencijom da ih povežu u jedinstvenu planetarnu zajednicu. U toj ulozi, one deluju kao ključni činilac savremene kolonizacije i kolonijalne eksploatacije. *„Indiju i Indoneziju nisu kolonizovale države, već akcionarska društva. Američki kontinent su izgradila akcionarska društva"*[139].

Transnacionalne korporacije su i glavni eksploatatori kolonija. Njihova *„…ekspanzija je glavno sredstvo za suprostavljanje padanju profitne stope, čime se postiže, pre svega, produbljivanje i proširivanje eksploatacije u svetskim razmerama…"*[140], a i *„…eksploatacija sirovina iz prirode svuda na planeti, suština je korporacija…"*[141], što sve *„…doprinosi produbljivanju ekonomskog jaza između razvijenih kapitalističkih zemalja i zemalja u razvoju. Putem repatrijacije profita, transfernih cena i drugim metodima transnacinalne korporacije iznose sredstva akumulacije*

---

[136] Ulrich Beck, cit. rad.

[137] dr Brana Marković, *Transnacionalne korporacije, radnička klasa i strategija sindikata*, Institut za međunarodnu politiku i privredu, Beograd, 1981., str. 13.

[138] *Globalizacija* (Dejvid S. Korten), CLIO, isto, str. 39.

[139] Prof. dr Volfram Engels, cit. rad, str. 243.

[140] Milan Vojnović, cit. rad, str. 86.

[141] *Globalizacija* (Džeri Mander), CLIO, isto, str. 321.

iz zemalja u razvoju, i usmeravaju investiciona sredstva ne u zemlje odakle su potekli profiti, već tamo gde odgovara njihovim sopstvenim interesima"[142].

U tome im svesrdno pomažu ne samo njihove matične države već i same kolonije, jer one su i tamo i ovamo glavni nosioci razvoja, zbog čega je svuda uspostavljena funkcionalna sprega državne i korporacijske vlasti, te *„...više ne postoje jasne granice između zakona, političke i korporacijske uprave. U sferi savremene vlasti oni svi deluju kao jedinstveni činilac"*[143]. Zapravo se više ne zna ko koga više pomaže jer su i kolonizirane i kolonizatorske države postale ekonomski zavisne od korporacija, i upravo zbog toga su u funkciji ostvarivanja njihovih ekonomskih ciljeva. Funkcionalna i ekonomska sprega obezbeđuje se i personalnom spregom. U metropolama su glavni nosioci državne vlasti najmoćniji suvlasnici velikih korporacija, koje i direktno i preko kolonizatorskih država utiču na sastav i ponašanje kolonijalnih vlasti. *„U većini industrijskih zemalja, poslovni odbori, koje čine glavni direktori najvećih korporacija i banaka, stvorili su nove saveze između korporacija i država"*[144].

Pomažući državi, korporacije pomažu samim sebi, i obratno. *„Sveprisutna intervencija države odnosi se, pre svega, na održanje i zaštitu sistema i pravila koji strukturno favorizuju krupne korporacije, na otvorenu podršku krupnih korporacija kroz različite vidove - subvencije, fondove za finansiranje razvojnih aktivnosti, ugovore o krupnim narudžbinama, poreske olakšice i privilegije, mere zaštite od domaće i inostrane konkurencije, podrške monopolskim cenama itd."*[145]. Vlada SAD ne samo što garantuje svojim kompanijama da će im nadoknaditi gubitke u slučaju rizika od uloženog kapitala u kolonijama, nego i traži od vlada drugih zemalja niz olakšica i privilegija za svoje kompanije[146]. *„Mnoge vlade zemalja u razvoju, ali i nekih manje razvijenih zemalja zapadne Evrope, u oskudici sredstava za razvoj nastoje da privuku strani kapital davanjem različitih olakšica, smanjenjem poreskih obaveza i dr."*[147].

Korporacijama je, međutim, sve manje potrebna pomoć države jer su sa jačanjem sopstvene moći sve više u mogućnosti da pomažu same sebe, zbog čega su sve više nezavisne od države, a država sve više zavisna od

---

[142] Brana Marković, cit. rad, str. 193.

[143] *Globalizacija* (Vilija Grejder), CLIO, isto, str. 327.

[144] Isto (Toni Klark), str. 292.

[145] Milan Vojnović, cit. rad, str. 88.

[146] mr Melkamwork Alemu, *Francuska nekolonijalistička politika u bivšim francuskim kolonijama u Africi*, doktorska disertacija, Fakultet političkih nauka, Beograd, 1982., str. 63.

[147] dr Brana Marković, cit. rad, str. 46.

korporacija, koje deluju kao nezavisne države. *„Velike korporacije, sa svoje strane, nalikuju više privatnoj vladi nego „firmi" neoklasične ekonomije - privatnoj vladi sa sopstvenim pravilima, sopstvenom birokratijom, svojom kontrolom izvora kapitala, uticajem na proizvodno tržište, sopstvenim mnogostrukim ciljevima održanja, rasta i propagandom javnog interesa"*[148].

Zahvaljujući tome, transnacionalne korporacije se izdižu iznad nacionalne države, izmiču njenoj kontroli i podređuju je sopstvenim interesima, koristeći ili ignorišući državne mere i propise, kako im kad odgovara. *„Jednom rukom transnacinalni kapital se oslobađa gvozdenih okova državne kontrole, osposobljava se za planetarno lansiranje; drugom rukom nadnacionalne institucije slamaju nacionalne protekcionističke tvrđave, omogućavaju slobodno kretanje kapitala u potrazi za najpovoljnijim uslovima akumulacije"*[149]. Jednom reči, *„...transnacionalne korporacije se opraštaju od okvira nacionalne države i odbijaju dalju lojalnost njenim akterima"*[150].

Korporacije, u stvari, „gledaju svoja posla", rukovodeći se sopstvenim interesima, koje stavljaju iznad svih ostalih, pa i interesa društvene zajednice. *„Stoga bez ustezanja donose odluke u suprotnosti sa ciljevima zajednice ili sa zdravljem životne sredine...",* i *„...nema tog direktora deoničarske kompanije koji bi ikada mogao da stavi dobrobit zajednice iznad interesa korporacije... Direktore zakon (korporacije) obavezuje da zanemaruju pitanja dobrobiti zajednice (kao što su zdravlje i dobrobit radnika i briga o sredini) ako se ona nađu na putu finansijskoj dobiti"*[151]. To bez izuzetka važi za sve, pa i za korporacije najmoćnije države, koje se *„...u svom ponašanju sve manje podređuju specifičnim američkim interesima, ostvarujući svoje sopstvene potrebe, interese i ciljeve"*[152]. Ako se tako odnose prema matičnim državama, ne treba ni spominjati kako se transnacionalne korporacije ponašaju prema svojim kolonijama, čije interese u potpunosti podređuju sopstvenim interesima. *„Prednosti koje koriste transnacionalne korporacije, sve više ugrožavaju nacionalne firme, pa i čitave interese pojedinih zemalja. Njihov prodor u druge zemlje, njihova moć, centralizacija odlučivanja u jednom ili nekoliko transnacionalnih centara, veoma otežava naconalnim vladama da usmeravaju i kontrolišu nacionalne privrede"*[153].

---

[148] *Promjene u suvremenom razvijenom kapitalizmu* (K. Ker), isto, knj. 3, str. 399.
[149] Miroslav Pečujlić, cit. rad, str. 71.
[150] Ulrich Beck, cit. rad.
[151] *Globalizacija* (Džeri Mander), CLIO, isto, str. 316. i 311.
[152] dr Danica Drakulić i dr., cit. rad, str. 96.
[153] dr Brana Marković, cit. rad, str. 16.

Transnacionalne korporacije sve i svačije, pa i bilo čije nacionalne interese podređuju isključivo sopstvenim profiterskim i razvojnim interesima. *„Prevashodno pravilo delovanja korporacije jeste da ona vremenom mora da ostvari profit. Među deoničarskim kompanijama postoji i drugo osnovno pravilo: ona se mora širiti i razvijati, jer je razvoj kriterijum po kojem berza ceni kompaniju"*[154]. To se ostvaruje po svaku cenu i za to se ne biraju sredstva.

Na tom putu, korporacije nemilosrdno ruše sve tradicionalne svetinje, pa i fundamentalne institucije samog kapitalističkog društva - nacionalnu državu i tržište kojim, kao i državom, manipulišu prema svojim potrebama. Od drugih zahtevaju da se strogo pokoravaju tržišnim zakonima, a same ih krše kad god im odgovara, sve do potpunog zatvaranja prema takozvanom slobodnom tržištu. Buržoaski ideolozi „bacaju drvlje i kamenje" na komunističku ideju o ukidanju tržišta, a kapitalističke korporacije je u internoj razmeni dosledno ostvaruju. Do „neba uzdižu" slobodnu konkurenciju, koju korporacije svojim monopolskim ponašanjem na svakom koraku nemilosrdno guše.

Planetarne korporacije, u sopstvenom interesu, ubrzano trasiraju put neposredne, po uobičajenom shvatanju netržišne ili antitržišne razmene. *„Unutar transnacionalnih korporacija ne deluju zakoni slobodnog tržišta, nego se formiraju unutrašnje cijene koje diktira korporacija..."*, pa *„...proizlazi da samo jedna četvrtina svjetskog tržišta funkcioniše u uslovima „slobodnog" tržišta, dok su ostale tri četvrtine obuhvaćene specifičnim korporacijsko-komandnim „planskim" sistemom"*[155].

Za planetarne korporacije nema slobodne konkurencije ni na slobodnom tržištu jer one diktiraju tržišne cene. *„Već sada multinacionalne kompanije pribegavaju vertikalnoj integraciji, i na taj način kontrolišu praktično svaku etapu privrednog procesa na različitim poljima, od crpenja rudnog bogatstva, izgradnje fabrika i proizvodnje robe, do njenog skladištenja, transporta u druge zemlje i veleprodaje i maloprodaje lokalnim potrošačima. Na taj način se MNK uspešno izoluju od tržišnih zakonitosti i osiguravaju da one same, a ne konkurencija, određuju cenu u svakoj etapi proizvodnje"*[156].

Ostaje jedino konkurencija među samim korporacijama, i ako se i one vertikalno integrišu, „slobodno" tržište će biti potpuno ukinuto, a planetarna centralizacija kapitala završena i bez državne prinude, koja se pokazala

---

[154] *Globalizacija* (Džeri Mander), CLIO, isto, str. 313.

[155] Veselin Drašković, cit. rad, str. 72.

[156] *Globalizacija* (Edvard Goldsmit), CLIO, isto, str. 272.

nemoćnom da je dovede do kraja. Dok su se imperijalne državne sile međusobno borile i izgarale da se uspnu i zadrže na vrhu planetarne piramide, dubinske ekonomske sile su podrivale njihove nacionalne temelje i polako ali sigurno gradile svoje planetarne oslonce. Iste ekonomske sile koje su Sjedinjene Države iznele do vrha planetarane piramide, pripremale su i njihovo nezadrživo skliznuće, a na vrh su se uspele (anacionalne, nadnacionalne i antinacionalne) transnacionalne (američke, pro-američke i antiameričke) korporacije. Deveta decenija XX veka označila je gotovo istovremeni početak fatalnog ekonomskog stropoštavanja dve najmoćnije imperijalne sile Planete, koje su na vrhuncu svoje moći bitku sa skrivenim ekonomskim silama gubile i izgubile pre svega na sopstvenom poligonu. Iz njihovog međusobnog sukoba SAD su izišle kao trijumfalni pobednik, ali su gotovo neosetno (samo)pobeđene od svojih sopstvenih kompanija i planetarnih kompanija svojih najbližih kolonijalnih i kolonizatorskih saveznika.

SAD su trku izgubile upravo tamo gde su je i dobile: u transnacionalnim korporacijama i tehnološkom prednjačenju. I izgubile su je od najvećih gubitnika u drugom svetskom ratu Japana i Nemačke, koji su baš uz njihovu pomoć vaskrsli iz ratnog pepela. Japan ih je prvi pretekao u tehnološkim inovacijama i organizaciji proizvodnje, a time i sa trostruko bržim rastom produktivnosti, te sa trgovinskim suficitom od 40-50 milijardi dolara[157]. Za Japanom je odmah sledila Nemačka sa dvostruko bržim rastom produktivnosti od SAD-a, pa istočno-azijski „zmajevi" i druge novoindustrijalizovane zemlje, uz Kinu, koja ozbiljno preti da stigne i prestigne svoje konkurente na planetarnom tržištu.

S usporavanjem rasta produktivnosti neizbežno je slabila planetarna konkurentnost SAD-a, što je neizbežno uticalo na opadanje proizvodnje, izvoza i životnog standarda, te na povećavanje nezaposlenosti, zaduživanja i platnog deficita, zajedno s obezvređivanjem dolara. Jenjavanje privrednog rasta ublažavano je uglavnom ekspanzijom uslužnih delatnosti i vojne industrije, koja je sa kolapsom Sovjetskog Saveza najviše profitirala na međunarodnom tržištu.

Dok su u vreme ekonomskog uspona SAD bile najveći izvoznik kapitala i u najrazvijenije zemlje, danas su sve veći uvoznik, i od svojih najvećih konkurenata. „Inozemni vlasnici američkih posjeda su ne samo sve brojnii nego su i vrlo traženi... Još 1980-ih godina, trideset američkih država imalo je svoje urede u većim evropskim prestonicama koji su tražili investitore za ulaganja na njihovom

---

[157] Eduardo Galeano, cit. rad, str. 53.; Pol Kenedi, *Uspon i pad velikih sila*, isto, str. 167.

području. Najviše su ulagale strane banke kojih je već 1979. godine u SAD bilo 315, dok je početkom 1980-ih u rukama stranaca bilo 12% aktiva američkih banaka"[158].

Od najvećeg kolonizatora, SAD sve više i same postaju kolonija svojih kolonija. Japan *„...kupuje sve više američke imovine...",* dok *„...SAD snabdevaju Japan hranom i sirovinama, a primaju zauzvrat japanske fabrikate - što je vrsta „kolonijalnog" i „nerazvijenog" trgovinskog statusa"*[159]. Krajnji ishod je da sve, i razvijene i nerazvijene zemlje postaju kolonije najrazvijenijih (svojih i tuđih) transnacionalnih korporacija.

Sjedinjene Države nastoje da se kolonijalne pozicije oslobode oslobađanjem od proizvodnje, koju prebacuju na periferiju, a za sebe monopolišu intelektualno-uslužne delatnosti, čime se velika podela na umni i fizički rad izdiže na planetrani nivo, da bi se i komandne pozicije Planete monopolisale i centralizovale. Zato sa gomilanja kapitala prelaze na gomilanje pameti, računajući na to da umesto kapitala pamet postaje osnovni „kapital" i glavna pokretačka snaga reprodukcije postindustrijskog društva.

To je, međutim, u dubokoj koliziji sa samom prirodom planetarnog postindustrijskog, informatičkog i stvaralačkog društva, u kojem ljudska pamet mora biti razasuta i rasprostrta po celoj Planeti da bi se društvena reprodukcija normalno odvijala i razvijala. Da „znanje ne poznaje granice", kaže i jedna stara poslovica[160], te se ne može ni centralizovati ni monopolisati.

Stoga znanje ne može zameniti kapital u funkciji utemeljenja piramidalnog ustrojstva kapitalističke reprodukcije, na čijim se temeljima ono ruši a gradi se sferno ustrojstvo stvaralačke reprodukcije. Utemeljivanjem naučnog znanja u tokove društvene reprodukcije reprodukciona piramida se zaokrugljuje i „stvari dolaze na pravo mesto": reprodukcioni (komandni) centar se sa vrha reprodukcione piramide pomera u središte reprodukcione kugle.

Planetarna stvaralačka reprodukcija oblikuje se po logici planetarnog sistema: svaka planeta se okreće oko sopstvene ose, i samo se sve zajedno, po sili ravnoteže centripetalnih i centrifugalnih sila, okreću oko zajedničkog središta. U sistemu stvaralačke reprodukcije, gde umesto autoritarnih sila kapitala caruju autonomne sile znanja, svaki subjekat reprodukcije stvara samosatalno, i samo tako kroz ravnopravnu saradnju deluje zajednički sa svim ostalim stvaraocima. Na istorijske začetke stvralačkog osamostaljivanja

---

[158] John Naisbitt, cit. rad, str. 78.
[159] Pol Kenedi, *Priprema za 21. vek,* isto, str. 167.; i *Uspon i pad velikih sila,* isto, str. 512.
[160] Peter F. Drucker, cit. rad, str. 66.

ukazuje i opaska Roberta Dala da je „*...kroz istoriju gotovo u svakom društvu intelektualni sloj uglavnom delovao u službi građanskih i crkvenih vlasti...*", a da se „*...u poslednjih nekoliko vekova jedan značajan deo sloja intelektualaca udaljio i otuđio od tih vlasti, zauzevši nezavisan stav kritičara i oponenata*"[161].

Planetarna podela na umni i fizički rad je, kao osnova piramiodalne integracije, već izvršena i dalje se ne može razvijati jer se uveliko odvija proces njnog ukidanja ukidanjem proizvodnog rada. Širom planete se smanjuje broj proizvodnih radnika, koji se nemaju gde prezapošljavati nego u uslužnim i sve više stvaralačkim delatnostima, nespojivim sa piramidalnim i birocentričnim načinom povezivanja.

Opštom disperzijom znanja i obrazovanja ukida se kadrovski monopol na pamet, a time i svojinski monopol na osnovna sredstva društvene reprodukcije, kao osnovni uslov klasne i kolonijalne eksploatacije, što je neizostavna pretpostavka za slobodnu konkurenciju znanja i sposobnosti, koja treba da zameni potmulu, nečasnu i prljavu konkurenciju monopola. Tek se takvom konkurencijom pokreće stvaralačka energija svih živih nosilaca društvene reprodukcije, kao neiscrpni izvor nesputanog društvenog progresa. Prave utakmice nema u neravnopravnoj borbi, već samo među istinski ravnopravnim i približno izjednačenim partnerima.

Kolonije se ne mogu ravnopravno takmičiti sa svojim metropolama, koje zaposedaju sve monopolske pozicije. Njihova istorijska šansa je da se aktivnim uključivanjem u naučno-tehnološku revoluciju, sopstvenim tehnološkim inovacijama suprotstave pre svega tehnološkom monopolu i tehnološkoj kolonizaciji. One ne mogu konkurisati u produktivnosti dok ne postanu konkurentne u inovativnosti jer samo tehnološkim prednjačenjem mogu sticati i ekonomske prednosti. To je neophodan uslov i za njihovu istinski ravnopravnu saradnju sa kolonizatorskim metropolama, sa kojima tek s isključenjem monopola mogu razgovarati i pregovarati „na ravnoj nozi". Dok monopolska kapitalistička konkurencija isključuje i podriva ravnopravnu saradnju jer teži profitiranju na račun konkurenata, zdrava stvaralačka konkurencija je podrazumeva jer se u stvaralaštvu upravo kroz saradnju u opštem interesu i za račun svih „profitira".

Već u akcionarskim korporacijama konkurencija sposobnosti i saradnja idu zajedno, dopunjavaju se i jedna drugu pretpostavljaju, i to u interesu cele kompanije i svakog njenog pripadnika. Uvode se sistemi koji svakog podstiču da doprinosi više od drugih i da hteo ne hteo (milom ili silom)

---

[161] *Demokratija i njeni kritičari*, CID, Podgorica, 1999., str. 434.

kooperira sa drugima. I koja kompanija ima stimulativniji sistem, postiže bolje rezultate i veću eksternu konkurentnost, što je pored ostalog, doprinelo i meteorskom uzletu japanskih korporacija.

Suštinski ravnopravna saradnja podrazumeva, međutim, dobrovoljnu i ekvivalentnu razmenu pri kojoj svako dobija srazmerno tome koliko daje, što je u dubokoj koliziji s eksploatatorskom prirodom kapitalističkih korporacija i može se ostvarivati samo doslednom primenom zadružnih načela. Zbog toga eksploatatorske korporacije ne mogu usrećiti sirotinjske kolonije i učiniti ih istinski ravnopravnim partnerima.

Korporacijskom kolonizacijom stvara se samo privid ravnopravne međunarodne saradnje tako što se kolonijalna eksploatacija praktično svodi na klasnu eksploataciju, kakva u suštini i jeste. Umesto samih metropola, sada se (njihove) transnacionalne korporacije useljavaju u kolonije, te direktnim ulaganjima i iznajmljivanjem radne snage vrše njihovu direktnu eksploataciju, zamenjujući tako, kao transnacionalna klasa, nacionalnu eksploatatorsku klasu i oslanjajući se pritom na državne (ekonomske i političke) mere svojih matičnih metropola.

Tako su se kolonije našle u totalnom okruženju dva čvrsto povezana kolonizatorska fronta koji deluju i spolja i iznutra, i nijednom se ne mogu uspešno suprostaviti bez istovremenog suprostavljanja drugom. Kolonijalne sile s oba fronta deluju unakrsnom vatrom: direktno i s jednog preko drugog - metropole preko svojih korporacija i korporacije preko matičnih metropola.

Bez ukidanja kolonijalne eksploatacije neravnopravna borba kolonija i kolonizatora ne može se transformisati u ravnopravnu saradnju, koje ne može biti bez ekvivalentne razmene. Ukoliko se direktna eksploatacija odvija preko korporacija, ukidanje kolonijalne eksploatacije mora otpočeti unutar korporacija. A neizostavni uslov za to je da se ekvivalentna razmena uspostavi među poslodavcima i najamnicima kao što se vrši među samim poslodavcima - korporacijskim akcionarima.

Uzorni model za to je ekvivalentna razmena u zadrugarstvu, gde se na osnovu udela i doprinosa živim i opredmećenim radom vrši srazmerna raspodela novostvorene vrednosti. Na tome se, umesto vertikalne birocentrične, zasniva i horizontalna democentrična integracija, koja se sa pojedinačnih zadruga proteže i na odnose među različitim zadružnim organizacijama.

Konkurencija i akcionarske korporacije sve više gura u ravnopravnu saradnju, demokratsku integraciju i democentrizam. Što su akcionari nesposobniji da neposredno upravljaju korporacijom, korporacijska uprava, sastavljena od zaposlenih stručnjaka, je sve samostalnija i sve više u poziciji da ravnopravno pregovara, da postavlja uslove pa čak i da nameće svoje stavove, a i zarade stručnjaka su sve primerenije njihovom doprinosu.

Pošto se stručnjacima, zbog prirode njihovog posla ne može manipulisati i komandovati kao fizičkim radnicima, individualna samostalnost korporacijskog kadra se širi sa širenjem stručnosti u obavljanju korporacijskih delatnosti. Pri savremenim visoko razvijenim tehnologijama, svaki tehnolog i organizator korporacijskih delatnosti mora biti i naredbodavac i izvršilac, a interpersonalni odnosi u procesu reprodukcije moraju se zasnivati na principima stručne kompetentnosti i ravnopravne saradnje, što je neizostavni uslov poslovne efikasnosti, eksterne konkurentnosti i profitabilnosti visokotehnologizirane korporacije.

Radi toga se na istim principima moraju zasnivati i odnosi među poslovnim jedinicama korporacije, čime se razrešava večiti sukob između tendencija centralizacije i decentralizacije upravljanja. Po principu democentralizma, svaka poslovna jedinica u svom domenu deluje samostalno, a u zajedničkom delovanju sarađuje, prema tehnološkim zahtevima, s ostalim jedinicama. Pritom centralna uprava ne deluje kao komandni centar korporacije, već kao koordinaciono telo, koje korporacijske poslove vodi i koordinira timski.

Samo se takvim delovanjem može, u obostranom i opštem interesu, ostvarivati ekvivalentna razmena i ravnopravna saradnja između kolonija i transnacionalnih korporacija odnosno njihovih matičnih metropola, što je jedini mogući put za potpuno ukidanje kolonizacije i kolonijalne eksploatacije. Pri takvim odnosima će svaka korporacijska jedinica na svakoj lokaciji delovati samostalno, u poslovnim rezultatima participirati prema svom doprinosu i o poslovanju cele korporacije brinuti zajednički s ostalim jedinicama, što je neizostavni uslov da se povećava reproduktivna moć zaostalih kolonija i obezbedi ravnomerni razvoj svih zemalja.

Time se rešava i problem odnosa između malih i velikih preduzeća, bilo da su nezavisna ili u sastavu krupnih korporacija. Pri birocentričnim tendencijama i odnosima, velika preduzeća se hrane malim preduzećima kao što velike ribe proždiru male, jer je „...*sitno preduzeće uglavnom pasivno...*" i „...*bez stvarne moći da suzbije...*" pritiske krupnih preduzeća, a „...*pogotovu da poduzme vlastitu nezavisnu inicijativu...*"[162], zbog čega sitna preduzeća u

---

[162] *Promjene u suvremenom razvijenom kapitalizmu* (P.A. Baran, P.M. Sweezy), isto, str. 270.

konkurenciji sa krupnim preduzećima brzo bankrotiraju ili potpadaju pod njihovu ekonomsku zavisnost i eksploataciju. I upravo zato kolonijalne sile insistiraju da se u zaostalim kolonijama osnivaju samo mala preduzeća sa kojima se njihove korporacije mogu lako obračunavati, kao što su i u evropskim novoindustrijalizovanim zemljama *„…transnacionalne korporacije prouzrokovale turbulentna kretanja, dovodeći do propadanja malih preduzeća"*[163].

Problem nije u veličini preduzeća, pa ni rešenje ne može biti u njihovom usitnjavanju ili u ukrupnjavanju već u suštinskoj transformaciji reperodukcionih odnosa. Jednu od protivrečnosti savremene tehnologizacije čini i to što ona zahteva velika ulaganja a omogućava da i male reproudkcione jedinice posluju samostalno, iziskuje veliku koncentraciju produktivnih snaga uz istovremenu dekoncentraciju poslovanja, te opštu decentralizaciju uz demokratsku centralizaciju upravljanja reprodukcionim tokovima. Usled visoke tehnologizacije, *„…centralizirane strukture raspadaju se širom Amerike…"*, gde je od ukupno 11 miliona, još 1980-ih godina poslovalo 10,8 miliona malih preduzeća[164].

Za razliku od klasične industrijske tehnologije, savremena informatička tehnologija zahteva fleksibilnu programatsku organizaciju, čiju okosnicu umesto instaliranih preduzetnih pogona čine profitabilni reprodukcioni programi s odgovarajućim kooperativnim izvršiocima - od individualnih izvođača do masovnih korporacija. I ne podešavaju se programi prema instaliranim pogonima već se pogoni instaliraju prema unosnim programima. Takva organizacija već se nazire kroz napuštanje stalnog radnog odnosa, fleksibilno zapošljavanje i *„…premještanje radnih mjesta u domove"*[165].

Reprodukcioni programi su tehnološko-ekonomska osnova samostalnog i neposrednog reprodukcionog povezivanja, koje se na principu zajedničkog interesa vrši dobrovoljno i sporazumno. Ako se na realizaciji zajedničkog programa mora delovati samostalno, ne može se poslovati izolovano. Interesno udruživanje i poslovno povezivanje je imperativ savremene tehnologizacije, koja sve tokove društvene reprodukcije vuče pravcem povezivanja u jedinstvenu sferocentričnu i democentričnu planetarnu asocijaciju.

Ukoliko se postojeće transnacionalne korporacije ne transformišu u tom pravcu, alternativno rešenje je u stvaranju novih, slobodnih i democentričnih planetarnih asocijacija, čiju konkurenciju birocentrične korporacije ne mogu

---

[163] dr Danica Drakulić i dr., cit. rad, str. 102.
[164] John Naisbitt, cit. rad, str. 104. i 154.
[165] Isto, str. 56.

izdržati. To je možda i najpreči put da se zaostale kolonije ubrzanim razvojem trgnu, istrgnu iz kolonijalnog jarma i otrgnu od ekonomske zaostalosti.

Privatizacija i socijalizacija vlasništva

Osnovni smisao kolonizacije i kolonijalne (kao i klasne) eksploatacije sastoji se u prisvajanju tuđeg, na čemu se zasniva celokupna reprodukcija kapitala, koji se tuđim radom oplođava. Najveću tekovinu buržoaske revolucije što je omogućila reprodukciju kapitala i kapitalističkog društva, predstavlja opšte pravo na privatnu svojinu, koje je „...*u doba divljeg kapitalizma važnije od prava na život...*"[166], a kolonijalizam je divljiji i od najdivljijeg nacionalnog kapitalizma.

Pravo na privatnu svojinu podrazumeva pravo na prisvajanje, a gde je jedan, tu je i drugi pol suprotnosti. Buržoaska revolucija nije isključila pravo na prisvajanje tuđeg, bez kojeg bi kapitalizam bio nemoguć, a isključivo pravo na prisvajanje sopstvenog ne bi imalo nekog smisla jer bi predstavljalo puku tautologiju. Klasnom i kolonijalnom eksploatacijom individualno prisvajanje je prošireno na grupno i međunarodno prisvajanje, koje čini osnovu kapitalističke reprodukcije.

Kolonijalno prisvajanje ima isto toliko oblika koliko je i oblika eksploatacije, a najprovidnije je prisvajanje prirodnih resursa. Francuzi su u Indokini, Tunisu i Alžiru. kao i Englezi u Malaji i Belgijanci u Kongu prigrabili ogromne komplekse zemlje. U Jugozapadnoj Africi je do 1947. godine od domaćeg stanovništva oduzeta trećina ukupne teritorije, koju su raskrčmili doseljenici, a u Južnoj Rodeziji je dvadesetih godina XX veka na svakog evropskog doseljenika dolazilo po 4.000 hektara oduzete zemlje. U afričkim kolonijama rudarstvo je bilo u rukama stranih kompanija, Francuzi su u Indokini držali rudnike uglja, olova, cinka, volframa, željezne rude i mangana, a Englezi su u Malaji zaposeli prostrane plantaže kaučukovog drveta i rudnike kalaja. Na svakih 100 funti sterlinga dobijenih prodajom afričkih ruda, 92 funte je odlazilo u inostranstvo[167].

Na udaru kolonijalnog prisvajanja su i energetski resursi. „*Primarna briga diplomatije SAD-a, vođena strateškom koncepcijom, su energetski resursi u regionu, kojima bi upravljala „arapska fasada" u interesu SAD i njihovog britanskog*

---

[166] Eduardo Galeano, cit. rad, str. 125.
[167] Vera Nikolova, cit. rad, str. 123-151.

doglavnika". Po toj strategiji, *„...koja se godinama malo menjala, glavne energetske rezerve svijeta moraju biti u pravim rukama - američkim - na koje se može računati da se upotrijebe u dobrobit pravoga naroda"*[168].

Kolonizatori prisvajaju profitabilna preduzeća i profitabilne sektore privrede, prepuštajući kolonijama da brinu o neprofitabilnim. *„Privatni strani kapital stalno prisvaja sektore s velikim profitom, isterujući unutrašnji kapital i ne dozvoljavajući mu pristup (tim sektorima), oslanjajući se na golema finansijska sredstva matičnog sjedišta SAD i političku vlast koju ponekad izvršava"*[169]. U SAD punom parom rade agencije za otkup nacionalnih dobara drugih država, a velike američke i nemačke korporacije su u Istočnoj Aziji kao i u drugim zemljama *„...u bescenje otkupile čitav niz bankrotiranih ali još uvek atraktivnih domaćih firmi"*[170]. Totalno bankrotstvo istočnoevropskih zemalja postalo je prava „Meka" za bagatelna kolonijalna prisvajanja.

Na osnovu takvih trendova, *„...može se predvidjeti tendencija sve većeg opadanja važnosti nacionalnog kapitalističkog sektora, prisiljenog da prodaje inostranim preduzećima ili da se udružuje s njima u nejednakim uvjetima. Sve u svemu, riječ je o procesu ubrzane denacionalizacije onog dijela nacionalne industrije kojim još velika preduzeća SAD-a ne vladaju potpuno"*[171]. I on se odvija takoreći dobrovoljnim samootuđivanjem jer *„...sada Država prodaje nacionalna preduzeća ne dobijajući za uzvrat ništa, ili još manje nego ništa, budući da uvek plati onaj ko prodaje"*[172].

Manje vidljiva ali permanentna grosistička prisvajanja vrše se preko direktne ili indirektne eksploatacije živog rada. *„Najveći deo profita zemalja u razvoju izvlače strane monopolske korporacije i bogati doseljenici iz kapitalističkih zemalja, i on se odliva iz zemalja u razvoju. Prema procenama Ekonomske komisije OUN za Afriku, samo 1% neafričkog stanovništva (bez Južnoafričke Republike) prisvajao je (početkom 1980-ih godina) između 20% i 25% društvenog proizvoda Afrike"*[173].

Prisvajanjem apsolutnog i relativnog viška proizvoda strani preduzetnici i transnacinalne korporacije putem direktne eksploatacije izvlače iz kolonija ogromne profite. Što su najamnine niže a nivo primenjene tehnologije

[168] Noam Čomski, *Kontrolisana demokratija*, isto, str. 546 i 88.

[169] *Promjene u suvremenom razvijenom kapitalizmu* (Andre Gunder Frank), isto, str. 178.

[170] Miroslav Pečujlić, cit. rad, str. 129.

[171] *Promjene u suvremenom razvijenom kapitalizmu* (Armando Kordova), isto, str. 159.

[172] Eduardo Galeano, cit. rad, str. 126/7.

[173] dr Taki Fiti, cit. rad, str. 97.

viši, otuđivanje novostvorene vrednosti iz kolonija i njihovo prisvajanje od strane kolonizatora je veće. Pored klasičnog porobljavanja, koje su vršili kolonijalnim osvajanjima, kolonizatori su celo stanovništvo okupiranih kolonija praktično preveli u najamno ropstvo.

Indirektno i prikriveno prisvajanje vrši se preko robnog tržišta, gde se prividno ostvaruje ekvivalentna, a faktički neekvivalentna razmena. Monoploisanjem cena sopstvenih, i depresiranjem cena kolonijalnih proizvoda i usluga, kolonizatori nastoje da izdejstvuju što veće makaze cena i prisvoje što više, a zbog razlika u nivou produktivnosti, novostvorena vrednost se putem robne razmene od nerazvijenih kolonija, i automatski odliva razvijenim kolonizatorima.

Na finansijskom tržištu, neekvivalentnost robne razmene se ne samo obelodanjuje već i legalizuje. Ugovorena kamata je čista dobit koju poverilac prisvaja bez obzira koliko će i da li će dužnik sa pozajmljenim novcem uopšte profitirati. Kolonije su, po pravilu, dužnici a kolonizatori poverioci, koji bez milosti uteruju i isteruju dugove, i sve siromašne kolonije grcaju u dugovima, bez realnog izgleda da se izvuku iz dužničkog lavirinta.

Klasnim i kolonijalnim prisvajanjem se zajedno sa koncentracijom i centralizacijom kapitala vrši klasna i kolonijalna koncentracija i centralizacija kapitalističkog vlasništva, koje je zapravo svojinska osnova klasne i kolonijalne eksploatacije. Koncentracija i centralizacija kapitalističkog vlasništva je u suštini ključna odrednica koncentracije i centralizacije kapitala, koji se koncentrisati i centralizovati može samo u posedu određenih vlasnika.

Osnovna protivrečnost tog procesa je istovremena privatizacija i socijalizacija, te vertikalna i horizontalna, birocentrična i democentrična integracija vlasništva. Ona je rezultat protivrečnog delovanja kapitalističke konkurencije, koja istovremeno goni i na centralizaciju i na decentalizaciju, i na vertikalnu i na horizontalnu integraciju kapitalističkog valasništva. Velika je zabluda jednostranog metafizičkog rasuđivanja da kapitalizam počiva samo na privatnom vlasništvu. Koliko je privatno vlasništvo pojedinačnih kapitalista, kapitalistička svojina je isto toliko i kolektivno vlasništvo cele kapitalističke klase, iz čega zapravo i proističe nagonska moć kapitalističke konkurencije nad pojedinačnim posednicima kapitala, koja se samo njihovom kolektivnom akcijom savlađuje.

Kapitalistička revolucija je privatnu svojinu proglasila za sveto i najviše pravo svih i svakoga, a upravo je kapitalistička konkurencija najveći deo čovečanstva lišila privatnog vlasništva i proletarizovala, kao što svakodnevno obezvlašćuje i proletarizuje ogromnu većinu koloniziranih zemalja Planete. Istovremeno je ta ista konkurencija privatne vlasnike terala da se, radi zaštite i opstanka, udružuju u zadružne i akcionarske organizacije, pa dok je na jednoj strani smanjivan, na drugoj je povećavan broj privatnih vlasnika, kao što se kroz kapitalističku konkurenciju pojedine zemlje i koloniziraju i oslobađaju kolonijalne zavisnosti.

Pod dejstvom kapitalističke konkurencije, sitni posedi su se utapali u krupnije posede veleposednika dok se na kraju nisu našli u državnom posedu kao unitarnom kolektivnom vlasniku cele kapitalističke klase. Što je slobodna konkurencija postepeno činila ekonomskom prinudom, državna administracija je po kratkom postupku završavala prinudnom nacionalizacijom, i kako je obezvlašćivala vlasnike metropola tako je postupala i sa privatnim posednicima kolonija. Po ugledu na metropole, kolonijalne vlade su, u zaštiti od razorne konkurencije, i radi ubrzane industrijalizacije, i same sprovodile ekspresnu nacionalizaciju privatne imovine. Pod ideološkim motom ukidanja privatne svojine a radi zaštite od konkurencije, vladajuće komunističke partije su prinudnom eksproprijacijom vršile i totalnu nacionalizaciju privatnog vlasništva.

Nacionalizacijom je vršena vertikalna unitarističko-monopolistička integracija i socijalizacija privatnog vlasništva, sa državom kao isključivim javnim titularom nacinalnog vlasništva, kojim u interesu vladajuće klase i partije, a pod dirigentskom palicom vrhovnog državnog poglavara, suvereno upravlja i raspolaže državna birokratija. To je u suštini vrhunac prinudne privatizacije i prinudne socijalizacije, na kojem je celokupno nacionalizovano vlasništvo zajedno s obezvlašćenim vlasnicima praktično stavljeno u posed jednog jedinog, vrhovnog posednika.

Sada se vertikalna unitarističko-monopolistička integracija i socijalizacija privatnog vlasništva sa nacionalnog nivoa pomera na planetarni nivo. Prisvajanjem nacionalne imovine drugih država, ulogu suverenog, planetarnog posednika zadobijaju SAD, koje ne samo preko nacinalnih vlada i svojih korporacija već i neposredno utiču na raspolaganje sve većim delom planetarne imovine. Posebnu ulogu u tome imaju međunarodne ekonomske organizacije nad kojim SAD imaju apsolutnu vlast i preko kojih diriguju delovanjem nacionalnih vlada.

Ambicije SAD da ovladaju prirodnim resursima cele Planete ideološki se pravdaju time da oni pripadaju svima na Planeti a praktično se zaposednutim resursima ne dozvoljava pristup nikome drugom. SAD u stvari teže apsolutnoj monopolizaciji vlasništva, koja bi im obezbedila apsolutnu ekonomsku i političku vlast, a time i potpunu kolonizaciju Planete.

To im, međutim, ne dozvoljavaju njihovi najveći rivali, a najviše Japan i Nemačka, koji takođe prisvajaju nacionalnu imovinu drugih država uključiv i same SAD. Glavni rival su, međutim, transnacionalne korporacije koje i nezavisno od matičnih metropola, užurbano prisvajaju tuđu imovinu, *„... žureći se da kupe male, inventivne firme na drugom kraju globusa, da bi sprečile njihovo prisvajanje od svojih takmaca"*[174]. Svojinski monopol se istovremeno stiče i rastače na sve veći broj monopolista, što čini da se i kolonizacija odvija kroz istovremenu dekolonizaciju.

Demonopolozacija kapitalističkog vlasništva otpočetka se, kao jedinstven proces kapitalističke reprodukcije, odvija zajedno sa njegovom monopolizacijom. Nasuprot stihijnom ekonomskom i programiranom političkom obezvlašćivanju sve većeg broja privatnih vlasnika, kroz akcionarsko povezivanje se sa širenjem korporacijskog monopolizma istovremeno povećava broj akcionara. U džinovske korporacije, koje su polako ali sigurno, osvajale monopolske pozicije, svojevoljno su se zbijali milioni krupnih i sitnih akcionara. Sa monopolizacijom vršena je istovremena demonopolizacija, sa privatizacijom - socijalizacija privatnog vlasništva.

Akcionarska privatizacija je istovremena deprivatizacija. U kvantitativnom pogledu, povećavanjem broja akcionara rasplinjava se privatnosopstvenički monopol i ostvaruje ideal buržoaske revolucije o opštem pravu na privatnu svojinu što praktično vodi njenom odumiranju. A u kvalitativnom smislu, rastaču se svojinske komponente privatnog vlasništva protežući se na sve širi krug subjekata, čime se svojinski monopol sve više relativizira što, takođe, vodi njegovom iščezavanju.

Akcija je istovremeno i privatno i kolektivno vlasništvo akcionara s osnovnom tendencijom nestajanja svakog vlasništva. S jedne strane, *„...pretvaranjem svojine u akcionarsku svojinu vlasnik postaje vlasnik s manjim pravom..."*, jer *„...kao posednik akcije on je zavisan od odluka svih drugih posednika akcija; on je samo član jedne celine; vlasnici sredstava za proizvodnju ne postoje više kao pojedinci, nego obrazuju društvo u kojem pojedinac ima samo pravo na alikvotni deo prinosa"*[175]. A s druge strane, putem akcionarskog *„...učešća postiže se mogućnost kontrole i odlučivanja o velikim tuđim kapitalima, koji višestruko prevazilaze sopstveni kapital*

---

[174] Pol Kenedi, *Priprema za 21. vek*, isto, str. 68.
[175] Rudolf Hilferding, cit. rad, str. 152. i 153.

finansijskih kapitalista...", a „...ko ima većinu, tj. 51% svih akcija u akcionarskom preduzeću, može raspolagati čitavim akcionarskim kapitalom kao svojim"[176].

Mogućnosti raspolaganja akcionarskim kapitalom su, međutim, bitno sužene i za kolektivno raspolaganje akcionara. Individualno oni mogu suvereno odlučivati jedino o prometu (kupovini i otuđivanju) svojih akcija, a kolektivno samo o načelnim pitanjima reprodukcije zajedničkog kapitala (dok sitni akcionari ni o njima ne odlučuju). Zbog potrebe stručnosti i lične sposobnosti, konkretnim tokovima reprodukcije upravljaju profesionalni upravljači (menadžeri), na koje akcionari ne mogu konkretno ni uticati.

Zbog značaja tokova reprodukcije za veličinu profita, menadžeri u konkretnom raspolaganju akcionarskim kapitalom uživaju veliki autoritet i čak dominiraju nad akcionarima. To je omogućilo da *„...interesi menadžera preovladaju nad interesima vlasnika...",* koji su *„...sve manje u stanju da kontrolišu menadžment...",* zbog čega je *„...njihov interes u praksi sve manje poštovan i uvažavan..."*[177], što potvrđuje ekonomski osnovanu tezu da je stvarni raspolagač „u prvoj liniji" reprodukcije[178].

Podeljenost svojinskog subjektiviteta između akcionara (kao pravnih vlasnika) i menadžera (kao ekonomskih posednika) navodi na pogrešan zaključak o razdvajanju vlasništva i upravljanja[179], odnosno vlasničkih i menadžerskih funkcija[180], te nezavisnosti kapitalističkog procesa proizvodnje od kretanja kapitalističke svojine[181]. Taj (slučajni ili namerni) previd ima fatalne ideološke i političke implikacije o nevažnosti ili beznačajnosti svojine za društvenu reprodukciju, što sugestivno deluje na vlade i javno mnjenje koloniziranih i tranzicionih zemalja da nepromišljeno otuđuju i olako se mire s otuđivanjem nacionalne imovine.

U suštini, akcionarska svojina nije potisnuta iz neposrednog procesa reprodukcije, već je svojinski subjektivitet nad akcionarskim kapitalom podeljen između akcionara i profesionalnih upravljača sa tendencijom da se dalje rastače. Došlo je, u stvari, do *„...rastavljanja nekada jedinstvenih svojinskih prava, njihovog cepanja na: pravo prisvajanja, po osnovu akcija; pravo upravljanja i*

---

[176] dr Stojan Jankov, cit. rad, str. 8.

[177] Prof. dr. Volfram Engels, cit. rad, str. 251 i 249.

[178] Karl Rener, *Socijalna funkcija pravnih instituta*, Kultura, Beograd, 1960., str. 163.

[179] Stojan Jankov, cit. rad, str. 30.

[180] Mihailo Marković, *Društvena misao na granici milenijuma*, Službeni list SRJ, Beograd, 1999., str. 112.

[181] R. Hilferding, cit. rad, str. 168.

prisvajanja, po osnovu rukovođenja i pravo administriranja, po osnovu usluga"[182]. U toj konstelaciji, „*...menadžeri spadaju među najveće vlasnike; oni u stvarnosti čine vodeći odred vlasničke klase...*", i „*...zbog strateških položaja što ih zauzimaju, deluju kao zaštitnici i govornici krupnog vlasništva"*[183].

Ali ni akcionari nisu lišeni upravljačkih funkcija i stvarne kontrole nad tokovima društvene reprodukcije, koji su neodvojiva komponenta svojinskih odnosa. Pored toga što odlučuju o načelnim pitanjima reprodukcije sopstvenog kapitala, krupni akcionari preko državne politike i zakonodavne regulative odlučujuće utiču na ukupne tokove društvene reprodukcije. I kad nisu u vladi, oni plaćanjem i potplaćivanjem državne administracije faktički vladaju. Previđanje te nepobitne činjenice dovodi u zabludu kolonijalne žrtve odakle im preti stvarna opasnost.

Zahvaljujući ekonomskoj efikasnosti, zasnovanoj na demonopolizaciji privatnog vlasništva, akcionarstvo se održavalo i razvijalo dok je državno vlasništvo zbog ekonomske neefikasnosti, proistekle iz njegove monopolizacije, „palo na ispitu". Suštinska razlika je u stepenu ekonomske motivacije. Dok državno vlasništvo počiva na destimulativnoj uravnilovci, akcionarsko vlasništvo se zasniva na stimulativnoj raspodeli prema doprinosu. Visina dividende određuje se prema veličini udela u angažovanom kapitalu, zbog čega je svaki akcionar zainteresovan ne samo za što veća ulaganja već i za što uspešnije poslovanje akcionarske firme. Na individualnoj motivaciji zasniva se i kolektivna motivacija, u kojoj je glavni zalog izrazito veće efikasnosti i konkurentnosti akcionarskih korporacija u odnosu na inokosna i državna preduzeća.

Zbog toga je država sa blagonaklonog podsticanja prešla na suzbijanje akcionarstva, koje preti da daljim razvojem podrije temelje kapitalizma i kolonijalizma. To se čini naročito putem poreza i poreske politike, što je „*...dovelo do ekstremnog slabljenja akcionarstva"*. Da bi se suzbilo širenje akcionarstva, destimuliše se naročito sitno akcionarstvo pomoću „*...sistema oporezivanja koji se uvek pobrine za to da ulaganje u akcije bude interesantna investicija samo osobama sa visokim primanjima"*[184].

---

[182] M. Lerner, navod Vladimira Milića, *Tranzicija savremenog društva*, Savet projekta „Konstituisanje države kao pravne države" i Centar za publkacije Pravnog fakulteta Univrziteta u Beogradu, Beograd, 1998., str. 162.

[183] *Promjene u suvremenom razvijenom kapitalizmu* (P.A. Baran, P.M. Sweezy), isto, str. 269.

[184] Prof. dr. Volfram Engels, cit. rad, str. 249.

Akcionarstvo se najviše suzbija u koloniziranim i tranzicionim zemljama, gde se umesto akcionarskih društava i zadružnih organizacija podstiče osnivanje sitnih inokosnih preduzeća, čime se kolonijalne sile obezbeđuju od jače konkurencije. „Širom sveta, vrlo je malo novih investicija finansirano povećanjem novog akcijskog kapitala...“[185], a potpomažu se samo krupne korporacije i krupni akcionari da bi se umesto demonopolizacije zaštitio i održao monopolski kapital.

Time se praktično suzbijaju razvojni procesi kapitalističke reprodukcije, koji sa razvojem novih tehnologija nezadrživo vode njenom samoukidanju i preobražavanju u postkapitalističku (u suštini socijalističku) reprodukciju. Pod uticajem novih tehnologija, do tog preobražaja najpre dolazi u velikim akcionarskim korporacijama, čime se povećava njihova efikasnost i konkurentnost, zbog čega „...sami poslodavci stvaraju modele učešća radnika u upravljanju“[186].

Sa prednjačenjem u tehnologizaciji proizvodnje neizostavno ide i prednjačenje u demokratizaciji proizvodnih odnosa, koje se ogleda u širenju upravljanja sa profesionalnih upravljača na sve zaposlene. Dominantnoj konkurentnosti japanskih korporacija doprinelo je s uvođenjem novih tehnologija i uvođenje samoupravljanja, bez kojeg se nove visoke tehnologije ne bi mogle efikasno primenjivati. „Japanski radnici su, okupljeni u male, decentralizovane radne grupe, sami odlučivali o načinu rada i te su odluke za rukovodioce bile svetinja... Japanske tvrtke karakterizira doživotno zapošljavanje, zajedničko odlučivanje i kolektivna odgovornost“[187]. Ali i u SAD „...težište tarifnih ugovora sve više prelazi na pitanja sigurnosti posla i zarade, te učešća radnika u odlukama upravljača preduzeća koje indirektno ili direktno utiču na njihov položaj“[188].

Protivrečno delovanje savremene tehnologizacije da istovremeno i unapređuje kapitalističku reprodukciju i potkopava njene temelje, izaziva i protivrečno reagovanje kapitalističke klase da i podstiče i suzbija demokratizaciju svojinskih odnosa, koja joj potkopava vladajuće pozicije ali bez koje ne može. „Iz ćorsokaka se neće izaći niti će se otvoriti perspektiva „novog društva“ sve dok manuelni i intelektualni radnici ne budu imali nikakvog udela: ni u odlučivanju, ni u raspodeli viška vrednosti“[189].

[185] Džozef E. Stiglic, cit. rad, str. 138.
[186] dr. Brana Marković, cit. rad, str. 78.
[187] John Naisbitt, cit. rad, str. 199. i 211.
[188] Vladislav Milenković, Rad i kapital na Zapadu, isto, str. 151.
[189] Promjene u suvremenom razvijenom kapitalizmu (Roger Garaudy), isto, str. 472.

Nezaobilazni put za demokratizaciju akcionarskih korporacija je širenje akcionarstva na sve zaposlene i uključivanje u upravljanje korporacijom svih akcionara. *„Do demokratskog procesa u preduzeću može se doći i kroz prenos svojine zaposlenim u firmi kojom se svakom licu - ne više zaposlenom nego vlasniku - radniku - omogućuje jedan udeo u firmi, čime takav vlasnik stiče pravo na samo jedan jedini glas"*[190]. Da su o privatizaciji u tranzicionim, tobože socijalističkim, zemljama odlučivali radnici, do toga bi sigurno i došlo, ali su privatizaciju sprovodili stari i novopečeni kapitalisti.

Zaposleni ne mogu kupovati akcije sve dok su na minimumu egzistencije zbog čega je demokratizacija svojinskih odnosa neodvojiva od ekvivalentne raspodele novostvorene vrednosti prema doprinosu njenom stvaranju koji se daje i živim i opredmećenim radom. To podrazumeva da se već ostvareni princip raspodele profita prema uloženom kapitalu proširi na raspodelu prema uloženom radu, tako da svaki zaposleni u raspodeli novostvorene vrednosti participira srazmerno svom ukupnom doprinosu.

Bez suštinske demokratizacije svojinskih odnosa ne može biti ni suštinske dekolonizacije, što podrazumeva da svaki zaposleni (u koloniji ili metropoli) zarađuje prema svom doprinosu novostvorenoj vrednosti, da samostalno upravlja svojom poslovnom jedinicom ma gde da je locirana (u koloniji ili metropoli), ali i da srazmerno svom doprinosu ravnopravno participira u raspolaganju celokupnom zajedničkom imovinom i upravljanju celom korporacijom.

Pravi uzor suštinske demokratizacije svojinskih odnosa je zadružna svojina, koja je istovremeno i individualno i zajedničko vlasništvo zadrugara i zadružnih organizacija a stiče se ekvivalentnom raspodelom novostvorene vrednosti prema doprinosu živim i opredmećenim radom, te dobrovoljnim udruživanjem[191]. Ukoliko se akcionarsko vlasništvo širi i na prisvajanje živim radom, ono se u suštini izjednačava sa zadružnim vlasništvom, a akcionarstvo se transformiše u izvorno zadrugarstvo.

Ukoliko, međutim, umesto kapitala znanje postaje „osnovni privredni resurs", svojina i prisvajanje gube na zanačaju jer se znanje kao opštedruštveno dobro ne može prisvajati i otuđivati. A *„...u organizaciji zasnovanoj na znanju svi pripadnici moraju biti u stanju da upravljaju vlastitim radom, da ga kontrolišu. Zahteva se, drugim rečima, da svi pripadnici postupaju kao odgovorni donosioci*

---

[190] Robert Dal, cit. rad, str. 429.
[191] Vidi: Dr Dragan Marković, cit. rad.

odluka...", te da „...svaki član mora da vidi sebe kao „direktora""[192]*.* Zato već *„... počinjemo napuštati hijerarhije...",* zasnovane na monopoliziranom vlasništvu, *„...koje su dobro funkcionirale u centraliziranoj, industrijskoj eri...",* i *„...zamijenjujemo ih novim obrascem organiziranja i komuniciranja - mrežama"*[193].

Lokalizacija i globalizacija

Danas su na svetskoj ideološko-političkoj pozornici žestoko suprostavljena dva ekstremna pokreta globalizacije i lokalizacije, u čijoj su osnovi odgovarajuće tendencije nošene centripetalnim i centrifugalnim silama svetske ekonomije. Kao i obično, oni izražavaju različite i međusobno suprostavljene interese, odakle i proističe njihov ekstremizam iako su suprostavljene sile koje ih vuku svaka na svoju stranu, nerazdvojive.

Međusobno suprostavljene tendencije globalizacije i lokalizacije su zapravo nerazdvojivi polovi kapitalističke reprodukcije. Kapital se reprodukuje tako što stalno kruži od centra ka periferiji i od periferije ka centru, od svog izvora ka svom ušću, i obratno. Investira se na raznim stranama gde su locirani prirodni resursi i radna snaga, da bi se uvećan ponovo vraćao svom polazištu, te tako i na najnižem nivou svoje reprodukcije deluje kao objedinjujuća i globalizujuća snaga.

Proces kapitalističke globalizacije tekao je najpre od lokalnog ka nacionalnom nivou; nacionalna državna zajednica je, putem tržišne konkurencije i nacionalizacije, u stvari i nastala kao oblik kapitalističke integracije i globalizacije. Najkompaktnije i najzatvorenije celine takve globalizacije predstavljale su zajednice takozvanog državnog socijalizma, ali nisu u tome mnogo zaostajale ni zajednice takozvanog slobodnog i otvorenog kapitalizma.

Preskakanje kapitala preko nacionalnih granica dovelo je proces kapitalističke globalizacije do najvišeg - planetarnog nivoa, kako se ona danas i poima. *„Međunarodno kretanje kapitala jedan je od osnovnih generatora..."* planetarne globalizacije[194], pa se međunarodna zajednica po njegovoj meri oblikuje i funkcioniše.

---

[192] Peter F. Drucker, cit. rad, str. 110. i 111.
[193] John Naisbitt, cit. rad, str. 257.
[194] Veselin Drašković, cit. rad, str. 49.

Iako je kapitalizam „*...počev od najranijeg doba svoje kontinualne egzistencije prevazilazio pojedine zemlje i oblasti...*"[195], smatra se da planetarna globalizacija počinje s evropeizacijom, kojom je „*...čitavo čovečanstvo dovedeno u uzajamni dodir...*", sa čime je „*...evropska civilizacija postala podlogom svijetske civilizacije*"[196]. To u stvari znači da je počela sa kapitalističkom kolonizacijom kojom je zapravo vršena evropeizacija sveta.

Evropeizacijom je Planeta globalizovana i polarizovana na kolonijalni centar i kolonojalnu periferiju, međunarodnu „buržoaziju" i međunarodni „proletarijat". Kapitalizam je „*...tako otpočeo egzistenciju kao dijalektičko jedinstvo autonomnog centra i zavisne periferije*"[197]. Svetske najrazvijenije zemlje, matice transnacionalnih korporacija „*...dobile su vid savremene buržoazije, a široke mase zemalja nerazvijenog sveta dobile su vid pravog proletarijata*"[198].

Nerazvijene kolonije pretvorene su u lokalna izvorišta a razvijene metropole u centralna stecišta svetskog kapitala, prve da bi i dalje ostale nerazvijene, a druge da bi se još više razvile. Ni „*...ogromni napori usmereni ka razvoju Trećeg sveta posle Drugog svetskog rata nisu bili motivisani čisto filantropskim motivima, već i potrebom da se on uvede u trgovinski sistem Zapada kako bi zapadni proizvodi i usluge dobili šire tržište, a zapadna industrija dobila izvor jeftine radne snage i sirovina*"[199].

Sve se čini da se kolonije što čvršće vežu za metropole i u potpunosti integrišu u globalni kolonijalni sistem Planete. „*Zapad pokušava da ekonomiju nezapadnih država integriše u globalni ekonomski sistem kojim dominira*"[200]. Industrijski i finansijski sektor novoindustrijalizovanih zemalja „*...sve je više, kao zavisan pol, integrisan u funkcionisanje svetskog kapitala*"[201]. Udružujući se sa industrijskim i finansijskim grupama Latinske Amerike, ili sa državnim institucijama u tzv. mešovita preduzeća, američki monopoli „*...sve više podstiču proces integracije između metropole i satelita*"[202]. Prekolonizirane zemlje Istočne

---

[195] Paul Sweezy, prilog u zborniku „Svetski kapitalistički sistem", priređivači Dušan Pirec i Miomir Jakšić, Ekonomika, Beograd, 1987., str. 181.

[196] *Povijest svijeta*, grupa autora, Naprijed, Zagreb, 1977., str. 422.

[197] Paul Sweezy, isto, str. 182.

[198] Milan Vojnović, cit. rad, str. 4.

[199] *Globalizacija* (Edvard Goldsmit), CLIO, isto, str. 256.

[200] Semjuel P. Hantington, *Sukob civilizacija*, CID, Podgorica, 1998., str. 204.

[201] Milan Vojnović, cit. rad, str. 103.

[202] *Promjene u suvremenom razvijenom kapitalizmu* (Andre Gunder Frank), isto, knj. 2, str. 168.

Evrope integrišu se u amerikaniziranu Evropsku Uniju, a tvrdi se da je „...*transatlanska Evropa...*" i „...*ruska jedina realna geostrateška opcija*"[203].

Kolonijalnom globalizacijom vršena je horizontalna i vertikalna integracija svih: i nerazvijenih i razvijenih zemalja, te njihovih privrednih subjekata sa globalističkim finansijskim tokovima kao glavnom polugom integracionih sila. „*Postojalo je dvostuko kretanje, s jedne strane ka formiranju finansijskih konglomerata i brokera s izuzetnim globalnim uticajem, a s druge ubrzano umnožavanje i decentralizovanje finansijskih aktivnosti i tokova stvaranjem sasvim novih finansijskih sredstava i tržišta*"[204]. I „...*ako su se glavne korporacije većinom otrgle od svojih nacionalnih korena, to je čak još tačnije za sistem međunarodnih finansija, koji je mobilan, radi danonoćno, prelazi granice u lovu na profit*"[205]. Preko transnacionalnih korporacija vrši se čak i nezavisno od državnog upliva, sve tešnje globalističko zbijanje privrede.

Direktno ili preko svojih korporacija, kolonijalne sile, naročito vladanjem finansijskim tokovima, drže pod svojom „šapom" ceo svet. Naročito poslednjih godina XX veka „...*velike sile preuzimaju kontrolu nad Zemljom u sve većem stepenu...*", koja se „...*već ogleda u: globalnim bankarskim menadžerima velikih međunarodnih kompanija koji predstavljaju zajedničke izvore oligarhija najbogatijih zemalja koje su slučajno i najmoćnije*"[206].

Vrh globalističke piramide nije, međutim, zaravnjen dobroćudnim kompromisima kolonijalnih sila, od kojih bi svaka htela da na njen vrh sama zasedne. Centralističke tendencije protežu se sa nacionalnog nivoa i na planetrani nivo. „*U savremenom kapitalizmu centralizacija se događa sve manje na osnovi čisto naconalne privrede; ona dobija sve više međunarodni karakter, kada involvira firme ili banke iz različitih zemalja odnosno kada su angažovane transnacionalne firme ili transnacionalne banke čak i u slučaju da potiču iz iste zemlje matice*"[207].

Iako se zasniva na dubinskim ekonomskim tendencijama, taj proces se ne odvija po „ćudi prirode" stihijski. „*Globalizacija je strogo programirana i usmjeravana od strane najrazvijenijih država, najvećih transnacionalnih korporacija i moćnih svijetskih finansijskih centara, u cilju obezbjeđenja poslovnog kontinuiteta,*

---

[203] Zbignjev Bžežinski, cit. rad, str. 112.
[204] Dejvid Havri, cit. rad.
[205] Pol Kenedi, *Priprema za 21. vek*, isto, str. 71.
[206] Džeremi Foks, cit. rad (navod Hobs Bauma), str. 53/4.
[207] Milan Vojnović, cit. rad, str. 45.

širenja i izvlačenja što većih profita"[208]. To, međutim, nije zajedničko programiranje niti ravnopravno koordiniranje jer se u međusobnoj utakmici, svako, otvoreno ili potajno, bori za sopstvenu premoć, od čega mu zavisi ne samo primat već i opstanak na svetskoj pozornici. U toj utakmici uvek prednjači jedna, ekonomski najmoćnija sila, što čini da je monocentričnost „...bitna odlika transnacionalnog kapitalističkog razvojnog modela"[209]. U „...centru privrede - sveta uvek se, zaista, smešta jedna jaka, agresivna, privilegovana, vanserijska država, koja je dinamična i od koje svi strahuju i istovremeno joj se dive. To je već slučaj Mletaka u XV veku, Holandije u XVII veku, Engleske u XVIII pa i XIX veku, a Sjedinjenih Država danas"[210].

Glavnu polugu globalističke ekspanzije i kolonijalne dominacije Sjedinjenih Država predstavljala je ekspresna internacionalizacija njene privrede. Godine 1950. investicije SAD u inostranstvu iznosile su 11,8 milijardi dolara, 1960. - 32,8 milijardi, 1970. - 75,5 milijardi, a „...već krajem osme decenije ukupni promet inostranih afilijacija američkih korporacija iznosio je 40% od ukupnog domaćeg proizvoda SAD"[211]. Već za to vreme Sjedinjene Države su raznim kanalima prodrle na sva područja i u sve pore svetske privrede, čiji su zapravo glavni konstituent i arhitekta postale.

Tendencije globalne socijalizacije neodvojive su od tendencija globalne privatizacije privrede. One su samo različiti polovi nedeljivog procesa ekonomske globalizacije. Ne samo što Sjedinjene Države nastoje da privatizuju, i privatizuju ceo svet, nego to pokušavaju i pojedine transnacionalne korporacije, pa i pojedinačni belosvetski moćnici.

I najglobalnije objektivne tendencije ispoljavaju se kroz lične težnje pojedinaca, koji su zapravo njihovi objektivni nosioci, pa su stoga oni lokalni stožeri i najglobalnijih zajednica. Globalističke težnje javljale su se i javljaju se u glavama moćnih pojedinaca koji bi hteli da budu još moćniji, i najmoćniji, da prisvoje sve što se prisvojiti može, da ovladaju i vladaju celim svetom. „Globalni kapitalizam je uglavnom fokusiran na želje privilegovanih pojedinaca pre nego na dobrobit zajednice u celini..."[212] i „...jedan vrlo mali segment jako bogatih

---

[208] Veselin Drašković, cit. rad, str. 21.

[209] dr Bogdan Ilić i dr., *Politička ekonomija*, III izdanje, Savremena administracija, Beograd, 1995., str. 673.

[210] Fernand Brander, prilog u zborniku Pireca i Jakšića „Svetski kapitalistički sistem", isto, str. 90.

[211] Milan Vojnović, cit. rad, str. 160.

[212] Džeremi Foks, cit. rad, str. 35.

na samom vrhu šampanjske čaše stvorio je apatridsku alijansu koja globalni interes izjednačava sa ličnim i komercijalnim interesima svojih članova[213].

Kao što se u jednoj državi vladajuća klasa i državni poglavari rukovode prvenstveno svojim interesima, tako na planetarnom nivou rade vladajuća kolonijalna sila i njeni poglavari. Da bi se to prikrilo, u propagandi se čini sasvim suprotno pa se posebni odnosno individualni interesi predstavljaju kao opšti, i najopštiji. Sve što čine, kolonizatori govore da je u interesu kolonija i celog čovečanstva.

Globalističke imperijalističke ambicije Amerike promovisali su američki moćnici, nastupajući u njeno ime i za međunarodnu „dobrobit" ali pod sopstvenim vođstvom. Američki predsednik Truman je najavljivao da su Sjedinjene Države kao *„...najjača zemlja dužne da preuzmu rukovođenje čitavim svetom..."*[214], a *„...osnovna, dominantna i najopštija odlika međunarodne koncepcije Nikson-Kisindžerove i Ford-Kisindžerove administracije bila je izgrađivanje jednog globalnog međunarodnog sistema i poretka"*[215]. Regan je nagoveštavao *„...naciju koja pouzdano želi da preuzme vođstvo ka nesputanim dostignućima novog doba..."*, a Džordž Buš 1989. godine uveravao javnost da će izvršiti misiju ostvarenja *„...jednog beskrajnog, dugog sna i hiljadu tačaka svetlosti"*[216]. Taj san je *„...američka ideja o modernoj i jedinstvenoj civilizaciji..."*[217], kao ideološkoj projekciji *„...novog svetskog poretka..."*, koji *„...većina ljudi neće prihvatiti, ali će biti prinuđeni da ga prihvate putem dveju strategija. 1. Oni koji se zalažu za promene, zasešće na svetski tron moći, obično tako da javnost neće ni primetiti tu činjenicu. 2. „Stari sveski poredak" biće uništen deo po deo, serijom planiranih „ujeda" postojećeg poretka"*[218].

Strateški cilj o uspostavljanju međunarodnog poretka objavio je 1959. godine američki Savet za inostrane poslove, koji ima veliku moć uticaja na donošenje ključnih odluka na najvišem nivou vlasti vršenjem „pritiska odozgo" iznutra, dok istovremeno finansira grupe i pojedince koji vrše „pritisak odozdo". Među brojnim grupama i pojedincima je i Rimski klub, u kojem su i članovi američkog Saveta za međunarodne odnose, i iz kojeg dolaze mnoge ideje i uputstva za stvaranje svetskog poretka, pa tajna organizacija

[213] *Globalizacija* (Dejvid S. Korten), CLIO, isto, str 34.
[214] Navod Vojislava Mićović, cit. rad, str. 47.
[215] dr. Dušan Nikoliš, cit. rad, str. 15.
[216] Ralph Epperson, *Novi svetski poredak*, Basket Bam, Beograd, 1993., str. 216. i 218.
[217] V. Sasman, navod Vladimira Milića, cit. rad, str. 209.
[218] Ralph Epperson, cit. rad, str. 13.

Bilderberg sa oko 100 članova iz zemalja NATO-a, među kojima su i pojedini evropski monarsi, političari, severnoamerički i evropski lideri, bankari, novinari, vodeći industrijalci i funkcioneri ministarstava za spoljne poslove[219].

Po nacionalnom sastavu, Amerika je predodređena da bude začetnik i pokretač internacionalne globalizacije jer je već po svom demografskom biću internacinalna. Ona je „zemlja imigranata", koji „...*nemaju zajedničke patrije, već prije mnogo različitih - mnoštvo otadžbina (ili domovina)...*"[220], od kojih se nisu sasvim odvojili i na koje mogu uticati, što je veliki adut pokretača globalizacije. Glavni adut je, međutim, društveno i mentalno biće Amerike, koje već samo po sebi privlači ceo svet. Gotovo svi su tamo hrleli „trbuhom za kruhom", ne mareći mnogo za svoju otadžbinu, koja mnogima nije pružala ni minimum egzistencije. I skoro svi su sve „bacili samo na jednu kartu": da po svaku cenu što više profitiraju i da se što pre obogate. Na takvim životnim preokupacijama izrastao je jedan moglo bi se reći čisto profiterski mentalitet, koji je sudbonosno uticao i na stvaranje odgovarajućih društvenih preokupacija i orijentacija.

Dok je unutarnjih rezervi za bogaćenje bilo u izobilju, Amerikanci nisu mnogo marili za ostali svet, a čim su one počele da se isrpljuju, sve više su „oko bacali" na tuđe, posmatrajući sve iz ugla sopstvenog koristoljublja. I celokupnu međunarodnu aktivnost Amerika je podredila tom osnovnom cilju: da što više tuđe imovine prigrabi i što više tuđeg znoja u sopstvenu korist iscedi.

To je osnovni pristup i u stvaranju novog svetskog poretka. „*Ono što SAD traže jeste ekonomski poredak u skladu sa njihovim interesima...*", i „...*opšta okosnica svijetskog poretka bila je da se stvori oblik liberalnog internacionalizma koji čuva interese investitora SAD*". Još „...*u ranom periodu poslije II svijetskog rata planeri SAD su se nadali da će da organizuju veći dio, ako ne i čitav svijet, u skladu sa shvaćenim potrebama privrede SAD*"[221]. Radi toga su Sjedinjene Države novi svetski poredak gradile ne samo po svojoj meri već i po svom uzoru kao proširenje sopstvenog poretka. „*Američka supremacija je proizvela novi međunarodni poredak koji nije samo preslikao, već je i institucionalizovao u inostranstvu mnoge oblike samog američkog sistema...*", pa se „...*američka globalna moć sprovodi preko globalnog sistema koji je isključivo projektovan od strane*

---

[219] Vojislav Mićović, cit. rad, str. 116 i 118.
[220] Majkl Valzer, *Amerikanizam - šta je to*, CID, Podgorica, 2001., str. 20 i 21.
[221] Noam Čomski, *Kontrolisana demokratija*, isto, str. 317, 88. i 126.

Amerike tako da odslikava unutrašnje američko iskustvo"[222]. To čini da „...global-
izacija ima izrazito američki lik...", i ...veruje se da američke institucije moraju sve
ostale da pošalju na groblje istorije"*[223].

Gotovo sve svetske institucije stvarane su na američku inicijativu i po
američkom modelu da izgledaju svetski a deluju proamerički, pa i kad iz-
gleda da deluju za dobrobit čovečanstva. Americi sasvim odgovara da svoje
egoističke ciljeve prekriva i prikriva altruističkim manipulacijama, što odli-
kuje ceo globalistički poredak koji je u sopstvenom interesu, a u ime opšte-
čovečanske „dobrobiti" sagradila; i u kojem je takvu poziciju izgradila da
rečima sve opštečovečanske ideale tako promoviše da joj mnogi veruju, a da
na delu potpuno izvrće njihov smisao radeći samo ono što njoj odgovara.

Sjedinjene Države su inicirale i osnivanje prve globalističke organizaci-
je - Lige naroda (1919. godine) iako joj nisu pristupile (verovatno zato što još
nisu bile toliko predominantne da bi joj mogle diktirati svoju globalističku po-
litiku), ali su ne samo inicijator nego i glavni organizator Organizacije Ujedi-
njenih Nacija, i najznačajnijih oblika njenog delovanja. Inicijativa je pokrenu-
ta 1941. godine Atlantskom poveljom (čiji su potpisnici američki predsednik
Franklin Ruzvelt i engleski premijer Vinston Čerčil), kojom su nagoveštene
ekonomsko-političke osnove međunarodnih odnosa u okviru OUN.

Međunarodne organizacije su pod uticajem kolonija proklamovale de-
mokratska i antikolonijalna načela, a pod uticajem kolonizatora deluju an-
tidemokratski i kolonijalistički. Proklamovale su: suverenu jednakost svih
svojih članova, a u njihovo ime se stalno narušava državni suverenitet i
povećavaju međunarodne nejednakosti; savesno ispunjavanje obaveza pru-
zetih Poveljom UN, koje kolonijalne sile zahtevaju samo od kolonija; rešavanje
međunarodnih sporova miroljubivim sredstvima i bez ugrožavanja mira,
bezbednosti i pravde, a širom Planete caruju nasilja, međunarodni terorizam
i nepravda; uzdržavanje od pretnje silom ili korišćenja sile protiv drugih
država, a stalno se „...zvecka oružijem...", koje se koristi kad god zatreba da
se slabija strana „...baci na kolena"*[224].

Uopštenosti ili nedorečenosti proklamovanih načela, proistekle iz ne-
principijelnih kompromisa omogućavaju njihovo zaobilaženje i suštinsko iz-
vrtanje. Ali i sasvim precizne odredbe međunarodnog prava bezobzirno se

---

[222] Zbignjev Bžežinski, cit. rad, str. 31. i 28.

[223] T. Fridman, navod Miroslava Pečujlića, cit. rad, str. 105.

[224] Povelja UN; *Deklaracija o načelima međunarodnog prava, o prijateljskim odnosima i saradnji iz-
među država; Povelja o gospodarskim pravima i dužnostima država.*

krše kad se sudare s egoističkim interesima kolonijalnih sila, čemu doprinosi i njihova nezaštićenost odgovarajućim pravnim sankcijama, koje se ne mogu nadomestiti moralnim obzirima i osudama.

Normativni poredak OUN obezbeđuje potpunu dominaciju velikih sila i pre svega SAD. Odluke najvišeg organa Generalne skupštine, u kojoj su predstavnici svih članica OUN, su neobavezujuće i u obliku preporuka imaju samo moralnu snagu, i to ne samo za članice već i za ostale organe i agencije OUN. Za razliku od Skupštine, Savet bezbednosti kao operativno-izvršni organ, u kojem su pet velikih sila stalne članice, donosi obavezujuće odluke u slučaju pretnje miru, kršenja mira ili agresije, a može narediti i prisilne mere prema članicama OUN sem u slučaju veta jedne od svojih stalnih članica, kojima je i na taj način dodeljen povlašćeni status.

Sjedinjene Države su takav status obezbedile pre svega za sebe, pa Ujedinjene Nacije „...funkcionišu danas zato što (manje-više) čine ono što Vašington želi...”[225], naročito nakon kapitulacije njegovog najvećeg rivala Moskve. Od 1946-1990. godine u Savetu bezbednosti veto je od strane SSSR i Kine upotrebljen 200 puta, a od 1990-2000. samo jednom[226]. U isto vreme, SAD su kao najčešći korisnik veta, sprečavale svaku značajniju odluku Saveta bezbednosti koja im nije odgovarala.

. „SAD su željele da stvari ispadnu onakve kao što su se desile i radile su na tome da se ovo postigne...”, pa je i „...Stejt Department želio da se UN pokažu neefikasnim u bilo kojoj mjeri koju preduzmu...” mimo njegove volje[227]. A kad bi procenile da njihove želje neće proći, SAD su potpuno ignorisale i zaobilazile UN, kao u slučaju agresije na Jugoslaviju i Irak.

Mnoge odluke koje su SAD donele samostalno ili preko organa i organizacija UN, u direktnoj su suprotnosti sa proklamovanim načelima Povelje UN koja su „...tokom godina, od 1945. godine bila često pogažena, a instrumenti povremeno ignorisani ili pogrešno korišćeni... Plemenita vizija sveta bez rata, nepravdi i siromaštva ostala je, nažalost, neostvareni cilj međunarodne zajednice”[228]. Zbog „sukobljenih” nacionalnih interesa, „...UN nisu bile u stanju da odigraju efikasnu i odlučujuću ulogu koju im je, izvesno je, Povelja namenila...”, pa smo od „...opšteg prihvatanja njenih načela još uvek vrlo daleko”[229].

---

[225] Noam Čomski, *Kontrolisana demokratija*, isto, str. 261.

[226] Vojislav Mićović, cit. rad, str. 91.

[227] Ambasador SAD u UN Mojnihon, navod Čomskog *Kontrolisana demokratija*, isto, str. 361.

[228] *Ujedinjene nacije danas - 1984.*, „Ujedinjene nacije”, materijal za predavače, str. 3. i 4.

[229] Generalni sekretar UN Kavijer Perez de Kueljar, isto, str. 4. i 5.

Osnovne poluge kolonijalističke amerikanizacije su međunarodne ekonomske organizacije, u prvom redu Međunarodni monetarni fond i Svetska banka, koji su u stvarnosti pod jakom američkom dominacijom[230] i predstavljaju „...*deo istog trkališta Trezora SAD*"[231]. U obe organizacije broj glasova određuje se prema uloženom kapitalu, pa SAD sa najvećim ulogom poseduju više glasova nego sve nerazvijene zemlje zajedno, a za odlučivanje o ključnim pitanjima obezbedile su i statutarno pravo veta[232].

Pri osnivanju Fonda i Banke, osnovna namena bila im je da pomognu opštem razvoju, i pre svega razvoju nerazvijenih odnosno nedovoljno razvijenih zemalja, a oni su pod odlučujućim uticajem najrazvijenijih, stavljeni prevashodno u funkciju njihovog razvoja a na štetu razvoja nerazvijenih. „*Sredstvima poverenim Banci, razvijene zemlje pomažu svoj izvoz, obezbeđuju tržišta za svoju proizvodnju...*", a i „*...kod Fonda, stvari su postavljene prema uslovima i potrebama industrijskih razvijenih zemalja...*"[233], i to tako da mogućnosti kreditiranja „*...ni po obimu ni po modelima korišćenja ne odgovaraju potrebama i mogućnostima nerazvijenih zemalja*"[234]. I sam „*...pristup Fonda zemljama u razvoju najčešće je odavao utisak kolonijalnog vladara*"[235].

Međunarodni monetarni fond i Svetska banka „*...efektivno konstituišu jezgro „svetske vlade de fakto" „novog imperijalnog doba"*""[236]. Njihovi zvaničnici „*...često imaju moć da menjaju trgovinsku politiku jedne države, njenu fiskalnu politiku, potrebe civilne službe, zdravstvenu zaštitu, ekološke propise, energetsku politiku, kretanje stanovništva, pravila o snabdevanju i budžetsku politiku*"[237]. MMF i SB „*...nastoje da nateraju zajmotražioca da izmeni svoje autonomne principe organizacije unutar države, kao i praksu i propise koji tu materiju (spoljnotrgovinski, devizni, bankarski i privredni sistem) regulišu, kako odgovara MMF i SB*"[238].

[230] Zbignjev Bžežinski, cit. rad, str. 31.

[231] Džozef E. Stiglic, cit. rad, str. 93.

[232] Kosta Andrejević, *Međunarodna banka za obnovu i razvoj i njena uloga u razvoju svojih članova*, magistarska teza na Fakultetu političkih nauka u Beogradu, 1971., str. 79. i 153.

[233] Antonije Tasić, *Finansijske specijalizovane agencije UN*, Privredni pregled, Beograd, 1963, str. 105. i 120.

[234] dr Vladimir Glišić, *Međunarodni monetrani i platni odnosi*, Institut za međunarodnu politiku i privredu, Beograd, 1972., str. 185.

[235] Džozeh E. Stiglic, cit. rad, str. 53.

[236] Čomski, navod Džeremi Foksa, cit. rad, str. 45.

[237] *Globalizacija* (Toni Klark), CLIO, isto, str. 294.

[238] Borivoje-Bora Đorđević, cit. rad, str. 132.

Pošto su u službi Vašingtona, MMF i SB praktično funkcionišu kao međunarodne monetarne agencije SAD, koje se faktički ponašaju kao svetska vlada, pretvarajući u svoje transmisije sve međunarodne institucije i izigravajći same za sebe međunarodnu zajednicu. I ponašaju se kao prava autoritarna strahovlada, koja sve naganja da postupaju po njenim nalozima a sama ne uvažava nikakve i ničije naloge pa ni zakonske regule koje je sama donela. *„SAD su ratifikovale vrlo malo konvencija koje se tiču ljudskih prava i srodnih pitanja...", a „...najviši autoriteti su objasnili da međunarodno pravo i ustanove postaju nebitni pošto više ne izvršavaju naredbe Vašingtona"*[239].

Ali vladajuća vlada oficijelne Amerike nije prava vlada američkog naroda. Ona je de fakto vlada jedne nevidljive i nedodirljive „vlade u senci", koja vlada u ime i za dobro transnacionalnog kapitala, čiji su se vidljivi i nevidljivi pipci „raštrkali" širom Planete. *„Uz pomoć svojih uspešnih zapadnih saveznika, s druge strane potpomognuta podređenim zapadnim zemljama, ohrabrena vodećim bankarskim i finansijskim institucijama (uglavnom međunarodna kapitalistička tela) i najvažnije od svega, moćnim transnacionalnim kompanijama, Amerika je uspostavila de fakto svetsku vladu koja dejstvuje uglavnom u tajnosti, podriva i ignoriše zakonito izabrana tela kao što su Međunarodni sud i Organizacija Ujedinjenih Nacija, i tako vrši kontrolu velikog dela sveta"*[240].

Na temeljima centralizovanog planetarnog kapitala izrasla je, iza i iznad Organizacije Ujedinjenih Nacija, centralizovana planetarna organizacija autokratske vlasti u službi održavanja i jačanja planetarnog kolonijalnog carstva. Uspostavljen je *„...novi „globalni poredak" kao model totalitarnog, do apsurda banalizovanog i utopijskog (neo)liberalnog internacionalizma, pri čemu se nacija stavlja u drugi plan"*[241]. Nacionalna država je potisnuta na periferiju globalnog sistema i pretvorena u satelitsku lokalnu zajednicu.

Suštinski je na satelitskoj poziciji i sama Amerika, koja je kao najmoćnija kolonija najsnažnija poluga zaokruženog kolonijalnog sistema. Ona se *„...stavlja u ulogu tužioca, sudije i porote..."*[242], ali i glavnog egzekutora montiranih presuda u zaštiti tog mamutskog sistema koji još nije stao na svoje sopstvene noge a malo je verovatno da će ikada i stati. I zato *„...hegemonija novog*

---

[239] Noam Čomski, *Novi militaristički humanizam*, (lekcije Kosova), 2. dop. izdanje, Filip Višnjić, Beograd, 2000, str. 182. i 183.

[240] Džeremi Foks, cit. rad, str. 48.

[241] Veselin Drašković, cit. rad, str. 229.

[242] Džozef E. Stiglic, cit. rad, str. 76.

tipa izražava mnoga obeležja američkog demokratskog sistema: pluralistička je, pro-pustljiva i elastična"[243].

Prividni paradoksi globalističke hegemonije su deregulacija i liberalizacija, koji *"...svakako podstiču globalizaciju i integraciju..."* jer su *"...liberalna tržišta i sistemi obično otvoreni, imaju lakši pristup, veću transparentnost cena i informacija"*[244]. Zato globalizacija *"...podrazumeva minimalno prisustvo državne regulative i liberalizaciju svih tržišta (posebno finansijskih), cena i kamata"*[245].

Sukob globalističkih i antiglobalističkih sila najoštrije se ispoljava kroz suprostavljanje globalističke deregulacije državnoj regulaciji. Intencija je kolonijalističke globalizacije da *"...intervencije države budu isključene (kroz poreze i kontrolu). Tržišta bi trebalo da budu deregulisana državne kontrole, "oslobođena" i ostavljena da im se pronađe njihova sopstvena instanca..."* jer su *"...porezi i drugi oblici državne kontrole čisti nameti slobodnom tržištu"*[246]. Time se nacionalna država gađa u „samo srce" jer je državna regulacija osnovni smisao njenog postojanja.

Radi se u stvari o regulisanoj deregulaciji jer globalni kolonijalni centar zahteva od kolonijalne periferije da tokove kolonijalne reprodukcije reguliše onako kako joj se iz njega diktira. Kolonijalističku regulaciju kroz sopstvenu nacionalnu deregulaciju sprovode po diktatu kolonijalnog centra same nacionalne države, i ona je praktično neizvodljiva bez njihove transmisione uloge.

Tržišna sloboda je samo druga (neodvojiva) strana tržišne tiranije zvane slobodna konkurencija, koja samoj sebi i u samoj sebi protivreči. Tržišni konkurenti su slobodni samo da jedni drugim kokurišu a sve ostalo je stvar prinude koju vrše tržišne zakonitosti, u kojima oni doduše učestvuju ali koji deluju i nezavisno od njihove individualne volje. Prodavac i kupac se slobodno pogađaju ali samo u okviru raspona koji im određuje globalni odnos ponude i potražnje. Ako je jedan, zahvaljujući monopolskoj poziciji, slobodan da sam određuje cenu, drugi je samim tim neslobodan jer je u podređenoj poziciji da bezuslovno prihvati monopolsku cenu.

Država se u „slobodne" tržišne odnose meša iz tri moguća razloga: da bi ispravila nepravde, da bi favorizovala jedne na račun drugih, ili radi

---

[243] Zbignjev Bžežinski, cit. rad, str. 180.
[244] *Globalizacija* (Ričard O'Brajen, navod Ričarda Barneta i Džona Kavane), CLIO, isto, str. 377.
[245] Slobodan Pokrajac, *Globalizacija između globofilije i globofobije*, isto, str. 19.
[246] Džeremi Foks, cit. rad, str. 27.

sopstvene koristi na račun svih ostalih. Ako to ne čini, caruje tržišna stihija u kojoj veće ribe proždiru manje, a najveće sve ostale. Osnovni smisao kolonijalističko-globalističke liberalizacije (ili takozvane neoliberalizacije) zapravo jeste u tome da se isključivanjem državne regulative najkrupnijim ribama transnacionalnim korporacijama omogući da u moru „slobodnog" međunarodnog tržišta vršljaju kako one hoće, i da radi toga sopstveni monopol zaštitte od svih ostalih monopola.

Svako će u tom „vrtlogu" odmah osetiti da to nije slobodna nego dirigovana liberalizacija i da nije sloboda za sluge već za gospodare, a svi su sluge jednog nevidljivog i nedodirljivog gospodara koji po sopstvenoj ćudi svima gospodari. „Zna se da je liberalizacija u stvari „zahtev Zapada prema ostalom svetu"..."[247] i da su „...zapadne zemlje podržavale liberalizaciju trgovine za one proizvode koje su izvozile, ali su u isto vreme nastavile da štite one sektore u kojima bi konkurencija iz zemalja u razvoju mogla ugroziti njihove privrede... Propovedale su - i nametnule - otvaranje tržišta za svoje industrijske proizvode u zemljama u razvoju...", a „...i dalje su držale svoja tržišta zatvorenim za proizvode iz zemalja u razvoju kao što su tekstilni i poljoprivredni proizvodi"[248].

Tako definisana liberalizacija je u stvari put koji su kolonijalne sile odabrale za ostvarivanje globalne kolonizacije, kojom se sve nacionalne države praktično pretvaraju u kolonije jednog nadnacionalnog centra u funkciji reprodukcije do kraja centralizovanog planetarnog kapitala. I ona treba da omogući njegovo potpuno slobodno kretanje i reprodukovanje bez ikakvih granica i ograničenja od strane lokalnih, nacionalnih i bilo kojih interesa. A to u suštini znači da se bezgranična planetarna sloboda globalnog kapitala zasniva na bezgraničnom ropstvu, i robovanju cele Planete jednom svemoćnom gospodaru kojeg je sama iznedrila.

Zahtevom za državnom deregulacijom praktično se reafirmiše marksistička teza o odumiranju države, samo što se ovde radi o prinudnom ukidanju umesto odumiranju koje bi trebalo da se ostvari suštinskom demokratizacijom. Razlika je u tome što suštinska demokratizacija društva treba da označi kraj svake države, dok po globalističkim težnjama, na ruševinama nacionalnih država treba da iznikne unitarna planetarna država što je nemoguće ostvariti bez neke prinude koja bi se i dalje zadržala kao sredstvo vladanja društvom. Tako bi, prema globalističkim predviđanjima, „...na tlu kosmopolitske

[247] Sankcije - uzroci, legitimitet, legalitet i posledice, zbornik SANU, Beograd, 1994. (Blagoje Babić), str. 89.

[248] Džozef E. Stiglic, cit. rad, str. 74. i 254.

zajednice, nacije-države vremenom „odumrle", ali time se ne želi reći da bi države i nacionalne zajednice postale suvišne"[249].

Sigurno je da se sa planetarizacijom tokova društvene reprodukcije, nacionalna država nezaustavivo primiče svom kraju. „Državne granice sve više postaju propustljive. Vlade su, u priličnoj meri, izgubile sposobnost da kontrolišu tok novca u, i izvan svojih zemalja i sve im je teže da kontrolišu tokove ideja, tehnologije, dobara i ljudi..."[250], što upućuje na zaključak da je „...u procesu ekonomsko-političke globalizacije..." neminovno „...izumiranje nacionalne države i parlamenta, kao i izmicanje centra moći van domašaja individualnih glasača"[251].

Centar moći pomera se ka „...autoritarnoj transnacionalnoj državi...", čije se konture naziru a „...simptomi stvaranja su izraziti..."[252], čime se „...približavamo planetarnoj eri kada više neće biti nacija i kada će na celoj zemlji vladati jedan poredak, i jedna vlada, i jedno administrativno telo..."[253], ali se udaljavamo od čoveka i njegovih životnih problema. „Nacionalna država je projektovana da zaštiti život građana i njihovu slobodu, i imovinu građana od samovoljnih postupaka suverena...", dok „...megadržava smatra da građaninu pripada samo ono što država, otvoreno ili prećutno, dopušta da on ima, da zadrži"[254].

Upletena u protivrečnosti globalističke kolonizacije, nacionalna država se i sama našla u protivrečnoj poziciji da samu sebe razvalašćuje i ukida, samo što vlast ne vraća narodu nego je od njenog izvora još više udaljava. „Moderna država je sve više uhvaćena u zamku globalne međupovezanosti, prožeta je kvazi-nadnacionalnim, međuvladinim i transnacionalnim snagama, i u nemogućnosti je da određuje svoju sudbinu... Potpuno je jasan raskorak između formalne vlasti države i prostornog domašaja savremenih sistema proizvodnje, distribucije i razmene, koji često ograničavaju nadležnost i efikasnost nacionalnih političkih vlasti"[255].

S ograničavanjem nadležnosti ograničava se i suverenost nacionalne države jer autokratsku vlast odlikuje isključiva suverenost pa neko u okviru određene nadležnosti ima svu vlast ili nema nikakvu. Stoga u kolonijalnom sistemu „...pretvaranje međunarodnih i nadnacionalnih organizacija u subjekte međunarodnog prava deluje. subverzivno u odnosu na sistem suverenih država, i

---

[249] Dejvid Held, *Demokratija i globalni poredak*, Filip Višnjić, Beograd, 1997., str. 271.

[250] Semjuel P. Hantington, cit. rad, str. 36.

[251] Rodni Etkinson, *Začarani evropski krug*, Svetovi, Novi Sad, 1997., str. 39.

[252] Miroslav Pečujlić, cit. rad, str. 20.

[253] Hol, navod Ralpha Eppersona, cit. rad, str. 219.

[254] Peter F. Drucker, cit. rad, str. 123.

[255] Dejvid Held, cit. rad, str. 115. i 154.

istovremeno ide u prilog sistemu u kome će "međunarodno i nadnacionalno telo, ili više takvih tela, istisnuti suverene države kao glavne nosioce prava i obaveza" (Bull)"[256]. I zato *"...pojam "suverenost" u stvarnosti predstavlja formalnu autonomiju koja je produkt implicitnih i eksplicitnih pravila međudržavnog sistema i moći drugih država članica sistema"*[257].

U savremenom kolonijalnom sistemu, vrhovni suveren je transnacionalni kapital koji preko svojih najkrupnijih vlasnika u svetskoj vladi potajno, a preko Američke administracije i njenih satelitskih organizacija javno vlada celim svetom. Po Drucker-u, *"...transnacinalna koalicija protiv iračkog upada u Kuvajt 1990. godine bila je vrhunski događaj koji je označio završetak četiri stotine godina istorije u kojima je suverena nacionalna država bila glavni, često i jedini, izvođač na političkoj sceni"*[258].

Ta vladavina se prekriva i prikriva lažnom demokratijom kojom se pravdaju svi upadi u nacionalni suverenitet. Jedno se priča a drugo radi, demokratska načela se izvrću u njihovu suprotnost. *"S jedne strane, globalni poredak je promotor i garant demokratskih političkih formi, ljudskih manjinskih prava, vladavine zakona...",* a *"...s druge strane, deluje politički nedosledno, i ne retko, sledeći svoje geostrateške interese, podržava autoritarne režime koji su kooperativni, pitanje ljudskih prava pretvara u problem real politike"*[259].

Tokom XX veka *"...vojne snage SAD su preko sto puta upadale u zemlje Latinske Amerike i to uvek u ime demokratije i uvek bi nametnule vojne diktature ili marionetske vlade, koje su spasavale novac koji je bio ugrožen. Imperijalni sistem ne želi demokratske zemlje; on želi pokorene zemlje"*[260]. U studiji Kraljevskog instituta za međunarodno pravo u Londonu, osnovano se *"...zaključuje da SAD verbalno podržavaju demokratiju, ali istinski zastupaju interese privatnog kapitalističkog preduzetnika"*[261].

Kapitalistička revolucija otvara perspektive društvenim jednakostima ali kao daleki trnoviti put kojim se prolazi sve kroz same nejednakosti. Po američkom ustavu, svaki građanin SAD može postati predsednik Amerike,

---

[256] Isto, str. 112.

[257] *Svetski kapitalistički sistem*, red. Dušan Pirec i Miomir Jakšić (Imanuel Wallerstein), isto, str. 264.

[258] Cit. rad, str. 14.

[259] *Lavirinti krize*, zbornik (Radmila Nakarada), Institut za evropske studije, Beograd, 1998., str. 38/9.

[260] Eduardo Galeano, cit. rad, str. 103/4.

[261] Noam Čomski, *Šta to (u stvari) hoće Amerika*, isto, str. 22.

ali objektivno ne mogu svi nego samo jedan, i to najbogatiji, ili jedan od naj-bogatijih. Boris Jeljcin je „...*po drugi put pobedio na izborima zahvaljujući tome što je uspeo da za sebe pridobije veliku većinu vodećih bankara...*", kao što je Toni Bler pobedio uz pomoć kompanije BP (Britich Petroleum) lorda Sajmona i bivšeg direktora Barkliz banke Martina Tejlora"[262]. U isto vreme, „siromašni su politički nevidljivi" i u najbogatijoj zemlji sveta. „*Obezvlašćeni, oni na dnu društva, nisu kadri da govore za sebe... Najveći broj stanovnika druge Amerike nije u sindikatima, dobrotvornim organizacijama i političkim partijama. Oni nemaju svoje vlastite lobiste, oni ne ističu nijedan zakonski predlog. Kao grupa oni su atomizirani. Oni nemaju lica, oni nemaju glasa*"[263].

Atomizirana, individualistička ili takozvana liberalna demokrati-ja Amerike i globalnog kolonijalnog poretka (koja se oblikuje po uzoru na američku) je sušta suprotnost stvarnoj demokratiji, i „*...jedna od najzanim-ljivijih odlika savremene „demokratske" države je spremnost političara da se okruže simbolima i privilegijama apsolutističke monarhije koju je ta ista demokratija od-bacila*"[264]. Pa „*...ako je demokratija „vlast naroda i za narod", onda je teško sma-trati demokratskim naš sadašnji politički sitem, u kojem pojedinci ograničavaju svoj doprinos upravljanju nad njima samima na to što svake četve ili pete godine glasaju za jednog kandidata a zatim nad njegovim političkim ponašanjem do sledećih izbora nemaju baš nikakvu kontrolu. To je naročito slučaj danas, pošto je svet korporacija ovladao umetnošću uticaja na ishod izbora putem masovnih i sve prefinjenijih javnih kampanja i svuda je nacionalne interese podredio svojim planovima*"[265].

Liberalistička demokratija zapravo odgovara liberalističkoj ekonomiji koju, u funkciji kolonijalne globalističke ekonomije, podržava i održava. I kao što je naličje tržišne slobode tržišna tiranija slobodne konkurencije, tako je i naličje atomiziranih (individualiziranih i razasutih) demokratskih slo-boda politička tiranija tobože slobodno izabranih „narodnih" predstavnika u službi podržavanja i održavanja globalističkog kolonijalnog poretka. Kao što je slobodno tržište neiscrpan lokalni rezervoar za napajanje globalnog monopolskog kapiatala, takav je rezervoar i liberalistička demokratija za glo-balnu autokratiju.

U nastojanju da pomiri tiraniju i slobodu, takozvana liberalna demo-kratija, kao i slobodna konkurencija, protivreči samoj sebi i u samoj sebi.

[262] Rodni Etkinson, cit. rad, str. 12/3.

[263] Majkl Harington, cit. rad, str. 13/4.

[264] Rodni Etkinson, cit. rad, str. 58.

[265] *Globalizacija* (Edvard Goldsmit), CLIO, isto, str. 469.

„*Demokratiji, bar na nivou principa, potrebno je utemeljenje u jednakosti, liberalizam, pak, počiva na principu nejednakosti imovine, te stoga i nejednakosti ekonomskih i širih socijalnih prava čoveka...*", zbog čega je „*...za neoliberalizam prirodno pomeranje težišta od slobode ka profitu*"[266]. Pojedince, među kojima bi svaki hteo da profitira na tuđ račun, nemoguće je držati na okupu drugačije nego pomoću više sile, usled čega je profiterska sloboda neodvojiva od profiterske tiranije. „*Dajući državi nadležnost upravljanja i prinude, liberalni teoretičari su bili svesni da su prihvatili silu koja može, a ne retko to i čini, da uskrati građanima političke i socijalne slobode*"[267].

Amerika je svoju demokratsku tiraniju gradila u „srećnim" okolnostima da su joj sa raznih strana sveta, u potrazi za profitom, pristizali neorganizovani pojedinci koje nije bilo teško adoptirati u jedan tiranski establišment, gde se pojedincu dopušta toliko slobode koliko mu je drugi dodele. I profitirala je upravo na tome što ti pojedinci nisu bili preokupirani slobodom i demokratijom nego profitom, pa američki profiterski ideolog Fukujama može da uzvikuje kako „*...ne postoji nijedan ekonomski razlog za demokratiju...*", koja je tobože ...*više od bilo čega drugog prepreka ekonomskoj efikasnosti...*", te da je „*...preduzetništvo prvi i najvažniji od svih ventila u liberalnoj demokratiji*"[268].

Kao glavni arhitekta, imperijalna Amerika gradi globalni kolonijalni poredak po uzoru na svoju liberalnu demokratiju izolovanih i pokornih pojedinaca posvećenih samo profitu, tuđem ili sopstvenom. I ponosi se time da se „*...racionalnost ove univerzalne i homogene (besklasne) države ispoljava u činjenici da je ona svesno utemeljena na jasnim i javnosti obznanjenim principima, onako kako se to zbilo u slučaju ustavne konvencije koja je vodila rađanju američke republike*"[269].

Ne mareći ni za sopstvena nacionalna osećanja (kojih zapravo i nemaju) američki profiterski graditelji bi hteli da izgrade potpuno racionalan i bezosećajan profiterski svet, koji bi sem osećanja za profit izbrisao sva druga ljudska osećanja i time otklonio sve moguće prepreke globalnom profiterstvu. „*Liberalna demokratija američkog tipa je kao najsavršenija, kao ostvarena utopija nametnuta kao model za kseroksiranje po svetu, a zapravo demokratija i ljudska*

---

[266] Zoran Vidojević, cit. rad, str. 98.

[267] Dejvid Held, cit. rad, str. 23.

[268] Frensis Fukujama, *Kraj istorije i poslednji čovek*, CID, Podgorica, Romanov, Banja Luka, 2002., str. 221. i 326.

[269] Isto, str. 218.

prava su roba koju američki merkantilizam prodaje svetu poput svake druge profitabilne robe"[270].

Svetski kolonijalni poredak projektovan je kao globalizovani američki svet, s amerikanizovanim ostatkom sveta, sa pojedincima kao slobodnim strelcima povezanim jedino jednim jedinim - globalnim poretkom, čijim će se zapovedima jedino pokoravati. A ukoliko bi „*...postistorijski svet bio podeljen na nacije-države, njihov bi separatni nacionalizam bio u miroljubivom odnosu sa liberalizmom i ispoljavao bi se pre svega u sferi privatnog života"*[271]. Tako projektovan amerikanizirani kapitalizam već „*...nagriza pripadništvo zajednici i svuda stvara individualizam"*[272].

Pošto se ne može održavati ni na lokalnom a kamoli na globalnom nivou, liberalistički individualizam se mora obuzdavati moćnom i sveprisutnom represivnom silom, koja će zavoditi red po celom svetu, i koja to kao NATO uveliko već čini. Savez nacija će, kako Fukujama prorokuje, „*...morati biti sličniji NATO-u nego Ujedinjenim Nacijama..."*, jer bi „*...takva liga bila mnogo sposobnija za nasilne akcije da bi zaštitila svoju kolektivnu sigurnost od pretnji koje dolaze iz nedemokratskog (to će reći koloniziranog - Ž.M.) dela sveta"*[273]. To je svakako razumno i razumljivo rezonovanje jer se autokratski globalizam, kao antipod demokratskih lokalizama, samo uz pomoć globalne represije može održavati.

Sa kolonijalnom globalizacijom kapitala globalizuje se i upravljanje kolonijama. Imperijalni centar pomera se sa nacionalnog nivoa na planetarni nivo, a nacionalne uprave pretvaraju se u njegove transmisije. Na temeljima piramidalne reprodukcije globalnog kapitala podiže se u njenoj funkciji, i piramidalna građevina globalne imperijalne uprave, koja ne može biti demokratska nego autokratska, na čemu se i zasniva poznata teza o oprečnosti demokratije i kapitalističkog privređivanja.

U suštini svaka eksploatacija isključuje stvarnu demokratiju jer nema jednakosti između eksploatatora i eksploatisanih. Vlast je neodvojiva od vlasništva, zbog čega je stvarno učešće u vlasti srazmerno imovinskom stanju. Model tog učešća pronađen je u predstavničkoj demokratiji koja

---

[270] Žan Bodrijar, navod Miše Đurković, *Diktatura, nacija, globalizacija*, Institut za evropske studije - IES, Beograd, 2002., str. 235.

[271] Frensis Fukujama, cit. rad, str. 290.

[272] Gi Sorman, *Velika tranzicija*, Izdavačka knjižarnica Zorana Stojanovića, Sremski Karlovci, Novi Sad, 1997., str. 141.

[273] Cit. rad, str. 296.

eksploatisane mase praktično isključuje iz vlasti, zbog čega je ona u suštini formalna i lažna. S otuđivanjem rada, od eksploatisanih masa se otuđuje i vlast, koja se zajedno s otuđenim viškom rada koncentriše u posedu vlasnika kapitala. Stoga je kapitalističko društvo najdemokratskije u fazi svog nastajanja dok slobodna konkurencija još nije masu sitnih vlasnika oslobodila vlasništva i kao beskućnike bacila na tržište rada. A sa centralizacijom kapitala, centralizuje se, u funkciji njegove reprodukcije, i politička vlast, zbog čega kapitalističko društvo postaje sve otuđenije i sve nedemokratskije što se više razvija.

Razvijenost stvarne demokratije označava stepen društvene slobode, a „...u praksi, kapitalistička etika tretira slobodu kao robu: mnogo je u principu na raspolaganju, a dobiješ ono što možeš da kupiš"[274]. Slobode imaš koliko imaš vlasti, a vlast moraš kupiti, pa ćeš slobode imati toliko koliko možeš da je platiš. Svuda u savremenom svetu izbore dobijaju klike koje najviše ulože u zaluđivanje masa izbornom propagandom i kupovinu njihovih glasova. „Dominantnu manjinu u modernim kapitalističkim društvima čine uglavnom poslovni ljudi i krupni vlasnici velikih privrednih preduzeća..."[275], koji sa monopolizacijom vlasništva mnopolišu i vlast, a „...nekadašnje narodne organizacije su se raspršile ili podjarmile i moć donošenja odluka je čvrsto u rukama vlasnika i direktora"[276].

Zato „...već odavno zapadna društva ne žive istinski u demokratiji, jer upravljači - politička i birokratska klasa zajedno - slede ciljeve koji nemaju ništa zajedničko sa voljom naroda"[277]. U tobože najdemokratskijoj zemlji sveta, više od 80% stanovništva SAD vidi politički sistem u toj zemlji „...kao običnu prevaru koja služi nekolicini, a ne narodu...", smatra da je sistem „...inherentno nepravedan i da se radnim ljudima suviše malo daje reč u društvenim zbivanjima"[278].

Odlučujući uticaj „biznisa" vrši se kroz sve kanale predstavničke demokratije: preko samih biznismena i veleposednika koji zauzimaju ključne pozicije u državnim organima, preko korumpiranih parlamentaraca (kongresmena) i političara, preko izvršnog aparata koji faktički obavlja i zakonodavnu vlast, finansiranjem profitabilnih vladinih programa i mera, potkupljivanjem vladajućih partija i njihovih lidera, i možda ponajviše (da izgleda

---

[274] Noam Čomski, *Kontrolisana demokratija*, isto, str. 179.

[275] Ralph Epperson, cit. rad, str. 361.

[276] Noam Čomski, *Kontrolisana demokratija*, isto, str. 475.

[277] Milton Fridman, navod Gi Sormana, cit. rad, str. 112/3.

[278] Noam Čomski, navod Zorana Vidojevića, cit. rad, str. 324.

najdemokratskije) formiranjem sopstvenog a tobože javnog mnenja preko plaćenih i potplaćenih javnih medija.

U suštini, vlast nemaju ljudi nego kapital koji u ime naroda vlada protiv naroda. Nema je čak ni svevišnji suveren koji se na svom prestolu samo „šepuri" postupajući po kategoričkim nalozima svemoćnog i nevidljivog boga Kapitala. *„Jedina njegova (Reganova) kvalifikacija bila je da zna kako da čita redove koje su za njega napisali bogataši, koji dobro plaćaju uslugu"*[279]. I svi vladini zvaničnici su puki i dobro plaćeni izvršioci njihovih, napisanih ili nenapisanih, izrečenih ili neizrečenih naloga u funkciji neumitne reprodukcije kapitala.

Parlamentarna demokratija se kiti i diči političkim višepartizmom, kao tobožnjim zaštitnikom društva od otuđivanja i zloupotrebe vlasti, a upravo se pomoću njega vlast otuđuje i zloupotrebljava. Političke partije prve oduzimaju vlast od naroda i distribuiraju je svojim funkcionerima, koji u parlamentu glasaju po njihovim a ne po narodnim nalozima. *„Uklješten u mrežu nedovoljno demokratskih partija poslanik je na dispoziciji vrha odgovarajuće partijske piramide i ne može donositi odluke ni po svojoj volji ni po volji građana koji su ga izabrali"*[280].

Umesto imperativnog mandata naroda, koji je nakratko uvela Pariska komuna, trajno je zavladao imperativni mandat vladajućih partija, i još gore, partijskih poglavara, koji su neizostavno „multimilioneri" ili njihovi verni eksponenti, i to ne samo u partijsko-etatističkom totalitarizmu već i u višepartijskom parlamentarizmu. U Nemačkoj kao i u mnogim drugim zemljama višestranačke demokratije, *„...stranačke vrhuške striktno kontrolišu izbor poslanika u parlament uz pomoć proporcionalne zastupljenosti i sistema stranačkih listi..."*, a *„...poslanici na spiskovima biraju se isključivo od strane partijskog rukovodstva, i kao takvi nisu direktno odgovorni glasačima"*[281].

Pozvane da štite klasne interese, političke partije su se izrodile u zaštitnike sopstvenih interesa, a njihov prevashodni interes je da vladaju. *„Kakvo god da joj je deklarativno obrazloženje, partija je organizovana s jednom zajedničkom svrhom: da se stekne i da se drži politička vlast, da se upravlja"*[282]. A pošto se vlast ne može ni steći ni zadržati bez para, sve partije su lako potkupljive. I pošto

---

[279] Noam Čomski, *Kontrolisana demokratija*, isto, str. 110.

[280] *Lavirinti krize* (Vučina Vasović), isto, str. 115.

[281] Rodni Etkinson, cit. rad, str. 133.

[282] Peter F. Drucker, cit. rad, str. 158.

društvom u suštini vlada kašpital, sve partije su podložne njegovom uticaju da vladaju i upravljaju prema potrebama njegove reprodukcije.

Na jednopartijske sisteme vladavine „baca se drvlje i kamenje", a svugde, pa i u sistemima liberalne demokratije, praktično vlada samo jedna partija, dok ostale samo oponiraju galameći po onoj narodnoj - „psi laju karavan prolazi". Pa i opozicione stranke zajedno sa vladajućim čine u suštini jednu stranku - na strani i u zagrljaju vladajućeg kapitala. I u Sjedinjenim Državama, odakle se najviše galami protiv jednopartijske vladavine, „...postoji samo jedna politička parija, proposlovna, „demo-republikanci"...", ili „...u suštini jedna politička partija sa dvije klike"[283]. U Velikoj Britaniji, „...najzanimljiviji aspekt savremenog političkog procesa je međusobno stapanje dveju „suprotstavljenih" stranaka - konzervativaca i laburista..."[284], dok su u novopečenoj liberalističkoj Poljskoj, za vreme mise posvećene početku rada novog parlamenta (oktobra 1993. god.), poslanici levice, brojniji nego oni sa desnice, „...bolje pevali crkvene pesme"[285].

U sistemu takozvane pluralističke demokratije, vlada, dakle, jedan jedini neprikosnoveni vladar zvani Kapital. Zato nema velikih teškoća da se na nacionalnim temeljima sagradi odgovarajuća globalna građevina u vlasništvu tog istog globalnog Kapitala. Ali pošto je vrh globalne vlasti još dalji od naroda nego nacionalni, ona se još više odnarođuje i otuđuje, i to do te mere da se može slobodno reći da je „...globalna demokratija demokratija ispražnjena od svakog sadržaja...", i da u stvari znači „...uvođenje tiranije i diktature u svetskim razmerama"[286].

Tiranija i diktatura globalne vlasti sprovode se preko nacionalnih nivoa, ali, njihovim zaobilaženjem, sve više i neposredno nad eksploatisanim proizvođačkim masama i narodima. To se obezbeđuje postavljanjem marionetskih nacionalnih vlada: milom ili silom; ako može režiranim izborima, ako ne može podmetnutim ili nametnutim državnim udarima. U svakom slučaju, radi se na tome da se inače otuđena državna vlast, još više odvoji od naroda kako bi se preko nje sa dalekog globalnog vrha sigurnije vladalo, pa kad ne ide, lokalne vlade se menjaju a vrh ostaje. To je takozvana „demokratija niskog intenziteta", koja se sastoji u „izolaciji" vlasti: „...od momenta kada je izabrana, nova vlast je „izolovana"; zaštićena od pritisaka i zahteva naroda, kako

---

[283] Noam Čomski, *Kontrolisana demokratija*, isto, str. 186.

[284] Rodni Etkinson, cit. rad, str. 57.

[285] Lek Valensa, navod Gi Sormana, cit. rad, str. 26/7.

[286] Mihailo Marković, *Društvena misao na granici milenijuma*, isto, str. 78. i 80.

bi mogla da „efikasno" vlada - iznad svega ispunjava zahteve globalnog poretka"[287].
Na taj način se nacionalne vlade uprežu u jaram kolonijalne globalizacije,
pa ukoliko je ona u opreci sa nacionalnim interesima, i vlade su uhvaćene
u zamku da rade protiv svog naroda. Uprkos tome, i nacionalne „*...vlasti se
zalažu za intenziviranje globalizacije...*", i „*...razlog zbog kojeg države ne skreću sa
ovog puta leži u tome što se odluke ne donose demokratski niti radi opštih interesa.
Sistemom uistinu upravljaju teoretičari ekonomije i političari na visokim položajima
koje podržavaju multinacionalne kompanije iz sopstvenog interesa"*[288].

Kao svaki autiritarni i autokratski poredak, globalni kolonijalni pore-
dak ne podnosi demokratske devijacije ni pobočne integracije koje bi štrčale
izvan globalne kolonijalne piramide. Amerika nije ni svom evropskom pro-
tektoratu dozvolila da se integriše demokratski (do čega ne bi ni moglo doći
pod autokratskim proameričkim vladama) nego pokušava da se integriše po
kolonijalnim aršinima i čvrsto ugradi u globalni kolonijalni poredak. „*Carst-
vo Evropske Unije nije izgrađeno uz pomoć demokratske debate i uz odobravanje ja-
vnosti, već prikrivenom manipulacijom države i od strane snaga mondijalizma, koje
nikada ne bi mogle to da ostvare demokratskim putem"*[289]. Samo tako integrisani,
i „*...šira Evropa i prošireni NATO će dobro služiti i kratkoročnim i dugoročnim
ciljevima američke politike"*[290].

Na čelu sa ratnim zatočenikom velike Amerike Nemačkom, Evropska
Unija funkcioniše piramidalno po svim autokratskim načelima globalnog
kolonijalnog poretka. Njeni moćnici „*...ne žele ni da čuju glasove koji nude al-
ternativu njihovim idejama (istinu) te stoga nikome ne dopuštaju da „mudrost"
države dovede u pitanje...*", a „*...Evropska komisija i Evropski sud pravde sva-
kodnevno nadglasavaju parlamente zemalja članica"*[291].

Jednoumlje, autoritarnost i autokratija vladaju (pod direktnom domina-
cijom Američke administracije i multinacionalnih kompanija) i u međuna-
rodnim organizacijama. „*Stil delovanja MMF-a isključuje građane iz diskusije
o sporazumima kao i obaveštenje o sadržini sporazuma"*. On „*...nije zainteresovan
da čuje mišljenja „zemalja klijenata" o takvim temama kao što su razvojna strate-
gija i fiskalna strogost"*. U njegovom dosadašnjem radu „*...postojao je samo je-
dan recept. Alternativna mišljenja nisu tražena. Otvorena, iskrena diskusija je bila*

---

[287] Miroslav Pečujlić, cit. rad, str. 89.

[288] *Globalizacija* (Volden Belo), CLIO, isto, str. 287.

[289] Rodni Etkinson, cit. rad, str. 13.

[290] Zbignjev Bžežinski, cit. rad, str. 185.

[291] Rodni Etkinson, cit. rad, str. 137/8. i 9.

obeshrabrena - nije bilo mesta za nju, nego za samo ideologijom vođeni recept o politici, i od zemalja se očekivalo da slede uputstva MMF-a, bez komentara"[292].

O stvarnoj ravnopravnosti malih i velikih, nerazvijenih i razvijenih, kolonija i kolonizatira ne može biti ni govora, ni u međunarodnim organizacijama ni u bilateralnim odnosima. Međunarodni ugovori zasnivaju se na ultimatumima, po principu „uzmi ili ostavi", pa i kao takvi bezobzirno se krše kad to jačoj strani odgovara. A „*...što se tiče velikih sila, flagrantno kršenje formalnih sporazuma je pravilo"*[293]. Međunarodnim ugovorima se „*...ekonomski slabijim partnerima nameće niz ograničenja i obaveza..."* kojima se „*...otežava njihov ekonomski razvoj"*[294].

Ni u neposrednim odnosima između vladajućih i potčinjenih naroda nema stvarne ravnopravnosti, ni na lokalnom ni na globalnom nivou. Ekonomske nejednakosti nadograđuju se i podupiru socijalnim i političkim nejednakostima. Ne samo što se ostvarivanje formalno proklamovanih prava ne omogućava, nego se, kad se isplati, još i sprečava. U „najdemokratskijoj" zemlji, čiji zvaničnici širom sveta trube o ljudskim pravima, crnačkom stanovništvu se kao građanima drugog reda, praktično uskraćuje ili otežava ostvarivanje i najelementarnijih prava, po geslu: „ako si beo, u pravu si, ako si crn, ostani pozadi". Sem što su pri zapošljavanju poslednji, a pri otpuštanju sa posla prvi „na spisku", Crncima se kad se kalkuliše sa izbornim rezultatima, otežava ili onemogućava i učešće na izborima[295].

Na globalnom nivou, aparthejd se „*...demokratski primenjuje protiv svih siromašnih na svetu, bez obzira na boju njihove kože"*[296]. Španski istraživači su „*...opravdavali svoje vršenje terora i ugnjetavanja na osnovu shvatanja da domicilno stanovništvo „nije u stanju da upravlja sobom više nego ludaci ili čak divlje zveri i životinje""*[297]. U isto vreme uljezi u kolonijama uživaju sve moguće privilegije. Evropljani su u kolonijama „*...izuzimani iz nadležnosti lokalnih vlasti i za svoje ponašanje polagali su računa samo konzulima svoje države..."*, a SAD su uz pomoć nekih latinoameričkih režima uspele da svrgnu vlade u Gvatemali

---

[292] Džozef E. Stiglic, cit rad, str. 63, 53. i 13/4.

[293] Noam Čomski, *Novi militaristički humanizam*, isto, str. 236.

[294] Aleksandar Božović, cit. rad, str. 47.

[295] Majkl Harington, cit. rad, str. 64/5. i 112.

[296] Eduardo Galeano, cit. rad, str. 57.

[297] Noam Čomski, Kontrolisana demokratija, isto, str. 454.

i Dominikanskoj Republici „...*samo zato što im je izgledalo da će sprovođenje društvenih reformi ugroziti interese američkih državljana i preduzeća*"[298].

Sa povećavanjem ekonomskih nejednakosti povećavaju se neizbežno socijalne i političke nejednakosti, kojima se ekonomske nejednakosti još više produbljuju. I pošto stvarne ravnopravnosti nema bez jednakih mogućnosti njenog ostvarivanja, raskorak između proklamovanih demokratskih načela i njihove praktične realizacije sve je veći. Zaoštravaju se suprotnosti između protivrečnih tendencija globalizacije i lokalizacije, a time i neizbežni sukobi globalističkih i antiglobalističkih snaga. Širom Planete, sve su učestalije demonstracije protiv globalizacije koje prete da prerastu u planetrani „požar".

Kolonijalna globalizacija sve više ugrožava i sopstvenog kreatora zbog čega nailazi na sve snažniji otpor i u Sjedinjenim Državama. „*Talasi antiamerikanizma razlili su se u skoro svim zemljama, uključujući i američke zapadno-evropske saveznike...*", a ...*sve češće su kritike američke strategije osvajanja sveta i u samoj toj zemlji*"[299].

Istraživanja javnog mnenja sugerišu da je samo mala manjina (13%) Amerikanaca sklona predlogu da „...*kao jedina preostala supersila, Amerika treba da nastavi da bude svetski lider u rešavanju međunarodnih problema...*", a „...*kulturne promene u Americi takođe mogu biti teško spojive sa postojanim upražnjavanjem istinski imperijalne moći u inostranstvu*"[300]. Danas nesumnjivo postoje dve sasvim različite Amerike: jedna - progresivna, demokratska i miroljubiva, i druga - retrogradna, antidemokratska i agresivna.

Alternativa antidemokratskoj kolonijalnoj globalizaciji je antikolonijalna demokratska planetarizacija, već poodavno naznačena zvaničnim dokumentima OUN. Nova međunarodna ekonomska politika, iza koje je stala ogromna većina članica OUN, mogla bi predstavljati političku platformu za stvaranje istinski demokratske međunarodne zajednice zasnovane na stvarnoj ravnopravnosti i slobodnoj komunikaciji svih naroda i svih građana sveta.

Ali demokratska internacionalna zajednica ne može se graditi na temeljima autokratskih nacionalnih zajednica, na kojima se zasniva kolonijalna globalistička imperija. Suštinska demokratizacija društva je univerzalni proces njegove sveobuhvatne socijalizacije i istovremene individualizacije svih

---

[298] Vojin Dimitrijević, *Međunarodna zajednica i Ujedinjene Nacije*, Savez udruženja za Ujedinjene nacije Jugoslavije, Beograd, 1970., str. 17.

[299] Vojislav Mićović, cit. rad, str. 183.

[300] Zbignjev Bžežinski, cit. rad, str. 196. i 197.

društvenih subjekata a pre svega slobodnih građana i njihovih demokratskih asocijacija na svim nivoima organizovanja.

Pošto su temelji nacionalne parlamentarne demokratije uzdrmani, cela na njima postavljena zgrada globalističke demokratije se drma. *„Činjenica da se potkopavaju i sami temelji predstavničke vlade vidi se u postojanom opadanju odziva birača pri glasanju...",* a *„...pokazuje se i u stalnom opadanju interesovanja, zabeleženom u svim zemljama za funkcije vlade, za pitanja kojima se ona bavi, za njenu politiku"*[301]. U *„...domovini parlamentarizma...",* Margaret Tačer je *„... vladala s podrškom od svega oko 30% biračkog tela..."*[302], dok je u SAD na izborima za Predsednika 1952. godine glasalo 62%, a 1976. god. 54% birača; i za Kongres 1954. god. 42%, a 1978. god. samo 35% od ukupnog broja birača. *„Činjenica je da je povijesna korisnost predstavničke demokratije preživjela..."*[303], te *„...nije ni čudo što narod ignoriše parlament i prezire narodne poslanike"*[304].

Sa slabljenjem parlamentarne demokratije slabi i nacionalna država, koja je najsnažniji ali i sve slabiji oslonac globalnog kolonijalnog poretka. *„Kamen temeljac međunarodnog poretka je teritorijalna država sa svojim monopolom na moć prisile u okvirima svoje nadležnosti...",* ali *„...država koja je izabrala međunarodnu ekonomsku integraciju implicitno prihvata ograničenja svojih delovanja...",* pa *„...nacionalne vlade počinju više da liče na lokalne vlade...",* a *„...ekonomska liberalizacija i napredak tehnologije sve više će dovoditi u pitanje oporezivanje"*[305].

Ekstremni antidemokratski globalizam ne prolazi bez kontrareakcija ekstremnog demokratskog lokalizma. Nasuprot globalnoj privredi i svetskom novcu, kojim se iscrpljuju lokalni resursi, spas se traži u lokalnoj privredi i lokalnom novcu, globalnom otvaranju preti se lokalnim zatvaranjem. Rešenje problema globalizacije traži se u antiglobalizaciji: u *„...okretanju ka lokalnom - razbijanjem privrednih aktivnosti na manje segmente kojima je mnogo lakše upravljati i koji povezuju ljude koji odlučuju, bilo pozitivno ili negativno...",* što *„...znači vezati kapital za jedno mesto i podeliti nadzor nad njim na najveći mogući broj ljudi"*[306].

---

[301] Peter F. Drucker, cit. rad, str. 135.

[302] Mihailo Marković, *Društvena misao na granici milenijuma,* isto, str. 215.

[303] John Naisbitt, cit. rad, str. 110.

[304] Rodni Etkinson, cit. rad, str. 63.

[305] *Globalizacija - mit ili stvarnost* (Martin Volf), isto, str. 312-315.

[306] *Globalizacija* (Dejvid S. Korten), CLIO, isto, str. 42.

Umesto jedinstvene globalne privrede, smatra se da bi „...*trebalo težiti stvaranju mnoštva različitih labavo povezanih privreda zasnovanih na zajednici; kojima upravljaju mnogo manje kompanije i koje iznad svega (mada ne isključivo) podmiruju potrebe lokalnih ili regionalnih tržišta"*. I „...*cilj bi trebalo da bude ne privredna globalizacija, nego baš suprotno - privredna lokalizacija"*[307].

Čine se i praktični napori u tom pravcu. „*U mnogim (lokalnim) zajednicama u SAD ljudi preuzimaju kontrolu tako što stvaraju sopstvenu valutu...*", kao „...*oruđe koje može da oživi lokalnu privredu tako što će pomoći da bogatstvo ostane unutar zajednice i da se ne odliva"*. U „...*sistemu lokalne trgovinske razmene (SLTR) zeleni dolari postoje samo kao zapisi na papiru ili u kompjuterskoj bazi podataka. Transakcije se telefonom saopštavaju centralnom koordinatoru i članovi dobijaju mesečne izveštaje i redovne liste članova i njihovih usluga"*[308]. Razvija se lokalna industrija koja ne zagađuje okolinu, i lokalna „...*poljoprivreda sa podrškom zajednice (PPZ), koja je neposredno, bez posredovanja trgovine povezana sa potrošačima"*. Programi SLTR i PPZ osnivaju se na više mesta i u njih se uključuje sve više građana[309].

Radi se i na stvaranju odgovarujuće političke polarizacije. „*Polako počinje da se stvara jedna nova poltička shema suprotstavljenih partija, u osnovi dvopartijski sistem, podeljen po stavu prema suštinskom pitanju zajednice"*. Jedna je stranka globalne privrede, a druga stranka lokalne zajednice. „*Prirodni članovi stranke zajednice jesu vlasnici malih firmi, rančeri i povrtari ; zbrinuti potrošači ; vlasnici malih preduzeća i zaposlenih u njima; samostalni preduzetnici; vernici i pobornici čuvanja životne sredine. Ova partija, u stvari, ima samo dva cilja : očuvanje ekološke raznovrsnosti i celovitosti, i obnovu na zdravim kulturnim i ekonomskim principima lokalne privrede i lokalnih zajednica"*[310].

Nesumnjivo je da su lokalna privreda i lokalna samouprava prirodna osnova društvene privrede i samouprave, ali se njihovim zatvaranjem u lokalne zajednice, otvorena kolonijalno-globalistička privreda i birokratsko-centralistička uprava nadvladati ne mogu jer postojeći nivo tehnologizacije i socijalizacije to ne dozvoljava. I mirna koegistencija dveju privreda i uprava je neodrživa jer se slobodna konkurencija ne može sprečiti a da se ne ugroze obe strane, pa time i sam ekonomski i društveni razvoj.

---

[307] Isto (Edvard Goldsmit), str. 463/4.
[308] Isto (Suzan Miker Louri), str. 444. i 446.
[309] Isto (Vendel Beri, Danijel Imhof i Edvard Goldsmit), str. 417, 431. i 479.
[310] Isto (Vendel Beri), str. 412. i 414.

Pravo rešenje je u organskom povezivanju suprostavljenih tendencija lokalizacije i globalizacije u jedinstven razvojni proces putem demokratskog udruživanja samostalnih privrednika i lokalnih zajednica na svim nivoima, a na osnovu društveno celishodnih i profitabilnih razvojnih programa. Demokratska planetarna zajednica treba da se konstituiše horizontalno-vertikalnim povezivanjem samostalnih privrednih i društvenih subjekata na izvornim zadružnim načelima. Model povezivanja morao bi suštinski odgovarati načinu konstituisanja Međunarodnog zadružnog saveza, koji okuplja blizu jedne milijarde svih zadrugara na Planeti.

Slobodno udruživanje i samoorganizovanje rukovode se zajedničkim interesima i potrebama, pa ukoliko postoje nacionalni interesi i potrebe, neophodno je demokratsko organizovanje nacionalne zajednice, a „...*savremenim nacionalnim demokratijama je neophodna međunarodna kosmopolitska demokratija da bi se održale i razvile"*[311]. Ali i obrnuto, kosmopolitskoj demokratiji su neohodne nacionalne demokratije na koje se oslanja, jer demokratska kosmopolitska zajednica može biti samo slobodna asocijacija demokratskih nacionalnih zajednica, kao samoorganizovanih građana.

Pri suštinski demokratskom organizovanju, nema otuđivanja državnog suvereniteta, koji se zapravo vraća svom ishodištu. U demokratskoj zajednici neposredni nosilac suvereniteta je sam narod, ma na kom nivou se ona organizovala. U nacionalnoj zajednici, to su svi pripadnici zajednice a u kosmopolitskoj zajednici svi građani sveta. Niujednoj demokratskoj zajednici narodni suverenitet nije ni otuđen, ni ograničen, ni podeljen, već se slobodnom voljom građana zajednički ostvaruje.

Savremenom društvu je zapravo umesto parlamentarne, sve neophodnija neposredna demokratija kao neizostavni uslov visokotehnologizirane i visokosocijalizirane društvene reprodukcije. Ne samo iz humanih razloga nego pre svega radi održanja samog života, „...*građani moraju sudelovati u donošenju odluka koje utječu na njihov život...*", zbog čega je „...*participativna demokratija prodrla u srž našeg vrednosnog sustava"*[312].

Ekonomsku osnovu političke demokratizacije društva čini demokratizacija svojinskih odnosa. Ukoliko se ekvivalentnom razmenom i raspodelom prema radnom doprinosu privatni kapital transformiše u opštedruštveno vlasništvo, utoliko će se i privatizovana autokratska vlast transformisati u

---

[311] Dejvid Held, cit. rad, str. 39.
[312] John Naisbitt, cit. rad, str. 167.

neposrednu vlast naroda. To je suštinski uslov za trajno prevazilaženje kako klasnih tako i kolonijalnih suprotnosti, od kojih grca sadašnja nasilu stvorena i silom održavana globalna zajednica.

Kosmopolitski model demokratije koji preporučuje D. Held, „...*predviđa mogućnost uvođenja opšteg referenduma u više nacija-država istovremeno - u slučajevima kada je nastao sukob između različitih prioriteta koji se odnose na primenu demokratskih prava ili na različite svrhe javnih izdataka; uspostavljanje jedne nezavisne skupštine demokratskih naroda koju oni neposredno biraju i koja im je odgovorna...*"; i „...*nove oblike vojnog angažovanja stavljene u čvrst demokratski okvir*"[313].

Umesto državnih poreza, troškovi demokratskog funkcionisanja kosmopolitske zajednice pokrivali bi se namenskim samodoprinosom prema materijalnim mogućnostima njenih članica. Neposredna demokratija podrazumeva neposredno učešće svih zainteresovanih građana u donošenju za sve obavezujućih odluka. „*Svako odraslo lice potčinjeno jednoj vladavini i njenim zakonima mora se smatrati kvalifikovanim da bude član demosa i subjektom neograničenog prava na to svojstvo. Obavezujuće odluke treba da donose samo lica koja su tim odlukama podvrgnuta...*", a „...*u odlučujućoj fazi donošenja kolektivnih odluka svaki građanin mora dobiti podjednaku mogućnost da izrazi svoje mišljenje koje će se uzeti u obzir na isti način kao i mišljenje svakog drugog građanina*"[314]. Savremena društvena kao i proizvodna organizacija „...*mora da je organizacija jednakih...*", a ne „...*organizacija „šefa" i „podređenih"...*", mora „...*da je ustrojena kao ekipa „saradnika"...*"[315], i „...*dobar vladar je onaj kome se ni ime ne zna*"[316].

Uz sve moguće otpore, proces suštinske demokratizacije već poodavno teče. I pored birokratskih izvrtanja i barijera, jugoslovensko društvo je za vreme samoupravljanja doživelo najveći uspon u svojoj istoriji, i svugde gde su uvođeni, oblici neposredne demokratije imali su zavidne efekte. „*Vašington je tokom šezdesetih i sedamdesetih godina društvene teškoće nastojao riješiti „odozgo" i jednoobrazno i time je samo pogoršao stanje; no lokalne su zajednice uspiješno nalazile nova riješenja*"[317].

Zato „...*moć postupno, ali sigurno prelazi s izabranih zastupnika na birače koji svojim glasovima, odnosno izravnim izjašnjavanjem putem lokalnih inicijativa*

---

[313] Cit. rad, str. 316, 317 i 321.
[314] Robert Dal, cit. rad, str. 202.
[315] Peter Drucker, cit. rad, str. 61.
[316] Lao Ce, navod Gi Sormana, cit. rad, str. 5.
[317] John Naisbitt, cit. rad, str. 125.

i referenduma odlučuju o određenom smjeru djelovanja". I dok *"...nacionalni politički izbori pobuđuju sve manji interes, raste broj ljudi koji glasaju za lokalne inicijative ili referendume - u nekim je područjima iznosio čak 75-80%"*[318]. Samoupravne odluke se odgovornije i sprovode nego predstavničke, pa se i samodoprinos urednije plaća nego porez.

Uporedo sa globalnom centralizacijom vrši se i lokalna decentralizacija vlasti kao pretpostavka suštinske demokratizacije. U Sjedinjenim Državama *"...stvarna politička moć s Kongresa i predsednika prelazi na države, gradove, naselja i susedstva... Države su postale neovisnije i samosvojnije u odnosu na federalnu vladu, osobito spram federalnih zakonodavnih službi"*[319]. Pod uticajem savremenih tokova društvene reprodukcije, slični procesi decentralizacije odvijaju se i u drugim razvijenim zemljama, dok se u nerazvijenim kolonijama pod pritiskom kolonijalnih sila politička vlast centralizuje da bi bila podložnija njihovom uticaju.

Ali i centralizovana i decentralizovana državna uprava postaje sve uže grlo za savremene tokove društvene reprodukcije. Zadovoljavanje sve razvijenijih potreba i sve razuđenijih interesa društva sve teže se može uklapati u okoštale šablone trome i sporovozne državne uprave, a sve su veće mogućnosti da se one zadovoljavaju slobodnim i neposrednim angažovanjem zainteresovanih građana.

Kao alternativa državnom zauzdavanju, sve više se širi samoinicijativno angažovanje građana u zadovoljavanju zajedničkih potreba putem takozvanih nevaladinih organizacija, lobija, grupa za pritisak, peticija, demonstracija i sl. *"Zbog slabosti vlada sveta u razvoju, nevaladine organizacije kao što su humanitarne organizacije i grupe za razvoj postaju sve uticajnije... Procenjuje se da nevaladine organizacije čije je sedište u bogatim zemljama distribuiraju zemljama u razvoju oko 6,4 milijarde dolara"*[320]. U SAD je krajem prošlog veka bilo oko pola miliona organizovanih grupa za samopomoć[321].

Slobodno vaninstitucionalno udruživanje širi se i na planetearnom nivou, pored ostalog i radi podsticanja globalizacije. *"Amerika je uspostavila de facto svetsku vladu koja dejstvuje uglavnom u tajnosti, podriva i ignoriše zakonito*

---

[318] Isto, str. 170. i 110.

[319] Isto, str. 109.

[320] Wallue Michael and Brandchow Jork, *The Reality of Inequality*, in „Globale Inequalities", Pine Torge Press, 1996.

[321] John Naisbitt, cit. rad, str. 158.

izabrana tela kao što su Međunarodni sud i OUN"[322]. Grupa Bilderberg i Trilate-rarna komisija (sastavljena od predstavnika SAD, Evrope i Japana) *„...pred-stavljaju forume na kojima se glavni rukovodioci vodećih svetskih korporacija redov-no sastaju, nezvanično i u tajnosti, sa vodećim političkim figurama i predvodnicima javnog mnenja kako bi dobili konsenzus u vezi sa hitnim, ali i dugoročnim problemi-ma sa kojima su suočene najmoćnije članice Zapadne alijanse"*[323].

Neformalnim grupisanjem nadomešta se i odsustvo političkih strana-ka na planetarnom nivou, koje uostalom i na nacionalnom nivou *„...postoje još samo formalno"*[324]. Za razliku od stranaka, koje su u borbi za vlast pre-okupirane sopstvenim interesima, neformalne grupe izražavaju autentične interese svojih grupacija i svesrdno se zalažu za njihovo ostvarivanje jer su to i njihovi interesi, zbog čega su one pravi vesnici neposredne demokratije, koja se ne mora uvek i formalno oblikovati.

Nasuprot neformalnom grupisanju u borbi za sebične profiterske in-terese, moralo bi se vršiti neformalno grupisanje u borbi za opštedruštvene interese koji izražavaju potrebe celokupnog ugnjetenog i eksploatisanog sve-ta. Umesto uvlačenja u „puževu ljusku", porobljeni narodi se u borbi za svo-je oslobođenje moraju i formalno i neformalno povezivati, i sa svojim inici-jativama i zahtevima izlaziti na međunarodnu scenu.

---

[322] Džeremi Foks, cit. rad, str. 48.

[323] *Globalizacija* (Dejvid S. Korten), CLIO, isto, str. 38.

[324] John Naisbitt, cit. rad, str. 169.

OBLICI, METODI I SREDSTVA KOLONIZACIJE

Nasilna kolonizacija

Tvrdi se da je „sila babica istorije". I to nije bez osnova jer čovek i čovečanstvo izlaze iz životinjskog carstva u kojem caruju zakoni sile. Ironija je ljudske sudbine da se ljudsko stvara neljudskim sredstvima, da umno nastaje iz bezumnog i razumno iz nerazumnog, te da se do ljudske slobode stiže robovanjem. I ljudska jedinka i ljudska zajednica moraju preživeti porođajne muke da bi se oslobodili neljudskih muka i nasilja nad samim sobom i jednih nad drugima.

U međusobnim borbama za opstanak i napredovanje, stanovništvo Planete je samo sebe taman za toliko istrebilo za koliko se i održalo. Za pet i po hiljada godina pa do sredine XX veka, na Planeti je u 14.513 ratova poginulo oko 3.600 miliona[325]. U ratnim sukobima svi su gubili, ali su jedni na račun drugih i dobijali; „...gubitak jedne zemlje bio je često dobitak za drugu zemlju"[326]. Podsticanjem razvoja nauke, tehnologije i proizvodnje, ratovi su doprinosili opštem napretku čovečanstva, pa je „...opravdanje zla ležalo u budućnosti u kojoj će naši potomci uživati blagoslov koji su naše patnje omogućile"[327].

U pohodu na kolonije, kolonizatori su se rukovodili isključivo sopstvenim interesima, tretirajući domorodačko stanovništvo kao bagatelnu radnu snagu ili kao unosan ulov koji se može dobro unovčiti, zbog čega je fizička sila predstavljala glavno ili jedino sredstvo osvajanja. „Prvi dodir Evropljana sa „novim" svetom bio je grub sudar: evropske vojske su brutalno i varvarski razorile stare civilizacije u Africi, Aziji i zemljama Amerike..."[328], gde je „...čitava povijest osvajanja američkog kopna jedan neprekinuti niz zločinstava i nasilja ne samo protiv Indijanaca nego i među se...", a ...najcrnja strana ovog problema bila je trgovina ljudima...", koja je „...bila jedan od najunosnijih oblika trgovine"[329]. I u

---

[325] Gavro Altman, *Rat ili mir*, Sedma sila, Beograd, 1963., str. 8.

[326] Pol Kenedi, *Uspon i pad velikih sila*, isto, str. 315.

[327] Eli Keduri, *Nacionalizam*, CID, Podgorica, 2000., str. 70.

[328] *Istorija od početka civilizacije do danas*, Alen Bulok i dr., Vuk Karadžić - Beograd, Mladinska knjiga - Ljubljana, 1969., str. 208.

[329] dr Vinko Krišković, cit. rad, str. 48, 52. i 55.

svim afričkim kolonijama „...*uvrežilo se ropstvo afričkih urođenika, kojima su sve zapadne evropske države i narodi najsramnije trgovali*"[330].

Do kraja XIX veka najveći deo Planete je nasilno kolonizovan, a „...*kada više nije bilo slobodnih teritorija koje bi se mogle pretvoriti u kolonije, dolazi do imperijalističkih ratova između najrazvijenijih kapitalističkih zemalja radi ponovne podele sveta*"[331]. U I svetskom ratu, iza kojeg su stajale imperijalističke težnje za kolonijalnu prevlast, poginulo je oko osam miliona ljudi, sedam miliona trajno onesposobljeno, a petnaest miliona „...*više ili manje ozbiljno ranjeno...*"[332], dok je u II svetskom ratu učestvovala 61 država sa oko dve milijarde ljudi, od kojih je oko 115 miliona mobilisano, oko 55 miliona poginulo i oko 35 miliona ranjeno[333].

Drugim svetskim ratom nasilna podela sveta je konačno zaključena kolonijalnom preraspodelom između dve pobedničke supersile, kojima se nijedna druga sila više nije mogla suprotstaviti. Ostala je samo reorijska mogućnost njihovog međusobnog sukoba ali sa malim izgledima s obzirom na rastuću supremaciju SAD, koje su koristeći nenasilne metode kolonizacije, ekonomski i vojno sve više jačale. Osnivanjem NATO-a i Varšavskog pakta, SAD i SSSR su se obezbedili ne samo od međusobnog napada već i od mogućih sukoba sa svojim saveznicima, nad kojima su uspostavili apsolutnu vlast.

Obrazovanjem Varšavskog pakta i Saveta za uzajamnu ekonomsku pomoć, SSSR je praktično institucionalizovao kolonijalno potčinjavanje zemalja koje je tokom Rata oslobodio od fašističke okupacije. Varšavski ugovor je „...*predviđao saradnju između članica ne samo na vojnom području već i na ekonomskom, političkom i kulturnom...*", koja je faktički ostavarivana pod dirigentskom palicom SSSR-a. Odredbe Ugovora „...*mogle su se koristiti i kao osnova za intervenciju unutar Ugovora...*", koja je po potrebi i vršena, što je olakšavano i time da je glavni komandant oružanih snaga stalno bio jedan od sovjetskih maršala, a u zajedničkoj komandi i Štabu najviše je bilo sovjetskih oficira i generala[334].

Čemu je poslužila Istočna, tome u suštini služi i Zapadna alijansa. Sjedinjene Države su svoje saveznike već u toku Rata dovele u kolonijalnu

---

[330] Stjepan Radić, cit. rad, str. 56.

[331] Dr Mićo Ćušić, cit. rad, str. 72.

[332] Pol Kenedi, *Uspon i pad velikih sila*, isto, str. 314.

[333] dr Ljubinka Bogetić, cit. rad, str. 179.

[334] dr Mićo Ćušić, cit. rad, str. 248-251.

zavisnost, a osnivanjem Severnoatlanskog pakta su je samo institucionalizovale. *„Vojnu silu NATO čine pretežno američke snage i njihovo nuklearno naoružanje. Najveće materijalne i finansijske troškove oko funkcionisanja Pakta podnose SAD. One su stub cele organizacije NATO..."* i *„...gro glavnih položaja u vojnim organima i komandama drže Amerikanci. Na položaj vrhovnog komandanta Pakta za Evropu i druge regione i njegovog načelnika štaba obavezno se postavljaju američki generali; i u nižim komandama Pakta su američki generali; u štabovima i ustanovama NATO većinu osoblja čine Amerikanci. Nuklearno naoružanje NATO je isključivo pod američkom komandom i odluku o njegovoj upotrebi donosi isključivo vlada SAD"*[335]. Vojne baze NATO su na strateškim tačkama raspoređene širom Planete.

NATO je *„...u svojoj suštini već od samog osnivanja, mnogo više bio instrument za ostvarivanje američke globalne politike nego savez za odbranu Zapadne Evrope od eventualne agresije..."*, i više za njeno držanje u kolonijalnoj podređenosti nego za pariranje protivničkom bloku. *„Stavovi koje su zauzimali politički organi NATO o najkrupnijim problemima izražavali su uglavnom američka gledišta čak i onda kada se pojedine članice Pakta nisu sa takvim stavovima slagale"*[336].

Zemlje Istočne i Zapadne Evrope su se pri kraju Rata našle u klopci dveju supersila čije su armije zaposele njihove teritorije, i od kojih su praktično okupirane. Nisu bile u prilici da postavljaju bilo kakve uslove niti da biraju kojem će se carstvu prikloniti. Ni SSSR ni SAD nije bilo teško da na njihovo čelo postave marionetske vlade i da ih trajno koloniziraju, ali potreba za silom i nasiljem time nije prestala, jer se bez nasilne prinude kolonijama, kao ni eksploatisanim klasama, valadati ne može.

Pošto je kolonijalna preraspodela Planete završena, povremeni ratovi radi osvajanja kolonija, zamenjeni su permanentnim ratom u funkciji održavanja kolonijalne vladavine. Umesto oružanih sukoba, nastupila je era takozvanog hladnog rata ali samo u odnosima između kolonijalnih sila, dok je radi obuzdavanja kolonija vrela krv svakodnevno prolivana širom Planete. *„Primena sile je u savremenim međunarodnim odnosima učestalija nego u ranijim fazama društva..."*, i ona se *„...danas najčešće upotrebljava protiv nacionalnooslobodilačkih i revolucionarnih pokreta, radi očuvanja dominacije velikih sila"*[337].

---

[335] Isto, str. 244. i 245.
[336] Isto, str. 245.
[337] Isto, str. 187. i 188.

Prema podacima OUN, u toku četiri decenije posle II svetskog rata vođeno je oko 150 ratova, a registrovano je još toliko oružanih sukoba „na samoj ivici rata". Ratovalo se na teritoriji 71 zemlje, a ubijeno je približno 20 miliona ljudi. Prema Sovjetskoj vojnoj enciklopediji, ratova i oružanih sukoba u toku četiri decenije bilo je 468. U Međunarodnom institutu za istraživanje mira u Štokholmu izračunato je da su ratovi i oružani sukobi u svetu samo iz-među 1945. i 1975. god. trajali ukupno 350 godina, dok slična institucija u Lo-ndonu tvrdi da je statistički gledano u istom razdoblju svakog dana u raznim delovima sveta vođeno bar 12 ratova, a između 1965. i 1968. god. čak 20[338].

U osnovi tih sukoba su kolonijalni sukobi interesa. „*Uzroci i povodi kriznih žarišta gotovo uvijek dolaze od velikih sila ili vode k njima i u pozadini tih sukoba stoje njihovi interesi*"[339]. Na jednoj strani su nastojanja kolonizatorskih sila da bezobzirnom eksploatacijom i brutalnom pljačkom kolonija izvuku što više dobiti, a na drugoj strani slobodarske težnje koloniziranih naroda da se te bede kurtališu.

Kolonijalni sukobi interesa su i u osnovi međusobne konfrontacije samih kolonijalnih sila, koje su ne samo u imperijalnom rivalstvu prema trećim zemljama, već i u nastojanju da jedne drugima nametnu kolonijalni jaram i svoje rivale drže u podjarmljenoj poziciji. „*Sovjetska vladavina je...*" svojom dirigovanom ekonomijom „*...spriječila Zapadu slobodan prilaz...*" nezaposednutim područjima, „*...lišavajući kapitalističku industrijsku moć mogućnosti obezbjeđivanja sirovina, investiranja, tržišta i jeftine radne snage u određenim regionima*"[340]. Ali i imperijalno rivalstvo nije vladalo samo među blokovski suprostavljenim protivnicima, već i među saveznicima. Da bi vršile imperijalnu ekspanziju prema trećem svetu vodeće imperijalne sile su morale „držati u šahu" pre svega svoje bliske saveznike. „*Za SSSR je hlad-ni rat prvenstveno bio rat protiv svojih satelita, a za SAD...*" protiv njegovih, a ne samo „*...protiv Trećeg sveta*"[341]. Da bi se amortizovali potencijalni sukobi unutar vojno-političkih blokova, trebalo je održavati stalnu i snažnu tenziju između samih blokova.

Zastrašivanje zajedničkim spoljnim neprijateljem nije, međutim, dovolj-no zbog čega je radi održavanja blokovske discipline, neophodna unutarblo-kovska pretnja silom s otvorenom mogućnošću i njene efektivne upotrebe.

---

[338] *Specijalni rat*, zbornik (Aleksandar Spasić), Marksistički centar Beograda, 1987., str. 52.

[339] Marko Vrhunec, cit. rad, str. 27.

[340] Noam Čomski, *Kontrolisana demokratija*, isto, str. 48.

[341] Isto, str. 50.

Vojne baze i oružane trupe pod komandom vodećih sila, razmeštene su naj-pre na teritoriji članica vojno-političkih blokova, s unapred legalizovanim odobrenjem da dejstvuju gde god i kad god zatreba.

Bez razmeštaja vojnih baza i neposrednog prisustva oružanih trupa, imperijalne sile ne mogu vladati ni Trećim svetom. Američke vojne baze lo-cirane su u 141 zemlji na svih 6 kontinenata[342]. Još 1960. godine NATO je u raznim zemljama imao preko 60 pomorskih i vazdušnih baza, a već 1969. god. SAD su posedovale 429 velikih prekomorskih baza i 2.970 baza srednje veličine sa ukupno oko milion ljudi, trošeći godišnje između četiri i pet mili-jardi dolara za njihovo održavanje[343]. Godine 1987. SAD su van zemlje imale 492.500, a Sovjetski Savez 730.000 vojnika[344].

Nije u igri samo pretnja vojnim manevrima i „zveckanjem oružijem" već i spremnost da se legalno ili nelegalno interveniše kad god zatreba. Prvo je intervenisano indirektno, oprezno i prikriveno, a zatim sve više i direktno, drsko i otvoreno. Sa prestankom imperijalnog suparništva dve kolonijalne velesile, zavojevačke „karte su potpuno otvorene" i kolonijalno ućutkivanje silom i nasiljem postalo je vladajuće pravilo.

Sve intervencije vrše se pod izgovorom zaštite ljudskih prava te zavođenja međunarodnog reda i mira, s osnovnom namerom da se njihovo koristoljubivo narušavanje prikrije i odgovornost za „podmetanje požara" prebaci na druge, a najčešće na nevine žrtve. Sva nepravednost, nepri-ncipijelnost, licemerje i takozvani „dvostruki standardi" kolonijalnog inter-vencionizma mogu se razumeti samo ako se shvati da je njegov osnovni kriterij, najviši princip i gvozdeno pravilo kolonijalno koristoljublje, pred kojim padaju sve ljudske vrednosti i društvene norme, pa i nevine žrtve. U bezobzirnoj trci za profitom, sebi se sve dopušta a drugima sve osporava, sopstveni zločini se opravdavaju a tuđe se i dobre namere osuđuju ako se zlim namerama ispreče. „*Ogromni masakri se tretiraju skoro po istim kriteriju-mima: njihov teror i nasilje su zločini, naš teror i nasilje su umiješnost vođenja državnih poslova ili razumljiva greška*"[345].

Profiterski kolonizatori se i u nasilnoj kolonizaciji ponašaju profiterski nastojeći da sa što manje žrtava izvuku što više. Najprofitabilnije je podsti-canje i potpomaganje samopotčinjavanja, čime se teret i troškovi kolonizacije

---

[342] Vojislav Mićović, cit. rad, str. 85.
[343] mr Melkamwork Alemu, cit. rad, str. 135-137.
[344] Dejvid Held, cit. rad, str. 140.
[345] Noam Čomski, *Kontrolisana demokratija*, isto, str. 480.

prebacuju na kolonizirane narode. *„Program „vijetnamizacije" značio je u suštini, pretvaranje rata u bratoubilačku borbu, koju su SAD bile spremne da materijalno pomažu, a da svoje vojne kontigente (posebno kopnenu vojsku) povuku iz Vijetnama".* Propali američki plan tajnih intervencija na Kubi sadržavao je uspostavljanje i održavanje veze sa mrežom kontrarevolucionara u unutrašnjosti Kube, koji su trebali podržati ubačenu gerilu kubanskih izbeglica - emigranata, kako bi se izazivanjem nereda u zemlji stekao utisak da je invazija unutrašnji obračun[346].

Kolonizatori naoružavaju i podržavaju podaničke režime da bi sopstveni narod držali u pokornosti, sprečavali i gušili eventualne pobune, a naoružavanjem pobunjenika potpomažu izvođenje državnih udara, zbacivanje neposlušnih i ustoličavanje poslušničkih vlada. *„Tokom kolonijalnog doba, kolonijalne sile su neprakidno slale trupe da bi zaštitile sebi naklonjene režime od pobune naroda..."*[347], pa i glavni primaoci vojne pomoći SAD bili su (proamerički - Ž.M.) režimi u Seulu i Sajgonu, Čang-Kaj-Šekova klika, Izrael, Kambodža, Turska, Jordan i Indonezija[348]. A *„...kada na vlast nekako dođe vlada koja nije naklonjena ekonomskim interesima Zapada, vlade zapadnih zemalja ne prezaju ni od čega da bi je skinule s vlasti. SAD su organizovale vojni prevrat u Gvatemali da bi zbacile vladu koja je nacionalizovala američke plantaže banana..."*, a *„...isto se dogodilo i s vladom Hozea Gulara u Brazilu 60-ih godina, koja je želela da ograniči količinu novca koju bi strane korporacije mogle da iznesu iz zemlje"*[349]. Uz pomoć sile američki kolonizatori su *„...po celom svetu gušili antifašističke pokrete otpora, a na njihovo mesto često postavljali fašističke i nacističke saradnike"*[350].

Američka globalistička politika kolonijalnog mira, slobode i demokratije sprovodi se (a ne može se ni sprovoditi drugačije) permanentnim izazivanjem nemira, masovnim ugnjetavanjem i terorisanjem širom Planete. *„Postoji konsenzus elite (u SAD) da treba očuvati terorističke države koje predvode SAD, i njihova vođstva - koja definišu kao „demokratska", a koja treba zaštititi od bilo kakvog napada dok ispunjavaju svoju funkciju služenja privilegijama i bogatstvu, dok, s druge strane ubijaju i muče svakoga ko im stane na put".* SAD su podržavale *„... okrutne tirane, okrećući se protiv njih samo kad bi počeli da narušavaju interese SAD ili izgube svoju efikasnost".* Glavni oslonac u kolonijalnoj vladavini Latinskom

---

[346] mr Petar Knežević, *Specijalni oblici primene sile u savremenim međunarodnim odnosima,* doktorsaka disertacija, Fakultet političkih nauka, Beograd, 1980., str. 239. i 160.

[347] *Globalizacija* (Edvard Goldsmit), CLIO, isto, str. 263.

[348] mr Melkamwork Alemu, cit. rad, str. 96.

[349] *Globalizacija* (Edvard Goldsmit), CLIO, isto, str, 263.

[350] Noam Čomski, *Šta to (u stvari) hoće Amerika,* isto, str. 18.

Amerikom, američki „planeri" su pronašli u kontroli nad latinoameričkom vojskom čiji je zadatak bio „...*da se uklone vladini rukovodioci sa položaja kadgod je, prema ocjeni vojske, ponašanje ovih rukovodilaca bilo štetno po dobrobit naroda*"[351]. U Kolumbiji se, kao i drugde, „...*vojska povinuje odlukama jedne strane sile, posredstvom Interameričkog komiteta za odbranu...*", i „...*obaveza poštovanja njenih odluka važnija je od zakletve na odanost sopstvenoj naciji*"[352].

Ali ni najdisciplinovanija profesionalna vojska nije dovoljna da bi se efikasno sprovodio kolonijalni teror, koji iziskuje i sopstvenu vojsku - profesionalne teroriste. „*Najveći broj terorističkih grupa i organizacija stvorile su obaveštajne službe i slične institucije pojedinih, pretežno velikih sila...*", a i „...*Bin Ladena je proizvela američka politika i njena tajna služba da bi ga upotrebila baš u Avganistanu u ratu protiv sovjetske intervencije u toj zemlji*". Organizacije šiptarskih terorista na Kosmetu pripremale su obaveštajne službe SAD i drugih zapadnih zemalja[353]. „*U Istočnom Timoru zločini su se mogli pripisati direktno državnim teroristima koje je Zapad podržavao sve do kraja*"[354].

Radi ostvarivanja svojih kolonijalnih ciljeva, SAD podstiču, raspiruju i potpomažu međunacionalne, socijalne, političke i verske sukobe, stavljajući se redovno na stranu retrogradnih antidemokratskih i terorističkih snaga koje za njih rade ili im podilaze da bi ostvarile sopsvene interese. Uz njihovu pomoć, zbacuju se nepodobne i postavljaju podobne vlade, državnici i političari. „*Primećena je američka tendencija da se zbace izabrani lideri u Africi, Aziji i Latinskoj Americi da bi se zamenili drugima za koje se smatra da bi bili podobniji*". Amerika je uz pomoć sile i nasilja, „...*prevremeno zamenila Muhameda Mosadeka u Iranu, Jakoba Arbenca Guzmana u Gvatemali, Patrisa Lumumbu u Kongu, Ngo Din Diena u Južnom Vijetnamu, Rafaela Truilja u Dominikanskoj Republici, Salvadora Aljendea u Čileu, Daniela Ortegu u Nikaragvi, Morisa Bišota u Grenadi i Manuela Noriegu u Panami*"[355]. Za vreme državnog udara 1973. godine u Čileu ubijeno je 40 hiljada ljudi, 2.500 je nestalo, 200 hiljada zatvoreno, a 100 hiljada proterano, što ukupno iznosi 10% stanovništva[356].

Na putu ostvarivanja svoje globalističke strategije, SAD su odigrale ključnu ulogu u nasilnom razbijanju Jugoslavije, učestvujući, direktno ili

---

[351] Noam Čomski, *Kontrolisana demokratija*, isto, str. 378, 358. i 79.

[352] Eduardo Galeano, cit. rad, str. 79.

[353] Vojislav Mićović, cit. rad, str. 167.

[354] Noam Čomski, *Novi militaristički humanizam*, isto, str. 216.

[355] Čomski, navod Džeremi Foksa, cit. rad, str. 7. i 8.

[356] dr Taki Fiti, cit. rad, str. 126.

indirektno u građanskom ratu koji je vođen po njihovom scenariju. Potpomogle su stvaranje agresivne hrvatske armije i izvođenje zloglasne operacije „Oluja", u kojoj je masakrirano i proterano preko 200 hiljada Srba iz vekovne postojbine Krajine. Podsticale su i ohrabrivale etničko čišćenje i krvave međunacionalne i verske sukobe u Hrvatskoj, Bosni i na Kosmetu, u kojima je pobijeno ili prognano blizu milion pretežno srpskog, stanovništva[357]. *„U Dejtonu, Amerikanci su praktično podelili Bosnu i Hercegovinu između velike Hrvatske i velike Srbije nakon što su grubo uspostavili ravnotežu terora dve strane obezbeđujući oružije i obučavajući snage Franje Tuđmana".* NATO je „*...otvoreno podržavao OVK („Oslobodilačku vojsku Kosova"), njihove upade preko granice, koristio je gerilce da bi izvalačio srpske snage na otvoreno, da bi mogle da budu uništene američkim bombardovanjem"*[358].

Direktne intervencije peduzimaju se samo kad indirektne ne daju željene rezultate, jer su mnogo skuplje i rizičnije. SAD su izgubile vijetnamski rat a pretrpele su ogromne ljudske i materijalne žrtve, poljuljale međunarodni kredibilitet i poverenje svojih građana. Na direktne intervencije su se odlučivale dok još nisu isplele svoju planetarnu unutarnacionalnu (obaveštajnu, propagandnu i vojno-policijsku) mrežu preko koje mogu iznutra rovariti i osvajati.

Prve žrtve direktne vojne intervencije Sjedinjenih Država nakon II svetskog rata bile su Koreja 1946. godine, u čijem su južnom delu SAD zadržale vlast, i Grčka 1947. godine, u kojoj je stradalo blizu 200 hiljada grčkih patriota, a zatim su sledile invazije i na druge zemlje: Dominikansku Republiku, Gvatemalu, Panamu. Radi zavođenja kolonijalnog reda u sopstvenom taboru, Sovjetski Savez je bio prinuđen da interveniše u Poljskoj, Čehoslovačkoj i Mađarskoj, što je moralo okrnjiti njegov međunarodni kredibilitet i izazvati podozrenje drugih zemalja.

Hladni rat je znatno diskreditovao direktne vojne intervencije velikih sila, tako da je od njih više profitirala suparnička strana, zbog čega je težište bačeno na kolonijalno infiltriranje, podilaženje i porobljavanje iznutra, u čemu je više uspeha imala ekonomski prodornija, tehnološki opremljenija i politički uticajnija strana. A čim se SSSR predao, SAD su smelije i bezobzirnije krenule u ofanzivu, i ne pitajući za stvarne razloge i povode, koje često same izmišljaju i insceniraju. Intervencija u Dominikanskoj Republici izvršena

---

[357] Semjuel P. Hantington, cit. rad, str. 313-327; Noam Čomski, *Novi militaristički humanizam*, isto, str. 42. i 237-240.

[358] Isto: Hantington, str. 313-327; Čomski, str. 42, 35/6. i 237-240.

je „*...pod izgovorom da CIA (Američka obaveštajna služba) poseduje informacije o mogućem komunističkom ustanku...*", a „*...intervencija u Gvatemali izvedena je bez ikakvog izgovora*"[359]. Za napad na SR Jugoslaviju inscenuran je masakr civila u Račku, dok je za napad na Irak izmišljeno posedovanje sredstava za masovno uništavanje.

Pravi razlozi napada bila su, međutim, nova kolonijalna osvajanja koja se nisu mogla postići posrednim angažovanjem. Posredi su, pre svega, bogata nalazišta nafte u Iraku i geostrateški položaj Jugoslavije čija kontrola „*...otvara puteve prema Bliskom i Srednjem Istoku i prema Kaspijskom moru i tamošnjim naftnim izvorima*". Jugoslovenska kriza, i sva druga krizna područja na prostoru Jugoistočne Evrope „*...čine u stvari samo »čišćenje terena" za koncentrisanje snaga od Baltika do Egeja, usmerena ka centralnim oblastima Rusije, Crnog Mora i Kavkaza*"*"[360].

Kolonizatorske ambicije sudaraju se i sa najelementarnijim demokratskim standardima. Čak i formalno izabrani (izglasani) predstavnici koloniziranih naroda su na raspeću između birača i izrabljivačkih aspiracija kolonizatora. Patriote gube poverenje kolonizatora, izdajice - poverenje naroda, a ni jednim ni drugima „ne piše se dobro". Kolonizatorsko rešenje je da se od patriota stvaraju izdajice, a od izdajica „patriote", ali se ono lako prozire i „ne drži dugo vodu".

Osnovni smisao kolonijalnog nasilja nije da se ubijaju ljudska tela nego da se ubijaju ljudske duše jer se samo živa tela sa mrtvim dušama mogu umiriti i mirno izrabljivati. Oružana sila ne služi samo za to da bi se razaralo i uništavalo već pre svega da bi se pretilo i zastrašivalo. Planetarnu pretnju i globalno zastrašivanje SAD su započele Hirošimom i Nagasakijem, koji se mogu označiti i kao početak američke globalne kolonizacije, ili kolonijalne amerikanizacije sveta. Strahovita razaranja i masovno uništavanje nedužnog stanovništva zaista nisu imali drugog smisla u trenutku kad je Rat praktično bio već dobijen. Nuklearno naoružanje je „*...izgleda predodređeno da bude osnova strategijske pretnje SAD u doglednoj budućnosti*"[361].

Namerno masovno ubijanje nedužnog stanovništva radi zastrašivanja uzelo je planetarne razmere već tokom II svetskog rata, a nakon Rata je u toj funkciji sve više praktikovano. „*U prvom svetskom ratu samo 5 odsto žrtava činili su civili. Taj procenat se već u Drugom povećao na 50 odsto, da bi u poslednjim*

---

[359] mr Melkamwork Alemu, cit. rad, str. 142.
[360] Vojislav Mićović, uz citat Slavenka Terzić, cit. rad, str. 195. i 198.
[361] Noam Čomski, *Novi militaristički humanizam*, isto, str. 174.

ratovima broj civilnih žrtava iznosio između 80 i 90 odsto ukupnih žrtava. Između 20 miliona žrtava ubijenih u oružanim sukobima u „decenijama najdužeg mira" većinu su činili žene i deca"[362]*. A „...među najteže zločine, po masovnosti primene, po broju žrtava i svireposti postupka, predstavljaju kaznene ekspedicije protiv civilnog stanovništva, osobito u selima: vojne operacije uz uništavanje imovine, ubijanje i mučenje ljudi, spaljivanje čitavih sela zajedno sa njihovim stanovništvom, uz upotrebu savremenog oružija"*[363]*.*

Kolonizatorska Amerika je po ljudskim zločinima prevazišla nacističku Nemačku, koristeći metode i sredstva na kojima bi i Hitler pozavideo. Prilikom invazije na Panamu, „...*helikopteri SAD su upravljali vatru na kuće u kojima samo civili stanuju, jedan tenk SAD uništio je javni autobus ubivši 26 putnika, civilni stanovi su paljeni i sravnjivani sa zemljom, mnoge kuće su uništene i mnogi ljudi ubijeni, trupe SAD su pucale u bolnička kola i ubijale ranjenike, neke od njih bajonetima, i zabranjivale su pristup Crvenom krstu..."*, invazija je „...*prouzrokovala nečuven broj mrtvih, patnji i zloupotrebe ljudskih prava u Panami"*[364].

Nakon pada Sovjetske imperije, američki kolonizatori su krenuli u još bezočnije zastrašivanje kolonijalnih žrtvi. Genocidni obračuni sa iračkim i jugoslovenskim stanovništvom dostizali su vrhunac ljudskih zločina kakvi nadmašuju najbestijalnija zverstva. Svako zna, a zaparavo se svakome stavlja do znanja da bojni otrovi, kasetne bombe i „osiromašeni uranijum" znače ne samo masovni već i trajni pomor koloniziranog naroda kojem se uteruje masovni strah u kosti da bi se primorao na bezuslovno prihvatanje ponuđenih uslova kolonijalnog porobljavanja.

Iračkom i srpskom narodu ponuđeno je da pod kišom genocidnih bombi „demokratski" bira između kolonijalnog ropstva i „večnog nebeskog carstva". Ali bombardovanje Jugoslavije s izmišljenim razlozima i povodima nije služilo zastrašivanju samo srpskog naroda nego celog sveta, kojem je trebalo staviti do znanja da svaki neposlušnik može slično proći. „*Ukoliko je Milošević stvarno pobeđen čovek, onda bi svi budući Miloševići širom sveta morali da razmisle o svojim planovima (shvatajući) da sada nema mesta na Zemlji koje ne može biti podvrgnuto istom nemilosrdnom razaranju koje su Srbi podnosili proteklih šest nedelja. Može se reći da iz toga sledi da nijedan razuman vladar neće odlučiti da počini zločine koji su izazvali takvo kažnjavanje"*[365].

---

[362] *Specijalni rat* (Aleksandar Spasić), isto, str. 53.

[363] dr Boško Jakovljević, *Antikolonijalni ratovi posle drugog svetskog rata i međunarodno pravo*, Institut za međunarodnu politiku i privredu, Beograd, 1967., str. 180.

[364] Noam Čomski, *Kontrolisana demokratija*, isto, str. 219.

[365] Vojni istoričar Kigan, navod N. Čomskog, *Novi militaristički humanizam*, isto, str. 143.

Može izgledati čudno što Sjedinjene Države osuđuju genocid nad pojedinim narodima a sprovode ga nad celim svetom, zalažu se za poštovanje ljudskih prava, a najviše ih krše, bore se protiv terorizma a terorišu sve živo, od svih zemalja traže razoružavanje a same se do zuba naoružavaju. Stvar je u tome što one hoće apsolutni monopol nad svim i svačim, tako da je njima dozvoljeno sve što je drugima zabranjeno, te da same mogu činiti sve što im „na pamet padne" a drugi ne mogu činiti ništa što im one ne dozvole. Jednom reči, hoće, u ime svetskog kapitala, potpunu i apsolutnu vlast nad celim svetom.

Da bi to obezbedile, neophodan im je apsolutni monopol na oružanu silu, bez kojeg nijedna država pa ni globalna kolonijalna imperija ne može funkcionisati. Zato SAD stalno pritiskuju druge države da se, tobože u interesu svetskog mira, razoružavaju a istovremeno se same užurbano naoružavaju, držeći se mesijanskog stava da se svetski mir samo njihovom diktatorskom palicom može obezbediti. Monopol na nuklearno naoružanje mogao im je obezbediti apsolutnu vlast kojoj bi se svako morao povinovati, ali je njegovo gubljenje podstaklo nekontrolisanu trku u naoružanju, koja je sve zemlje primorala da se radi sopstvene bezbednosti naoružavaju najubitačnijim vrstama oružija. Ni pokleknuće SSSR-a nije je usporilo, jer su „...u posthladnoratovskom svetu, napori da se razvije oružje za masovno uništenje i sredstva za njegovo prenošenje skoncentrisani u islamskim i konfučijanskim državama..."[366], pa se glavna trka nastavlja između SAD i Trećeg sveta.

Od kampanje za razoružanje samo SAD profitiraju. Zbog ekonomskog malaksavanja, SSSR je, hteo ne hteo, morao malaksavati i u naoružavanju, a SAD kampanju koriste za pritisak na treće zemlje da od trke odustanu i da svoje naoružavanje svedu na meru koju im one diktiraju[367]. U isto vreme, SAD se nasuprot javnom deklarisanju u međunarodnim forumima, potajno naoružavaju »do zuba«, rukovodeći se isključivo sopstvenim bezbednosnim i profiterskim interesima. „Kad smo govorili u međunarodnim forumima - ispoveda se bivši ambasador SAD Kenan - pustim smo riječima izrazili želju da se zabrani atomsko oružije. No iz izjava naših političkih i vojnih ličnosti, i iz shvaćanja u našem Kongresu i među našim saveznicima u NATO-paktu, shvaćanja koje nitko nije pobijao, jasno je proizlazilo da svoj odbrambeni položaj zasnivamo na takvom oružju i da ga kanimo prvi upotrebiti - bez obzira da li je već, ili da li bi

---

[366] Semjuel P. Hantigton, cit. rad, str. 208.
[367] Isto, str. 211.

moglo biti upotrijebljeno protiv nas u svakom većem vojnom sukobu"[368]. SAD su *"...odbijale sve inicijative Gorbačova o razoružanju i smanjivanju zategnutosti..."*, a u Generalnoj skupštini UN su jedine ili uz eventualnu podršku Francuske i Velike Britanije glasale protiv rezolucija o razoružanju[369].

Od naoružavanja i proizvodnje oružija SAD imaju višestruku ekonomsku i političku korist. Pored zastrašivanja svojih protivnika, suparnika i kolonijalnih žrtvi mogućom upotrebom, one ekonomsku supremaciju nadopunjavaju, nadomeštaju i podupiru vojnom supremacijom, izvlačeći istovremeno ogromne profite od prodaje savremenog, i još više zastarelog ali upotrebljivog oružja i vojne opreme. Naoružavanjem marionetskih vlada i proameričkih prevratničkih snaga, SAD izvlače dvostruku korist držeći kolonizirane zemlje „na uzdi" i bogateći se od prodaje za to neophodnog oružja. Nerazvijene zemlje su glavni kupci, a SAD glavni izvoznik i prodavac uglavnom zastarelog naoružanja, *"...uz ucenjivanje i uslovne kredite"*[370].

Trgovina oružjem je na taj način postala jedan od najunosnijih oblika kolonijalne eksploatacije. Profiti se ne zgrću samo ceđenjem znoja već i prolivanjem krvi. Kolonizirani narodi se zavađaju jedni sa drugim i sami sa sobom da bi se, zarad nečijeg bogaćenja, skupo plaćenim oružjem koje im se tiska u ruke, ubijali i samoubijali. Zahvaljujući tehnološkoj, ekonomskoj i političkoj supremaciji, SAD iz trgovine oružjem izvlače ogromne ekstraprofite, te ne iznenađuje Klintonova javna izjava da je bombardovanje Jugoslavije 1999. godine predstavljalo biznis, kao i mnoge druge oružane intervencije kolonijalnih sila. To je osnovni razlog što *"...jednu od najvažnijih tendencija poslijeratne privrede SAD predstavlja njena militarizacija..."*[371], koja se pravda potrebom odbrane zemlje da bi se opravdao brži rast vojne na račun lične potrošnje (koja je od 1933-1963. godine povećana za preko 18 puta naspram 2,4 puta lične potrošnje)[372], što je uobičajeno zavaravanje javnosti jer američka proizvodnja oružja i vojni izdaci višestruko premašuju stvarne potrebe odbrane SAD, koje se niko na svetu i ne usuđuje napasti. Dok su 1940. godine vojni izdaci iznosili 3.142 miliona dolara, posle Drugog svetskog rata oni su rasli prosečno do 44 milijarde dolara godišnje (povećavši se gotovo 20 puta),

---

[368] George F. Kennan, *Memoari 1925-1950*, Otokar Keršovani, Rijeka, 1969., str. 321.

[369] Noam Čomski, *Kontrolisana demokratija*, isto, str. 133. i 134.

[370] dr Mićo Ćušić, cit. rad, str. 214/5.

[371] *Promijene u suvremenom razvijenom kapitalizmu* (Solomun L. Vigodski), isto, str. 349.

[372] Isto (A. Melejkovski i dr.), str. 363.

nastavljajući da rastu i nakon hladnog rata kada je bezbednost SAD znatno povećana[373].

Pravi razlog privredne militarizacije su u stvari kolonijalna osvajanja i držanje pod vojnim bičem koloniziranog sveta, da bi se iz toga izvlačilo mnogo više nego što se ulaže. U trci za kolonijalnim osvajanjima i kolonijalnim izrabljivanjem, američko društvo je izraslo u „...*vojno-industrijski kompleks, u koji je uložen ogroman kapital...*" sa „...*moćnim stručnim potencijalom...*" i „...*perspektivom ostvarenja velikih profita...*", te snažnim uticajem na tokove društvene reprodukcije, unutarnju i spoljnu politiku[374]. „*Strukturalna karakteristika današnje vladajuće elite ogleda se u proširenom uticaju vojnog elementa, koji nesumnjivo postaje dominantan; vojne glavešine stekle su odlučujući politički značaj, a vojna struktura Amerike se danas u znatnoj meri identifikuje sa njenom političkom strukturom*"[375].

Ugrađena u tokove kolonijalne reprodukcije, vojna industrija deluje kao točak zamajac: što više proizvodi mora se više trošiti na ratna pustošenja, a što se više troši i time ostvaruju veći profiti, sve je veći pritisak da se još više proizvodi i još više pustoši. „*Krupne industrijske kompanije ubirale su u vijetnamskom ratu ogromne profite za proizvodnju naoružanja i vojne opreme, zbog čega su i bile glavni zagovornici rata i politike sile...*", vršeći preko vojno-industrijskog kompleksa sve jači uticaj na kreiranje spoljne politike SAD[376]. U vezi sa bombardovanjem Jugoslavije, „Fajnenšl Tajms" u svom naslovu s razlogom primećuje da je „...*stvarni pobednik u ratu...*" vojna industrija[377].

Sjedinjene Države teže međunarodnoj monopolizaciji vojne proizvodnje da bi monopolisale međunarodnu vlast, a međunarodnu vlast monopolišu da bi monopolisale vojnu proizvodnju i izvlačenje velikih ekstraprofita koje ona donosi. I ne samo što se radi toga reducira ili obustavlja vojna proizvodnja drugih zemalja, nego se i nacionalne armije praktično pretvaraju u lokalnu policiju, bez ikakvog izgleda da se odupru političkim i vojnom ultimatumima vladajuće supersile pa čak i bez snage da se uspešno suprostave bilo kom spoljnem agresoru, kako bi bile primorane da se obrate za pomoć i

---

[373] Isto (Solomon L. Vigodski), str. 354.
[374] Ivo Visković, *Kreiranje vanjske politike*, Fakultet političkih nauka, Beograd, 1979., str. 207-210.
[375] *Promjene u suvremenom razvijenom kapitalizmu* (C. Wright Mills), isto, knj. 2, str. 332.
[376] mr Petar Knežević, cit. rad, str. 239.
[377] Noam Čomski, *Novi militaristički humanizam*, isto, str. 165.

vojnu intervenciju međunarodnog „dežurnog policajca", čemu se podređuje i njihovo vojno opremanje i kadrovsko prestrojavanje.

Ulogu jedine kompetentne, ovlašćene i povlašćene armije praktično, a i po globalnim strateškim planovima, preuzima NATO, koji je napadom na Jugoslaviju, bez pitanja i odobrenja Saveta bezbednosti, počeo i formalno da se osamostaljuje od OUN, pa i od SAD, kršeći ne samo međunarodne već i američke pravne i moralne norme. Kredibilitet NATO-a se sa razlogom svrstava u osnovne razloge bombardovanja Jugoslavije, jer, kako reče Vilijem Pfef, „...ukoliko ne bude pobede NATO-a nad Srbijom, više neće biti NATO-a"[378].

Globalističke kolonijalne težnje su globalna ekspanzija NATO-a na celu Planetu, da bi u ulozi „svetskog policajca" silom zavodio međunarodni red i mir, koji se pri kolonijalnom izrabljivanju i ugnjetavanju drugačije zavoditi i ne može. Nastoji se da se u NATO integrišu sve nacionalne armije, ili da se bar podrede jedinstvenoj natovskoj komandi, u funkciji nasilnog pokoravanja koloniziranog sveta.

To se, međutim, teško može do kraja postići jer na kraju svaka sila sama sebi „glave dođe". SAD su se, u službi silnog svetskog kapitala, toliko osilile da su dozlogrdile celom svetu, pa ne samo i svojim natovskim saveznicima već i samim sebi. De Gol je još 1960-ih godina „...počeo da izvlači Francusku iz vojne strukture NATO pakta, izbacio je sedište organizacije iz Pariza 1966. godine i zatvorio sve američke baze na francuskom tlu"[379]. Neke države u totalnom okruženju NATO-a nikada nisu prihvatale ulazak u tu monstruoznu organizaciju a sve je više zemalja koje se odupiru natovskim ultimatumima. Krizni trenuci nastajali su i u samom NATO-u prilikom svake montirane intervencije u jednostranom interesu glavnokomandujuće sile. Sve su snažnije težnje i evropskih članica NATO-a da se formira samostalni sistem odbrane ujedinjene Evrope, uprkos tome što SAD hoće jedinstvenu Evropu pod svojom neprikosnovenom komandom. Što su na jednoj strani dobijale, SAD su stvaranjem mamutske oružane sile na drugoj strani gubile, a sa njima je gubilo celo čovečanstvo.

Trka u naoružavanju radi kolonijalnog prestiža je snažno podsticala razvoj nauke i tehnologije ali, u funkciji razaranja i porobljavanja, sasvim jednostrano. Ulagano je u razaranje umesto unapređivanja života, i u porobljavanje umesto oslobađanja čovečanstva. Za rezultat su dobijene poražavajuće disproporcije u tokovima društvene reprodukcije, strukturi privrednih i

[378] Isto, str. 162.
[379] Pol Kenedi, cit. rad, str. 450.

vanprivrednih delatnosti, rasporedu proizvođačkih i stvaralačkih kadrova, kao i u svemu ostalom.

SAD su predimenzionirale razvoj vojne na račun ostale industrije, i dok su u vojnoj sferi meteorski napredovale, u nekim vitalnim sferama su zaostajale, što je rezultiralo neosetnim gubljenjem ekonomske supremacije, a gubljenje ekonomske, neizbežno vodi gubljenju svake druge supremacije. Zato se na vidiku pomaljaju neke nove ekonomske, tehnološke pa i vojne sile, čije se napredovanje ne može zaustaviti.

Jedna po jedna, kolonijalne zavisnosti će se oslobađati sve veći broj zemalja, i to su realni izgledi da se celo čovečanstvo mirnim putem oslobodi klasnog i kolonijalnog robovanja a izgleda da se drugačije osloboditi i ne može. Ali to je samo moguća alternativa jer kad su u pitanju ljudske ćudi ništa nije unapred predodređeno. Ranjena zver je najopasnija kad je na izdisaju, i sve veća agresivnost globalnih kolonizatora ne sluti dobru. Svetske velesile su savremeni svet dovele do same ivice ponora, a svetski požar se danas zrncem baruta može potpaliti sa bilo kojeg kutka sveta, i možda najpre odande odakle se najmanje očekuje.

Zastrašujuće pretnje o skorom smaku sveta nisu zloćudnije od proročanskih uspavanki o nemogućnosti opšteg nuklearnog požara. Čovečanstvo se našlo u paradoksalnoj situaciji da vodeća svetska sila koja je svojevremeno predvodila kampanju protiv nasilne kolonizacije, sada rizikuje da ga, radi očuvanja svoje kolonijalne moći silom uništi. To je i sa stanovišta same kolonizacije besmisleno u vreme kada se ona efikasnije sprovodi mirnim nego nasilnim sredstvima, ali SAD upravo gube primat u mirnim sredstvima i što ga više gube sve više potežu za silom.

SAD su kolonijalnu moć sticale prevashodno mirnim, prvenstveno ekonomskim i političkim sredstvima, koja pri nasilnoj kolonizaciji i na silu oslonjenom monopolu kolonijalnih sila nisu mogla doći do izražaja zbog čega su protiv klasične prevashodno nasilne kolonizacije i ustale. Njima nisu odgovarale „...postojeće barijere i ograničenja koje su uvele kolonijalne sile, naročito one koje su sprečavale veći plasman njihove robe i kapitala u kolonijama...”[380], pa su se „...počele zalagati za politiku „otvorenih vrata” i „jednakih mogućnosti”, svesne da će ukidanjem monopolističkog položaja oslabljenih kolonijalnih sila same imati najpovoljnije mogućnosti da zauzmu dominantnu i privilegovanu poziciju”[381]. U

---

[380] dr Mićo Ćušić, cit. rad, str. 60.
[381] Stanko Nick, *Nesvrstanost i antikolonijalizam*, Rad, Beograd, 1976., str. 7.

julu 1946. godine dobrovoljno su dale „nezavisnost" svojoj glavnoj koloniji - Filipinima, ali su im odmah „...*nametnule ugovore i sporazume koji su ustvari obezbedili američkom kapitalu mogućnost još veću nego ranije za potčinjavanje Filipina*"[382].

Pod odlučujućim uticajem SAD i SSSR, Generalna skupština UN je 14. decembra 1960. godine usvojila „Deklaraciju o davanju nezavisnosti kolonijalnim zemljma i narodima", a 1961. obrazovan je i Specijalni komitet za njeno sprovođenje. Izgleda čudnovato da su se dve najmoćnije sile suprostavile korišćenju sile u međunarodnim odnosima, ali to su učinile radi sopstvenog monopola na silu jer njih niko nije mogao prisiliti da silu ne koriste, i one su je koristile kad god svoje interese nisu mogle ostvariti mirnim sredstvima.

Sila je, međutim, od glavnog postala pomoćno sredstvo kolonizacije u funkciji ekonomskog, političkog i duhovnog potčinjavanja. „*Na mijesto kolonijalizma došao je neokolonijalizam kao skup različitih ekonomskih, političkih i ideoloških sredstava kojih je cilj da formalno nezavisne zemlje zadrže u zavisnosti od međunarodnog kapitala*"[383]. Umesto jednog relativno skupog i nedovoljno efikasnog oblika, uvedenu su jeftiniji, efikasniji i profitabilniji oblici kolonijalnog izrabljivanja i potčinjavanja.

Neekvivalentna robna razmena

Nasilnom kolonizacijom, zemlja, rude i druga prirodna dobra su često bez ikakve naknade, silom oduzimani, a radna snaga pretvarana u roblje i terana na prinudni rad. Oslobođene nasilne prinude, kolonije su stekle pravo da samostalno raspolažu svojom imovinom i sa drugim zemljama stupaju u odnose formalno ravnopravne robne razmene. Umesto nasilne prinude, na scenu je stupila nenasilna ekonomska prinuda jačih nad slabijim, metropola nad kolonijama.

Sa povećavanjem robne razmene između kolonija i metropola povećavana je i kolonijalna eksploatacija. Dnevne spoljnotrgovinske transakcije globalne međunarodne razmene skočile su od 1900-1998. godine sa milionskih iznosa na 1.500 milijardi dolara[384], i samo za četiri decenije (1950-1992. god.)

---

[382] A.A. Guber, *Kriza kolonijalnog sistema posle drugog svetskog rata*, Politička biblioteka, Beograd, 1976., str. 7.

[383] *Povijest svijeta*, isto, str. 727.

[384] Miroslav Pečujlić, cit. rad, str. 50.

obim svetske trgovine desetostruko je uvećan[385], a sa uvećavanjem obima razmene uvećava se i prelivanje razmenske vrednosti koje se vrši preko međunarodnog tržišta. Čak i da je robna razmena potpuno slobodna od političkih upliva, te da se odvija po čisto ekonomskim principima, preko nje se vrši prikrivena eksploatacija neproduktivnijih od strane produktivnijih zemalja. A najveći deo razmene nerazvijenih, niskoproduktivnih zemalja odvija se upravo sa razvijenim visokoproduktivnim zemljama, dok je razmena između samih nerazvijenih zemalja ograničena i 1970-ih godina nije prelazila ni 10% njihove ukupne spoljnotrgovinske razmene[386].

S ubrzavanjem industrijalizacije metropola, ubrzavan je i uvoz sirovina iz kolonija, a potom je usled povećane proizvodnje sirovina u samim metropolama smanjivan, ali je s industrijalizacijom kolonija povećavan izvoz njihovih industrijskih proizvoda. I pored povećavanja izvoza primarnih proizvoda nerazvijenih zemalja od oko 2%, njihov udeo u ukupnoj međunarodnoj razmeni tih proizvoda opao je od 1950-1961. god. sa 41% na 29%, dok je udeo razvijenih industrijskih zemalja povećan sa 47% na 55%[387]. Udeo sirovina u ukupnom izvozu nerazvijenih zemalja pao je od sredine 1960-ih do sredine 1980-ih godina sa 65% na manje od 30%, dok je udeo industrijskih proizvoda povećan sa 24% na 51%[388].

Uporedo sa izvozom rastao je i uvoz koloniziranih zemalja, i to znatno brže od izvoza usled čega je kolonijalna eksploatacija još više povećavana. Uvoz je, naime, ubrzano rastao uporedo sa smanjivanjem izvoza, čime je spoljnotrgovinski bilans kolonija pogoršavan, što je vodilo njihovom sve većem zaduživanju i dodatnom odlivanju nacionalnog dohotka. Od 1950 do 1970. godine učešće nerazvijenih zemalja u svetskom izvozu smanjeno je sa 30,5% na 16,9%,[389] kada su razvijene zemlje samo sa 24% svog izvoza pokrivale 75% uvoza iz zemalja u razvoju[390].

I dok je trgovinski bilans nerazvijenih zemalja sa imperijalističkim silama od 1951 do 1956. godine bio pozitivan (aproksimativno 4.500 miliona dolara), već narednih pet godina (1957-1962. god.) on pokazuje deficit od

---

[385] Prof. dr Vujo Vukmirica, cit. rad, str. 110.

[386] dr Ljubiša Adamović, *Međunarodni ekonomski odnosi*, drugo izdanje, Savremena administracija, Institut za ekonomska istraživanja, Beograd, 1974., str. 176.

[387] R. Prebisch, *Towards a New Trade Policy for Development*, New York, 1964, p. 18.

[388] *Četrdeset godina Ujedinjenih nacija* (Janez Stanovnik), Radnička štampa, Beograd, 1985., str. 51.

[389] dr Stevo Kovačević, cit. rad, str. 17.

[390] mr Petar Knežević, cit. rad, str. 17.

8.350 miliona dolara[391]. Od sredine 1960-ih godina spoljnotrgovinski bilans nerazvijenih zemalja se naglo pogoršava i već 1970. godine dostiže 30 milijardi dolara[392].

Rezultat neekvivalentne razmene su ogromni gubici koje nerazvijene zemlje trpe u prometu sa razvijenim zemljama. Samo 1959. godine zemlje Latinske Amerike izgubile su gotovo milijardu dolara u trgovini sa SAD, a između 1960. i 1965. godine gubile su aproksimativno milijardu i 500 miliona dolara godišnje. Za isto vreme njihovi gubici u trgovini sirovinama i poljoprivrednim proizvodima sa Zapadnom Evropom i Amerikom dostizali su sumu ravnu ukupnoj pomoći koju su u istom periodu primile[393].

Neekvivalentnost robne razmene automatski proističe iz razlika u nivou produktivnosti između razvijenih i nerazvijenih zemalja, a one se stalno povećavaju, zbog čega se „...sada više rada manje razvijene zemlje razmenjuje u sve većim srazmerama za manje rada visoko produktivne razvijene zemlje"[394]. I s obzirom da „...danas jedan kompjuter košta tri puta više kafe i četiri puta više kakaoa nego pre pet godina, siromašne zemlje plaćaju i kada kupuju i kada prodaju"[395].

U međunarodnoj razmeni, produktivniji obavezno dobijaju na račun neproduktivnijih jer se svetske cene formiraju na bazi prosečne svetske produktivnosti, odnosno planetarno potrebnog radnog vremena. Ako je društveno potrebno radno vreme niskoproduktivne zemlje 4 sata a visokoproduktivne 2 sata, svetska cena će se formirati na nivou od 3 sata pa će se 1 sat rada prve, u obliku ekstraprofita preliti drugoj. A pošto su razvijene industrijske zemlje produktivnije od nerazvijenih poljoprivrednih zemalja, one preko međunarodnog tržišta automatski prisvajaju njihov višak proizvoda, čime se nacionalne razlike u nivou produktivnosti još više povećavaju.

Zbog neotklonivog uticaja razlika u produktivnosti na odnose tržišne eksploatacije, sve niskoproduktivne zemlje su objektivno u poziciji eksploatisanih kolonija, a visokoproduktivne u poziciji eksploatatorskih kolonizatora. U poziciji kolonija su i sve neproduktivnije, a u poziciji kolonizatora sve produktivnije zemlje; i sve su u poziciji eksploatisanih kolonija prema najproduktivnijim eksploatatorskim transnacionalnim korporacijama.

[391] mr Melkamwork Alemu, cit. rad, str. 100.
[392] Rikard Štajner, cit. rad, str. 86.
[393] mr Melkamwork Alemu, cit. rad, str. 100.
[394] Bora Jevtić, *Odnosi ekonomske neravnomernosti*, Kultura, Beograd, 1969., str. 14.
[395] Eduardo Galeano, cit. rad, str. 58.

Ključno rešenje za ukidanje kolonijalne eksploatacije, pa i same kolonizacije je, prema tome, izravnavanje u nivou produktivnosti i uspostavljanje ekvivalentne razmene, putem koje će u raspodeli novostvorene vrednosti svako sudelovati srazmerno doprinosu njenom stvaranju. Svako, međutim, teži da bude najproduktivniji i da ostale ostavi što dalje iza sebe, kako bi preko neekvivalentne razmene izvlačio što veće ekstraprofite i time stvarao uslove za još brži rast sopstvene produktivnosti. Zato metropole ne potpomažu nego zapravo otežavaju ekonomski razvoj kolonija držaći ih na distanci sa koje ih mogu maksimalno eksploatisati. One jesu *„...prinuđene da pomažu svoje kolonije...”*, ali samo *„...da bi opstale...”*[396] i da bi ih eksploatisale, a nikako da bi se razvile u njihove konkurente.

Da bi ih što više eksploatisale, metropole svojim kolonijama manipulišu na sve moguće načine i svim raspoloživim sredstvima. S obzirom da prednjače u produktivnosti, bilo bi dovoljno da se samo drže tržišnih zakonitosti pa da izvlače velike profite i ekstraprofite, ali da bi se što više profitiralo, u ekonomiju se uplіće i politika, ekonomski tokovi se usmeravaju i preusmeravaju državnim merama i političkim pritiscima, čista trgovina se filuje prljavom trgovinom, lojalna konkurencija nelojalnom konkurencijom.

„Navodeći vodu na svoju vodenicu”, moćne metropole na taj način, manipulišu i tržišnim zakonima, „raspredajući bajke” o slobodnoj trgovini a gušeći je na svakom koraku. Što drugima preporučuju toga se same klone radeću upravo suprotno, a što sebi dozvoljavaju to drugima zabranjuju, stavljajući do znanja da na „slobodnom tržištu” samo najmoćniji mogu činiti što hoće, i dajući za pravo Galeanu da slobodnu trgovinu uporedi sa *„...opojnim drogama zabranjenim u bogatim zemljama, koje te bogate zemlje prodaju siromašnim”*[397].

Propagiranjem slobodne trgovine, kolonijalne sile u stvari navijaju za slobodu sopstvenih monopola pošto je *„...sasvim prirodno da na slobodnom tržištu pobedi jači i potpuno legitimno da se istrebi slabiji...”*[398], i *„...kako na to ukazuje Dejvid Moris, postoji jedino sloboda koju korporacijski kockari uživaju u lišavanju drugih njihove slobode”*[399]. U kolonijalnoj pljački, *„...samo je Treći svet podvrgnut silama slobodnog tržišta kapitalizma, tako da bi mogao da bude efikasno*

---

[396] H.B. Henderson, *Kolonije i sirovine*, Izdavačka zadruga „Politika i društvo”, Beograd, bez. god. izd., str. 28.

[397] Cit. rad, str. 61.

[398] Isto, str. 110/111.

[399] *Globalizacija* (Džeri Mander), CLIO, isto, str. 18.

pljačkan i eksploatisan od strane moćnih"[400]. I časopis poslovnih krugova SAD „Fortune" priznaje da „...*kada američki biznis priča o kapitalizmu ima u vidu slobodno tržište kod svih osim kod sebe"*[401].

Kolonizatori propagiraju slobodnu konkurenciju a ne biraju sredstva da se od nje zaštite i da svoje konkurente blokiraju ili sasvim zbrišu sa „slobodnog" tržišta. Još od samog početka kolonizacije, u mnogim kolonijama „...*trgovina s inozemstvom bijaše zabranjena pod kaznom smrti i gubitkom imovine..."*[402], a tradicija ni do danas nije izneverena, samo što se perfidnije upražnjava. „*Najveće i najefikasnije ekonomske sile ne odgovaraju zaštitnom politikom samo na tuđi protekcionizam, nego prije svega na tuđu efikasnost ili makar na početku, slabašnu konkurenciju"*[403].

Razvijene industrijske zemlje poseduju faktički monopol u trgovinskim odnosima sa nerazvijenim zemljama jer su glavni kupci njihovih sirovina, i glavni prodavci industrijskih proizvoda koje one uvoze[404]. „*Evropljani u Africi imaju monopol trgovine proizvodima afričkih poljoprivrednika i monopol prodaje uvezene robe široke potrošnje na afričkom tržištu"*[405]. Kupovinom i zatvaranjem kupljenih proizvodnih kapaciteta, kolonizatorski investitori u stvari kupuju i monopolišu „slobodna" tržišta tranzicionih zemalja.

Kolonijalni monopolisti su u mogućnosti da se od tržišne konkurencije štite raznovrsnim, dozvoljenim i nedozvoljenim, sredstvima. „*Da bi uklonili konkurenta, trustovi se ne ograničavaju samo na ekonomska sredstva, nego stalno pribegavaju političkim i čak kriminalnim. Za izvjesno vreme obaraju cijene ispod troškova koštanja, trošeći na to milijune, da bi upropastili konkurenta i kupovali njegova preduzeća, njegove izvore sirovina (rudnike, zemlju itd.)"*[406]. Za robe i kapital iz metropola, u kolonijama se daju olakšice a za ostale se uvode razne nepogodnosti[407]. „*Velike kompanije i države zaključuju i otkupljuju sirovine dok im je cijena niska, stokiraju ih, osiguravajući na taj način jeftine sirovine za svoju buduću proizvodnju, ili stavljajući ih u prodaju kad im cijena poraste"*[408].

---

[400] Noam Čomski, *Kontrolisana demokratija*, isto, str. 451.

[401] Veselin Drašković, cit. rad, str. 42.

[402] Stjepan Radić, cit. rad, str. 18.

[403] Rikard Štajner, cit. rad, str. 228.

[404] dr Radoslav Stojanović, *Politika sile i nerazvijene zemlje u savremenim međunarodnim odnosima*, Naučna knjiga, Beograd, 1967., str. 142.

[405] Vera Nikolova, cit. rad, str. 138.

[406] V.I. Lenjin, cit. rad, str. 299.

[407] V.P. Panov, cit. rad, str. 32.

[408] dr Rikard Štajner, cit. rad, str. 33.

U sopstvenu korist a na štetu kolonija, kolonizatorski monopolisti (ekonomskim i administrativnim merama) diktiraju cene proizvoda i usluga na međunarodnom tržištu, jer s *„...općim povećanjem koncentracije kapitala i pojavom kompanija novog tipa, monopolsko (ili administrativno) formiranje cena prestaje biti marginalno i izuzetno i postaje dominantno"*[409]. I dok se *„...cijene sirovina uglavnom formiraju na svijetskim burzama i kreću se na temelju ponude i potražnje, cijene industrijskih proizvoda određuju veliki proizvođači i transnacionalna udruženja tako što u njih u cijelosti ugrađuju troškove proizvodnje i dobit..."*, pri čemu snažni konkurenti i u formiranju cena sirovina špekulišu[410]. *„Monopoli pribegavaju i takvim metodama kao što je odbijanje prodaje mašina, opreme i druge robe (da bi im podigli cene) i odbijanje kupovine robe od zemalja u razvoju (kako bi im kasnije bila prodata po nižim cenama)"*[411].

Monopolističko diktiranje cena je, pored disproporcija u odnosima ponude i potražnje, jedan od osnovnih uzroka što se takozvane makaze cena indistrijskih i primarnih proizvoda (u korist kolonizatora a na štetu kolonija) stalno povećavaju, jer cene prvih rastu, a drugih padaju ili stagniraju. Ako se cene iz 1913. godine označe sa 100 onda su 1963. god. iznosile: poljoprivrednih proizvoda, ruda, sirovina - 130; gotovih proizvoda - uopšte 300, industrijskih proizvoda - 500 i mašina - 600[412]. *„Kroz mehanizam cena između domaćih i industrijskih proizvoda, stalno se odvijao proces neekvivalentne razmene i prelivanja nacionalnog dohotka iz kolonija u metropole"*[413]. Zato je i jedan od osnovnih ciljeva kolonizatorske tranzicije istočnoevropskih zemalja da se njihova trgovina okrene prema novim - zapadnim kolonizatorima.

Da bi se kolonijalno prelivanje nacionalnog dohotka pojačalo, preduzimaju se sve moguće mere otvaranja, predavanja i ekonomskog podređivanja kolonija metropolama, uz istovremeno zatvaranje, političko diktiranje i ekonomsko nadređivanje metropola da se ne bi vršilo povratno odlivanje dohotka. Dok su razvijene zemlje *„...propovedale - i nametnule - otvaranje tržišta za svoje industrijske proizvode zemalja u razvoju, one su i dalje držale svoja tržišta zatvorenim za proizvode zemalja u razvoju kao što su tekstilni ili poljoprivredni proizvodi. Dok su propovedale da zemlje u razvoju ne treba da subvencioniše svoje industrije, one su nastavile da obezbeđuju milijarde dolara subvencija svojim sopstvenim*

---

[409] Isto, str. 31.

[410] Isto; Marko Vrhunec, cit. rad, str. 50.

[411] mr Melkamwork Alemu, cit. rad, str. 99.

[412] dr Anton Kolendić, *Neokolinijalizam*, Centar za dokumentaciju i informacije u suvremenom radničkom pokretu, „Božidar Adžija", Zagreb, 1965., str. 59.

[413] dr Tihomir Đokonović, cit. rad, str. 20.

farmerima, onemogućavajući zemljama u razvoju da im konkurišu. Dok su propove-
dale o vrlinama tržišta otvorenih za konkurenciju, Sjedinjene Države su bile brze
da nametnu globalne kartele u oblasti čelika i aluminijuma - čim se učinilo da su
domaće industrije ugrožene uvozom"[414].

„Vašingtonskim kosenzusom" zaključen je „Program strukturalnog prilagođavanja" globalnoj kolonizaciji, kojim se od nacionalnih ekonomija zahteva: masovna privatizacija i deregulacija; ukidanje zaštite domaće industrije i kontrole nad stranim investicijama; smanjivanje poreza na dohodak stranih korporacija; eliminisanje kontrole cena i uvođenje kontrole nadnica; stopiranje inflacije; drastična redukcija izdataka za socijalnu i zdravstvenu zaštitu[415].

Osnovu kolonijalnog strukturalnog prilagođavanja čini kolonijalna podela rada. Dok se metropole i njihove transnacionalne korporacije orijentišu na čitavu skalu raznovrsnih proizvoda i usluga, kolonije se teraju na monokulturnu proizvodnju u funkciji obezbeđenja njihove sirovinske baze. *„Zemlje Trećeg sveta koje su pokušale da uraznoliče svoju proizvodnju, optužene su da čine zamenu uvoza...",* što *„...ne smeju da rade ako žele da dobiju zajam za strukturno prilagođavanje"*[416]. Time se izvozne mogućnosti kolonija drastično sužavaju a šire se njihove potrebe za uvozom stranih proizvoda iz metropola, za koje se sudbinski vezuju, i to utoliko više što je širi asortiman prehrambenih proizvoda koje moraju uvoziti. *„Najveći broj nerazvijenih zemalja je na svetskom tržištu zastupljen sa jednim ili dva proizvoda..."*[417], koji se izvoze u pojedine razvijene zemlje. Na taj način, *„...trgovina kolonija gravitira ka metropoli, i to uglavnom zato što se privrede kolonija razvijaju u pravcu sirovinskog dodatka metropola, a zatim što one predstavljaju obezbeđeno, monopolsko tržište za plasiranje industrijske robe metropola"*[418].

S obzirom na to metropole su u mogućnosti da proizvodnju i izvoz proizvoda iz kolonija ograničavaju (prema sopstvenim potrebama) i količinski. Kolonijama se diktiraju izvozne kvote i ograničava uvoz u metropole za koje su vezane. *„Veći uvoz iz zemalja u razvoju dozvoljava se samo dok to ne predstavlja iole ozbiljnu konkurenciju proizvođačima iz razvijenih zemalja. Tada se uvode ograničenja, postavljaju plafoni i kontigenti, počinju se primenjivati*

---

[414] Džozef E. Stiglic, cit. rad, str. 254.
[415] Miroslav Pečujlić, cit. rad, str. 7; Džeremi Foks, cit. rad, str. 44.
[416] *Globalizacija* (Edvard Goldsmit), isto, str. 265.
[417] Kosta Andrejević, cit. rad, str. 20.
[418] Vera Nikolova, cit. rad. str. 197.

razni oblici vancarinskih barijera putem kojih se otežava uvoz, traži se dobrovoljno ograničavanje izvoza od strane zemalja u razvoju"[419].

Na taj način se praktično anuliraju komparativne prednosti koje bi nerazvijene zemlje imale u mogućoj slobodnoj podeli rada. Tržište zasnovano na kolonijalnoj komparativnoj prednosti: *„...prvo, vodi ka zavisnosti od stranih dobavljača hrane - i međunarodnih trgovinskih kompanija; drugo, zemlje će sprovoditi politiku koja je razorna za njihove sopstvene građane, samo da bi održale svoju komparativnu prednost na datom tržištu. Velike kompanije sada imaju moć da menjaju komparativnu prednost svojom odlukom gde će sagraditi skladišta, objekte za preradu i prevoz"*[420].

Kolonizatorske sile sve čine da umanje konkurntske sposobnosti kolonija da bi i po tom osnovu obezbeđivale velike ekstraprofite. Radi toga, preduzimaju protivrečne, zaštitne i protivzaštitne mere da pojačaju sopstvenu a oslabe suparničku konkurentnost, pri čemu drugima zabranjuju da se štite merama kojim same sebe štite, pojačavajući i time svoju monopolsku poziciju. *„Spoljnotrgovinska politika najrazvijenijih kapitalističkih država odlikuje se visokim nivoom protekcionizma, diskriminacijom zemalja u razvoju, podsticanjem u nizu slučajeva sopstvene proizvodnje i izvozom konkurentnih roba"*[421].

Sa razvojem međunarodne trgovine razvijao se i trgovinski protekcionizam, kako po obimu tako i po raznovrsnosti. *„GATT je utvrdio da je 1965. 25%, a već 1982. godine 43% svijetske trgovine bilo zahvaćeno ograničenjima protekcionizma. Danas je poznato oko 20 hiljada različitih oblika ograničavanja svijetske trgovine, koje koriste razvijene zemlje. Pri tome je trećina ukupnog izvoza zemalja u razvoju pod udarom protekcionizma - izvoz tekstila čak do 80%"*[422]. Posebno *„...protekcionistička poljoprivredna politika i diskriminacioni aranžmani zatvorenih privrednih grupacija razvijenih zemalja dalje pogađaju izvozne interese zemalja u razvoju i produžuju da ograničavaju njihova ionako skromna izvozna primanja"*[423].

Sprovođenje trgovinskog protekcionizma kolonijalnih sila posebno je olakšano obrazovanjem međunarodnih ekomomskih organizacija, preko kojih su kolonijalne žrtve upregnute u njihov protekcionistički jaram i

---

[419] dr Rikard Štajner, cit. rad, str. 36.

[420] Globalizacija (Karen Lejman i Al Krebs), CLIO, isto, str. 149/50.

[421] H.M. Hrjašćeva, *Novaja strategija neo-kolonializma*, Meždunarodnie otnošenija, Moskva, 1976., str. 67.

[422] Marko Vrhunec, cit. rad, str. 63.

[423] *Konferencija Ujedinjenih nacija o trgovini i razvoju* (Bora Jevtić), Institut za međunarodnu politiku i privredu, Beograd, 1964., str. 76.

podvrgnute kolonijalnoj disciplini. *„Sa regionalnim ekonomskim organizacijama, carinskim unijama, kao i zonama slobodne trgovine, protekcionizam se samo preselio od jedne zemlje na ove organizacije...“*[424], preko kojih kolonizatori sprovode svoju protekcionističku politiku. U tome je, pod dominantnim uticajem SAD, izuzetno značajnu ulogu imao GATT, koju je njegovom transformacijom preuzela Svetska trgovinska organizacija.

Najstandardniji i najfrekventniji oblik trgovinskog protekcionizma, koji se obilato koristi u kolonijalnom izrabljivanju, su zaštitne carine, čije su *„...stope u svakoj robnoj grupi najniže za sirovine, a najviše za gotove proizvode u koje ulaze ove sirovine“*[425]. Metropole teraju kolonije na snižavanje i ukidanje uvoznih i izvoznih carina, a same ih podižu sve do eliminisanja konkurencije njihovim proizvodima. *„Carinskom politikom SAD protekcionističkog karaktera veliki broj inostranih partnera je eliminisan iz konkurencije američkim proizvođačima na tržištu SAD“*[426]. U isto vreme, kolonijalne sile smanjuju ili ukidaju izvozne carine na svoje proizvode da bi moguće konkurente na međunarodnom tržištu izbacile iz igre.

Od svog postanja, GATT se najviše bavio i najviše postigao upravo u domenu liberalizacije međunarodne tgovine putem sniženja carina. I *„...s obzirom da su carinska sniženja postignuta za proizvode koji su zastupljeni u strukturi izvoza razvijenih zemalja, najveće koristi od toga, u vidu povećanja proizvodnje i izvoza, imale su upravo razvijene zemlje“*[427]. Pod pritiskom SAD, poslednjom *„...urugvajskom rundom GATT-a i prvim rundama unutar STO-e, postignut je sporazum o do tada najvećem obaranju carina sa 40% na 5%, pri čemu su najviše smanjene carine na izvozne proizvode razvijenih zemalja“*[428].

Kolonijalne sile poštuju sporazume o sniženju carina kad im to odgovara, a krše ih kad im njihovo sprovođenje ne odgovara, ili kontramerama neutrališu efekte sniženja. Nerazvijene zemlje *„...i dalje nailaze na ograničen pristup tržištu u razvijenim zemljama zadržavanjem carinskih vrhova upravo za one proizvode koji su od strateškog značaja za izvoz zemalja u razvoju“*. Pored toga, *„...primenom složenog instrumentarija zaštitnog sistema, antidampinga i subvencija izvan ingerencija novih međunarodnih trgovinskih disciplina, ograničava*

---

[424] Borivoje-Bora Đorđević, cit. rad, str. 125.
[425] *Konferencija UN o trgovini i razvoju* (Bora Jevtić), isto, str. 133.
[426] Isto, str. 40.
[427] dr Stevo Kovačević, cit. rad, str. 158.
[428] Isto, str. 165; Miroslav Pečujlić, cit. rad, str. 71.

se pristup sopstvenom tržištu"[429]. GATT je *„...registrirao oko 30 vrsti necarin-skih prepreka među kojima su: specifična ograničenja trgovini (kao što su kvantita-tivne restrikcije, sanitarni propisi, embarga, reguliranje minimalnih cijena), uvozne dažbine (depoziti i dr.), standardi (ambalaža, zaštitni znaci i dr.), carinske i adminis-trativne ulazne procedure (antidamping subvencije, carinske procijene)"*[430].

Kolonizirane poljoprivredne zemlje najviše pogađa protekcionizam razvijenih zemalja u prometu poljoprivrednih proizvoda, čije su cene „... *zahvaljujući ogromnim subvencijama toliko niske dà zemlje u razvoju nemaju s tim proizvodima pristupa na tržištu razvijenih zemalja...*"[431], ali ni na trećim tržištima gde im konkurišu. Za direktno subvencionisanje poljoprivrede u Evropskoj Uniji davano je i 50-55% svih finansijskih izdataka. *„SAD su u svo-jim pokušajima da zadrže položaj najvažnijeg svetskog snabdevača žitaricama kao što su pšenica i kukuruz, spustile cene ispod troškova proizvodnje kako bi povećale izvoz"*[432].

Pored direktnog finansiranja izvoza agrarnih proizvoda, razvijene zemlje pružaju svojim poljoprivrednim proizvođačima i razne indirektne pogodnosti kao što su: niske kamate na kredite, blago oporezivanje, povo-ljniji uslovi osiguranja i transporta, ili organizovan otkup poljoprivrednih proizvoda. Kreditira se i kupovina tih proizvoda tako što se davanje kredita uslovljava kupovinom od kreditora ili njegovih štićenika, često i pod uslovi-ma koje sam diktira.

Štiteći sopstvenu poljoprivredu, metropole raznim merama, političkim pritiscima i uslovljavanjima sprečavaju kolonije da štite svoju. *„I ne samo da su razvijene zemlje nastavile da subvencionišu poljoprivredu, otežavajući zemlja-ma u razvoju da u istoj oblasti budu konkurentne - već su istovremeno insistirale da zemlje u razvoju ukinu svoje subvencije za industrijske proizvode...*"[433], ali ne samo za industrijske već i za poljoprivredne. *„Usled reformi koje su nametnule SAD, haićanski seljaci su izgubili zaštitne cene tako da su morali da se takmiče sa poljoprivredom SAD, čiji 40% profita čini državna pomoć, znatno povećana pod Reganom"*[434].

---

[429] *Tranzicija i globalizacija* (dr Snežana Popović-Avrić), isto, str. 340. i 240.

[430] Rikard Štajner, cit. rad, str. 38.

[431] Borivoje-Bora Đorđević, cit rad, str. 145. i 141.

[432] *Globalizacija* (Karen Lejman i AL Krebs), CLIO, isto, str. 150.

[433] Džozef E. Stiglic, cit. rad, str. 21.

[434] Noam Čomski, *Novi militaristički humanizam*, isto, str. 87.

Svi oblici neekvivalentne robne razmene rezultiraju prelivanjem dohotka iz kolonija u transnacionalne korporacije i metropole koje je znatno veće nego u vreme klasične nasilne kolonizacije. *„Zemlje u razvoju mogle su 1961. godine da za istu količinu sirovina kupe 34% manje industrijskih proizvoda nego 1951. godine...",* i *„...kako je 1961. godine vrednost izvoza zemalja u razvoju iznosila oko 30 milijardi dolara, gubitak od 34% nije bio manji od 10 milijardi dolara"*[435]. Samo dvadesetak godina kasnije (1980-ih) *„...iskorištavanje zemalja u razvoju pokazivalo se u tome što se oko 300 milijardi dolara godišnje prelivalo u razvijene zemlje, i to sledećim kanalima..."*: a) povećanjem cena energije; b) padom cena sirovina; c) visokim cenama finalnih proizvoda; d) zatvaranjem tržišta od strane razvijenih zemalja; e) povećanjem kamata i visokim kursevima zapadnih valuta[436].

Rapidnom povećanju prelivanja posebno je doprinela primena neekonomskih mera kojima je pojačavano. *„U novim uvjetima ono se u mnogo manjoj mjeri nego ranije ostvaruje faktorom veće produktivnosti i drugih komparativnih preimućstava te vrste, a mnogo više administriranjem, protekcionizmom, manipulacijama i špekulacijama..."*[437], koje *„...čine 70% delatnosti globalne ekonomije, a u zatvorenim bunkerima u kojima se stvaraju bogatstva ništa se ne proizvodi, ništa osim bogatstva"*[438].

Što se u međunarodnoj javnosti više govorilo o ekvivalentnoj i pravednoj raspodeli ona je postajala sve neekvivalentnija i nepravednija. Kakva god da je, trgovinska robna razmena je, međutim, samo jedan od tri ključna kanala nenasilnog kolonijalnog prelivanja dohotka. Drugi je izvoz abnormalno skupog finansijskog kapitala, a treći monopolski izvoz visokih tehnologija, informacija i znanja. Prvo je dominirao robni, potom finansijski a danas dominira tehnološko-informacijski. Ako se sada kolonijalno prelivanje dohotka kroz sva tri kanala vrši u povećanom obimu, nije teško zamisliti koliko se povećao stepen kolonijalne eksploatacije.

Neravnopravna i nelojalna konkurencija, koju diktiraju metropole i njihove transnacionalne korporacije, vodi ne samo sve većem siromašenju, već i ekonomskom propadanju kolonija i njihovih privreda. *„Priliv velikih količina industrijskih proizvoda izazvao je raspad zanatskih i sitnih industrijskih preduzeća koja nisu bila u stanju da izdrže konkurenciju razvijenih industrijskih zemalja"*[439].

---

[435] dr Mićo Ćušić, cit. rad, str. 138.
[436] Marko Vrhunec, cit. rad, str. 23.
[437] dr Rikard Štajner, cit. rad, str. 88.
[438] Džeremi Foks, cit. rad, str. 32.
[439] dr Tihomir Đokonović, cit. rad, str. 20.

Ali ne samo zanatstvo i industrija, već i glavna privredna grana kolonija - poljoprivreda katastrofalno propada pod udarom kolonizatorske konkurencije. *„Domaća privreda Ladaka, koja je proizvodila dovoljno hrane za svoj narod tokom dve hiljade godina, sada je preplavljena jeftinijim proizvodima sa industrijskih farmi sa druge strane Himalaja..."* i *„...mnogima u Ladaku više se ne isplati da se bave zemljoradnjom..."*[440], a slično je i u tranzicionim zemljama Istočne Evrope. Nakon ukidanja kolhoza poljoprivredna proizvodnja Rusije pala je na jednu trećinu ali u poplavi jeftinije uvozne hrane ruski seljak ni to ne može da proda na sopstvenoj pijaci. *„Spuštanjem tržišnih cena žitarica ispod troškova proizvodnje, SAD uništavaju i sopstvene poljoprivrednike. Između 1987. i 1992. godine u SAD je godišnje nestajalo 38.500 farmi"*[441].

Zbog enormnog odlivanja dohotka, kolonije vegetiraju na minimumu egzistencije pošto su se *„...kolonijalne sile veoma trudile da unište privredu zemalja koje su kolonizovale"*[442]. S obzirom da *„...najveći deo profita odlazi elitnim grupama, američkim investitorima i američkim transnacionalnim korporacijama..."*, ne samo što za razvoj kolonija ne ostaje ništa, nego je i *„...mnogo najsiromašnijih zemalja postalo žrtva evidentnog pada životnog standarda"*[443]. I Međunarodni monetarni fond *„...obezbeđuje fondove samo ako se zemlje angažuju u politikama (kao što su smanjivanje deficita, povećanje poreza ili povećanje kamatnih stopa) koje vode sužavanju prostora za ekonomsku aktivnost"*[444].

Neograničena „sloboda" trgovanja svodi se u suštini na neograničenu slobodu pljačkanja kolonija od sttane metropola. *„Mere kao što je liberalizacija cena imaju dramatičan efekat na zadužene zemlje, što uglavnom uključuje nizak rast ekonomije, niske plate i visok profit, čime postoji težnja ka zanačajnom porastu domaćih cena đubriva, poljoprivrednih ulaganja, opreme i sl. koji imaju neposredan uticaj na većinu oblasti ekonomske aktivnosti"*[445]. A i *„...delimičan cilj NAFTE (Severnoatlanske asocijacije za slobodnu trgovinu) bio je da uništi meksičku ekonomiju time što bi se ona otvorila za uvoz mnogo jeftinije američke robe"*. Pošto *„...Amerika ima snažnu i od države subvencionisanu ekonomiju tako da može imati vrlo jeftinu proizvodnju, ideja je bila da se uništi meksički biznis a da se zadrže multinacionalne kompanije"*[446].

---

[440] *Globalizacija* (Helena Norberg-Hodž), CLIO, isto, str. 52.
[441] Isto (Karen Lejman i Al Krebs), str. 150.
[442] Isto (Edvard Goldsmit), str. 264.
[443] Džeremi Foks, cit. rad, str. 33.
[444] Džozef E. Stiglic, cit. rad, str. 26.
[445] Michel Chossugovsky, navod Džeremi Foksa, cit. rad, str. 44/5.
[446] Isto, str. 57.

„Slobodna" kolonijalna trgovina je uništila i sovjetsku privredu. Dok nije prezasitila zatvoreno tržište SEV-a, privreda SSSR-a i istočnoevropskih zemalja se, kako tako, održavala i razvijala a čim se znatnije otvorila, doživela je katastrofalan pad. Iako je robna razmena šest istočnoevropskih zemalja (Bugarske, ČSSR, Mađarske, Poljske, DR Nemačke, Rumunije) sa zapadnim zemljama od 1958. do 1967. godine udvostručena i dostigla nivo od 6 milijardi dolara[447], ukupna razmena između Istoka i Zapada ostala je zadugo skromna i 1967. godine iznosila je samo 4% u odnosu na celokupnu razmenu imperijalističkih zemalja[448].

Pokušaji osvajanja međunarodnog tržišta, nisu, zbog slabe konkurentnosti sovjetske privrede, davali rezultate, i sva ulaganja i zalaganja da se to postigne išla su u nepovrat. I veliki „socijalistički" kolonizator Sovjetski Savez (zajedno sa svojim satelitima) preobraćen je u razbijenu grupu zapadnih, prevashodno američkih kolonija.

Prvi uslov da se nerazvijene zemlje odupru neekvivalentnoj razmeni je da svoju produktivnost podignu na nivo razvijenih industrijskih zemalja to jest da se i same razviju. Da bi to postigle, moraju činiti sve što su njihove metropole činile dok su se razvijale, a što uostalom i sada čine. *„Privrede koje su se razvijale i industrijalizovale uključujući i SAD, usvojile su zaštitne mere, kad su one bile povoljne"*. Dve glavne komponente američke privrede – *„...intenzivna kapitalistička poljoprivreda i visoka tehnološka industrija - obje jako subvencioniše država koja im obezbjeđuje zagarantovano tržište"*[449]. Potreba *„...zemalja u razvoju za protekcionizmom je očigledna: samo u uslovima njegovog ostvarivanja njihova industrija može izdržati konkurenciju sa proizvodnjom stranog porekla"*[450].

Da bi ih maksimalno eksploatisale, kolonizatorske zemlje sve čine da kolonije vežu samo za sebe, da čitavu njihovu privredu i trgovinu okrenu isključivo sebi, ne dozvoljavajući im da jedne sa drugima sarađuju i trguju. A one moraju činiti upravo suprotno da bi se razvijale: sarađivati i trgovati, u sopstvenom interesu sa svima a najviše sa onima koji ih neće eksploatisati i sa kojima mogu razvijati bar približno ekvivalentnu razmenu. Neizostavni uslov je njihova, što razvijenija međusobna razmena pod ravnopravnim uslovima.

---

[447] dr Ljubiša Adamović, cit. rad, str. 141.

[448] *Promjene u suvremenom razvijenom kapitalizmu* (Pierre Jalee), isto, knj. 3, str. 520.

[449] Noam Čomski, *Kontrolisana demokratija*, isto, str. 115.

[450] H.M. Hrjašćeva, cit. rad, str. 68.

Finansijska kolonizacija

Sa neekvivalentnom robnom razmenom, kapitalističkom reprodukcijom je otpočetka razvijana i neekvivalentna novčana razmena, putem koje se, pored razmene novca za robu i robe za novac, razmenjuje i novac za novac. Pošto je novac ključna poluga kapitalističke reprodukcije, njegovo racionalno korišćenje je od izuzetne važnosti za ubrzano odvijanje reprodukcionih tokova, i umesto da se „ćemeriše" dok se ne nakupi potrebna količina za obnavljanje proizvodnog procesa, on se putem pozajmica odmah stavlja u promet, a proizvodnja se nastavlja bez zastoja.

Konkurencija sve tera na neprekidno i ubrzano obrtanje i uvećavanje kapitala, zbog čega se svi zadužuju i umesto na prethodnu, oslanjaju na naknadnu akumulaciju, iz koje podmiruju dugove. To je presudno uticalo da se, kao posebna sfera reprodukcije, za prikupljanje i distribuciju finansijskih sredstava specijalizuje posebna delatnost preko koje se podmiruju finansijske potrebe celokupne reprodukcije.

Da bi se te potrebe zadovoljile, potrebna je određena količina novca u opticaju, koju određuje, obezbeđuje i kontroliše država. Već time se politika upliće u ekonomiju, čime država stiče mogućnost da podstiče, usmerava i kontroliše tokove društvene reprodukcije, pa da pod pritiskom različitih interesa, izigravajući ekonomske zakonitosti, i manipuliše društvenim potrebama.

Pošto po nagonu konkurencije, ambicije za ulaganjima nadmašuju ostvarenu akumulaciju, usled čega je „...porast kredita znatno brži od povećanja društvenog proizvoda..."[451], prirodna je tendencija kapitalističke reprodukcije da novčana masa raste brže od sume realnih vrednosti njenih činilaca, što čini objektivnu osnovu inflatornih tendencija, koje vuku ka stalnom obezvređivanju novca u odnosu na realne ekonomske vrednosti roba. Na tome se zasniva i protivrečna pojava da cene proizvoda i usluga rastu dok se njihove realne vrednosti sa rastom produktivnosti smanjuju.

Time se zapravo omogućuje neekvivalentna razmena, kako robno-novčanim tako i u čisto novčanim transakcijama kojim se vrši prelivanje ekonomske vrednosti s jedne na drugu stranu, od jednog ka drugom posedniku. To je najevidentnije u kriznim i ratnim situacijama kada se enormnom inflacijom vrše nenormalne pretumbacije nacionalnog dohotka u pokušajima

---

[451] dr Rikard Štajner, cit. rad, str. 81.

da se reše nagomilani društveni problemi ili pokriju troškovi ratovanja. Pri kapitalističkoj reprodukciji, „...*inflacija je metod prinudne štednje i preraspodele nacionalnog dohotka u korist akumulacije i investiranja u razvoj...*"[452] na račun celog društva, i pre svega eksploatisanih proizvođačkih masa.

U neposrednoj novčanoj razmeni vrednosna neekvivalentnost je evidentnija nego u robnoj gde se posredovanjem novca i zamenom različitih upotrebnih vrednosti prikriva. Jedna suma novca nikada se ne razmenjuje za istu sumu (što ne bi imalo nikakvog smisla); glavnica se vraća uvećana interesom (kamatom) kao glavnim ili jedinim interesom poverioca. Ali neekvivalentnost ni ovde nije sasvim evidentna jer su u kamati pored čiste dobiti sadržani i troškovi poslovanja poverioca, a i dobit se sastoji od dela ekvivalentnog doprinosu koji stvaranju nove vrednosti daje korišćenje glavnice, i ekstradobiti kao čistog ćara na tuđ račun. To omogućava da se kamatom operiše kao ekvivalentnom naknadom za uslugu, odnosno za korišćenje pozajmice, ili čak kao čistim troškom poslovanja poverioca, čime se tendenciozno prikriva njena neekvivalentnost, da bi se pozajmica prikazala kao puko dobročinstvo ili kao nesebična pomoć. U međunarodnim odnosima, izraz pomoć je „...*prvobitno pokrivao samo sredstva koja je vlada poklonila drugoj zemlji...*", a „...*zatim je pojam proširen da bi se obuhvatili svi transferi, privatni ili javni, uključujući tako i strane investicije*"[453]. Ali i iza samih poklona najčešće stoje sebični interesi darodavca a ne neke humane pobude. Pravi motiv otpisivanja dugova ili pružanja nepovratne pomoći kolonijama koje su na ivici ponora, nisu humani razlozi već goli profiterski interes da bi se mogle i dalje eksploatisati, prema devizi „hrani kravu da bi se imalo šta musti".

Henderson je sasvim u pravu kad kaže da su „...*metropole prinuđene da pomažu svoje kolonije kako bi opstale*"[454]. Neekvivalentnost novčane razmene proističe pre svega iz monopolskog položaja poverilaca, koji jednostrano određuju i visinu kamate i uslove razmene. U monopolskom položaju su i veći zajmodavci prema manjim a najveći monopolista je država, koja ne samo ekonomskim i već i administrativnim merama može za sve učesnike u razmeni diktirati i kamate i uslove razmene.

Na planetarnom tržištu najveći monopolista je najmoćnija finansijska sila, koja je i najveći zajmodavac i najveći dužnik upravo zato što je u poziciji da sama diktira uslove razmene tako da dobija i kad pozajma i kad uzajma.

[452] dr Taki Fiti, cit. rad, str. 140.
[453] Isto, str. 45.
[454] Cit. rad, str. 28.

Od Drugog svetskog rata, „...*SAD su kontrolisale skoro sve zlatne rezerve, bile jedini snabdevač kapitala i opreme za rekonstrukciju privreda drugih zemalja...*"[455], a zahvaljujući povlašćenom monetarnom položaju, „...*mogle su „neograničeno" da kupuju, investiraju, pozajmljuju ili daju zajmove inostranstvu...*"[456], pa je „... *američki kapital gotovo svugde sticao kontrolne pakete akcija*"[457].

Američko osvajanje finansijskog tržišta išlo je uporedo sa negovim širenjem, u kojem su SAD zapravo prednjačile. Do I svetskog rata glavni izvoznici kapitala bile su Engleska, Francuska i Nemačka, a od 1912-1929. godine SAD su zauzele vodeću poziciju, koju više nisu ispuštale. Samo od 1946. do 1963. godine, investicije američkog kapitala u svetu porasle su sa 18,7 na 88,9 (realno preko 100) milijardi dolara, od čega najveći deo čini privatni kapital[458].

Privatni kapital ulaže se tamo gde se može najviše i najbrže oploditi, odnosno odakle se mogu izvući najveće koristi za njegovo uvećano reprodukovanje. „*Transfer kapitala između dva svetska rata bio je okrenut prema kolonijalnim posedima i drugim nerazvijenim područjima sveta, sa željom da se na taj način obezebedi odgovarajuća - i po količini i po asortimanu - sirovinska baza za razvijene kapitalističke države*"[459]. Posle II svetskog rata sve više se okreće i prema osvajanju novih tržišta te sve većoj neposrednoj eksploataciji kolonija. Tri najvažnije koristi koje su programi pomoći Međunarodne banke imali za američku privredu bile su: obezbeđenje tržišta za američka dobra i usluge; podsticaj razvoju novih prekomorskih tržišta za kompanije SAD; i usmeravanje nacionalnih ekonomija ka „...*sistemu globalnog tržišta u kojem firme iz SAD mogu dobro da prosperiraju*"[460].

U svakom slučaju, takozvana pomoć koju kolonije primaju u obliku zajmova, je „...*ogromnim dijelom podređena političkim i komercijalnim interesima...*" metropola,[461] koje u stvari pomažu same sebe, ili bolje reći, kolonije pomažu njima. Prema izjavi zapadnonemačkog ministra privrede Šela, 1965. godine, više od 80% pomoći koju je SR Nemačka dala zemljama u razvoju, koristilo je direktno i u prvom redu privredi same Nemačke[462].

---

[455] dr Dušan Nikoliš, cit. rad, str. 11.

[456] Prof. dr Vujo Vukmirica, cit. rad, str. 211.

[457] V. P. Panov, cit. rad, str. 78.

[458] Vladislav Milenković, *Američki kapital u svetu*, Sedma sila, Beograd, 1964., str. 6.

[459] Kosta Andrejević, cit. rad, str. 13.

[460] Predsednik Međunarodne banke - E.R. Black, navod dr Rikarda Štajnera, cit. rad, str. 47.

[461] Isto.

[462] dr Anton Kolendić, cit. rad, str. 64.

Zaduživanje je zapravo postalo jedan od najubojitijih oblika mirne kolonizacije. Zemlje koje uzimaju velike zajmove neizbežno zapadaju u dugove, i postavši zavisne od novih zajmova „...*postaju sluge država zajmodavaca, koje mogu da preko MMF-a istitucionalizuju svoju kontrolu nad dužnicima putem programa srtukturnog prilagođavanja, kojim preuzimaju njihovu privredu da bi osigurali redovno isplaćivanje kamata. Na taj način država koja je uzela zajam postaje de facto kolonija"*[463].

Kolonijalni zajmovi služe, pored ostalog, i za kupovinu kolonijalne poslušnosti. „*Davanje velikih zajmova pokornoj eliti jedne neindustrijske države najdelotvorniji je način da se ona kontroliše, a time obezbedi pristup njenom tržištu i prirodnim resursima"*. Od pozajmljenih sredstava, do 20% ode na „podmićivanje različitih političara i zvaničnika". Jedan deo potroši se na luksuznu robu za elitu, veliki deo ode na projekte infrastukture, i još više na „...*naoružanje kojim će vlada ugušiti ustanke žrtava razvoja"*[464].

Vojna pomoć ne obezbeđuje samo kolonijalnu pokornost, već kolonizatorima donosi i ogromne profite od uslovljavajuće prodaje naoružanja, vojne opreme, izgradnje odgovarajuće infrastrukture i usluga vojne obuke. Približno dve trećine pomoći SAD ima oblik „bezbednosne pomoći", koja „...*uključuje vojnu obuku, oružje i transfer novca vladama za koje se smatra da štite američke interese"*[465]. Najveći deo američke pomoći azijskim zemljama je u sklopu vojnih potreba, a znatna sredstva otpadaju na: izgradnju strateških puteva, aerodroma, pomoćnih vojnih postrojenja i sl.[466]

Da bi izbegli konkurenciju i obezbedili plasman svojih proizvoda, kolonizatori najmanje daju, ili uopšte ne daju za razvoj proizvodnje, i naročito industrije. Šta više, oni uništavaju i postojeću proizvodnju kolonija: kupuju pa zatvaraju proizvodne pogone, zahtevaju zatvaranje preduzeća koja ne ispunjavaju najviše tehnološke standarde, ili ih navlače na dugove koje ne mogu otplatiti, da bi ih zaplenili i prisvojili. „*Politika tvrdi da pomaže zaduženim zemljama u rešavanju njihovih dužničkih problema ali ih, međutim, sve više zadužuje i ponekad predaje njihove ekonomije stranim investitorima i tansnacionalnim korporacijama"*[467].

[463] *Globalizacija* (Edvard Goldsmit), CLIO, isto, str. 267.
[464] Isto.
[465] Isto, str. 262.
[466] dr Anton Kolendić, cit. rad, str. 62.
[467] Džeremi Foks, cit. rad, str. 64.

Zbog snažnog otpora razvijenih zemalja, politička borba za osnivanje Fonda UN za kapitalni razvoj trajala je punih 15 godina, a i kad je osnovan, u njega su uplaćivane simbolične sume, i to pretežno u nekonvertibilnim lokalnim valutama. Ni Međunarodna banka za obnovu i razvoj nije bila atraktivna, „...delom zbog uslova pod kojim je davala sredstva, delom zbog orijentacije na ulaganja u infrastrukturu"[468].

Najbogatija zemlja, koja najviše izvlači iz siromašnih kolonija najmanje ulaže u njihov razvoj. Prema izjavi bivšeg predsednika Svetske banke R. Maknamare, doprinos Sjedinjenih Država pomoći za razvoj bio je u to vreme najniži, i među najvećim industrijskim zemljama zauzimale su tez petnaesto mesto, što je sasvim u skladu sa stavovima američke vlade u vreme Regana da „...ono čime SAD mogu najviše doprineti razvoju »trećeg sveta« jeste obnavljanje privredne snage Amerike...", te da svrha pomoći SAD zemljama u razvoju treba da bude da one „...pomognu same sebi"[469].

Shodno tome, američka pomoć nerazvijenim zemljama konstantno opada, i od 1965. do 1980. godine deo nacionalnog bruto proizvoda SAD namenjen pomoći, opao je sa 0,5% na 0,2%[470]. Povećanje pomoći za obrazovanje, zdravstvo, tehničku pomoć i poljoprivredu vršeno je na račun smanjivanja pomoći za industrijski razvoj sa „...tendencijom da se zaustavi pravi ekonomski napredak u nezavisnim zemljama"[471]. Od privrede se finansira samo ono što je u interesu kolonizatora a to su „...pre svega projekti u oblasti infrastrukture i izuzetno primarne industrije"[472].

Pomoć za razvoj nacionalne privrede kolonija smanjuje se za račun direktnih ulaganja u razvoj sopstvene transnacionalne privrede, kojom se nacionalna privreda guši i razara. „I one strane direktne investicije koje su se ulile..." u zemlje kolonijalne tranzicije, „...često su postajale izvor daljeg ruiniranja njihovih privreda". Domaća preduzeća su „...jednostavno zatvarana da ne bi bila konkurencija novopridošloj multinacionalnoj kompaniji"[473].

Rast direktnih transnacionalnih investicija znatno je ubrzan u poslednje dve decenije XX veka. Od 1980. do 1999. godine njihov ukupan obim

---

[468] Miodrag Čabrić, cit. rad, str. 26-38.

[469] dr Dušan Nikoliš, cit. rad, str. 184.

[470] John Naisbitt, cit. rad, str. 83.

[471] mr Melkamwork Alemu, cit. rad, str. 91.

[472] Kosta Adrejević, cit. rad, str. 146.

[473] Đorđe Mitrović: Uticaj tehnoloških pomena na ekonomski rast i razvoj zemalja u tranziciji, Ekonomski anali br. 146/2000. god.

povećan je sa 500 milijardi na 4,7 triliona a godišnji tok u 1999. godini dostigao je čak 865 milijardi dolara. Naročito je ubrzan izvoz u nerazvijene zemlje, i to sa 9-13 milijardi u periodu 1985-1987. god. na 208 milijardi dolara u 1999. godini, a „…*glavni zajmodavci vremenom su postale transnacionalne korporacije, koje osnivaju sopstvene banke za finansiranje kapitalnih ulaganja i platnobilansnih deficita raznih zemalja*"[474].

Sjedinjene Države prednjače i u izvozu direktnih investicija, ulažući najviše tamo gde se najviše isplati. U ukupnom izvozu od 250 milijardi dolara u 1970. godini, one su učestvovale sa 55,6%, evropske zemlje sa 37,5%, Kanada 3,9%, Japan 2,6% i Australija 0,4%[475]. Izvoz direktnih američkih investicija ubrzano je rastao sa 2,9 milijardi u 1960. na 7,6 milijardi u 1970. i 18,5 milijardi dolara u 1980. godini, da bi do 1983. godine dostigao iznos od 226 milijardi dolara, od čega je tri četvrtine locirano u razvijenim, a jedna četvrtina u nerazvijenim zemljama.[476] Pritom je najbrže rastao izvoz privatnog kapitala, koji je od 1938. do 1960. godine porastao od 11,7 na 32,8 milijardi dolara[477], a krajem veka „…*privatna ulaganja u zemlje Trećeg sveta povećavala su se ogromnom brzinom da su iznosila približno 200 milijardi dolara godišnje*"[478].

Najveći deo direktnih privatnih ulaganja ide preko transnacionalnih korporacija, i „…*ima za cilj da obezbedi redovni priliv viška vrednosti odnosno ekonomski i politički uticaj u zemlji u kojoj se kapital ulaže*"[479]. Na transnacionalnim ulaganjima se zapravo i zasniva delovanje transnacionalnih korporacija, a „…*svega 1% multinacionalnih kompanija na našoj planeti poseduje polovinu ukupnog iznosa neposrednih inostranih ulaganja*"[480].

Finansijska ulaganja povlače za sobom i direktni transfer roba: izvoz opreme, poluproizvoda, repromaterijala, energenata, tehničkih, intelektualnih i drugih usluga, a „…*realizacija direktnih investicija može se ostvariti osnivanjem sopstvenih preduzeća u inostranstvu u vidu filijala, predstavništava, samostalnih preduzeća, zajedničkih kompanija i sl.*"[481]. Time se tokovi kapitalističke reprodukcije sve više prelivaju preko nacionalnih granica, gradeći njenu

[474] Veselin Drašković, cit. rad, str. 55. i 56.
[475] dr Stevo Kovačević, cit. rad, str. 261.
[476] Milan Vojnović, cit. rad, str. 201.
[477] Stevo Kovačević, cit. rad, str. 260.
[478] *Globalizacija* (Edvard Goldsmit), CLIO, isto, str. 270.
[479] dr Mićo Ćušić, cit. rad, str. 161.
[480] *Globalizacija* (Tini Klark), CLIO, isto, str. 290.
[481] Veselin Drašković, cit. rad, str. 50.

planetarnu okosnicu. U 1997. godini u svetu je delovalo oko 53.000 transnacionalnih korporacija sa oko 450.000 filijala u inostranstvu.

Međunarodna trgovina sirovinama je skoro u potpunosti pod njihovom kontrolom (90% trgovine pšenicom, kafom, kukuruzom, drvetom, duvanom, rudom gvožđa i jute, 85% bakrom i boksitom, 80% čajem i olovom, 75% bananama, sirovom naftom i kaučukom)[482]. Iako time slabi sopstvene pozicije u društvenoj reprodukciji, država svojim merama, pod snažnim utcajem transnacionalnih korporacija, podržava kolonizatorski transfer svetskog kapitala. Američka vlada ne samo što svojim kompanijama garantuje da će im nadoknaditi gubitke u slučaju rizika od uloženog kapitala u kolonijama, nego i traži od vlada drugih zemalja niz olakšica i privilegija za svoje kompanije[483]. Pod njenim uticajem, „...GATT je obavezao zemlje Trećeg sveta da prihvate sva ulaganja iz inostranstva, da daju „domaći tretman" bilo kojoj stranoj korporaciji koja deluje unutar njihovih granica. One takođe moraju ukinuti poreze i carine na uvoz svih vrsta robe, uključujući i poljoprivredne proizvode, kao i necarinske prepreke, kao što su zakoni o zaštiti radnika, zdravlja ili prirodne sredine, koje mogu korporacijama povećati troškove"[484]. Na zahtev američkih kompanija, vlada Tajlanda se obavezala da nigde u zemlji neće osnovati preduzeće koje bi moglo konkurisati stranim preduzećima, da će stranim kompanijama dati povlastice pri kupovini zemlje, da neće ometati izvoz njihovih proizvoda kao i da će zabraniti uvoz ili podići uvozne carine za robe koje bi njihovim proizvodima mogle biti konkurentne[485].

Po reprodukcionim pogodnostima i eksploatatorskim efektima, direktna ulaganja znatno nadmašuju oblike indirektne kolonijalne eksploatacije. „Multinacionalne kompanije sada mogu slobodno da krstare svetom i započinju posao tamo gde je radna snaga najjeftinija, gde su zakoni o prirodnoj sredini najmanje strogi, fiskalni režimi najlakši, a subvencije najvelikodušnije"[486]. Širi se i intenzivira eksploatacija radne snage, prirodnih i drugih resursa; proizvodnja se približava osnovnim resursima i mestu realizacije, čime se smanjuju troškovi poslovanja i lakše prilagođava lokalnim tržištima; korišćenjem jeftinijih ulaznih činilaca, postojeće infrastrukture i rentabilnijeg transporta snižavaju se troškovi proizvodnje; izbegavanjem poreza, carina i drugih tržišnih ograničenja, te ostvarivanjem raznih privilegija povećava se

---

[482] Isto, str. 64.
[483] mr Melkamwork Alemu, cit. rad, str. 63.
[484] *Globalizacija* (Edvard Goldsmit), CLIO, isto, str. 271.
[485] mr Melkamwork Alemu, cit. rad, str. 63/4.
[486] *Globalizacija* (Edvard Goldsmit), CLIO, isto, str. 271.

tržišna konkurentnost; otvaraju se i proširuju tržišta za uvoz robe i kapitala iz matičnih zemalja.

Pritom se širi i jača politički uticaj transnacionalnih korporacija kojim se politika upreže u jaram ekonomske kolonizacije. *„Više ne postoje jasne granice između zakona, politike i korporacijske uprave. U sferi savremene vlasti oni svi deluju kao jedinstveni činilac"*[487]. Kao najmoćnija ekonomska snaga, korporacije postaju i najmoćnija politička sila, a političari njihovi dobro plaćeni i potplaćeni dileri, kako u metropolama tako i u kolonijama.

Stoga ne iznenađuju basnoslovni prinosi transnacionalnih ulaganja koji se iz kolonija slivaju u metropole i njihove korporacije. *„Na bazi direktnih investicija dolazi do velikog priliva profita ostvarenog u inostranstvu, tako da zemlja matica dugoročno postaje krupni neto uvoznik kapitala"*[488]. Od II svetskog rata, godišnji profit od direktnih američkih investicija u inostranstvu, je nekoliko puta premašivao sumu izvezenog kapitala. *„Dok su na primer u periodu 1957.-1960. godine ukupne američke privatne investicije u svim zemljama u razvoju porasle približno 1.830 miliona dolara, profiti tokom istog perioda dostigli su 6.000 miliona dolara"*[489]. Od 1950. do 1965. godine SAD su iz Latinske Amerike povukle za 7,5 milijardi dolara više profita nego što iznosi vrednost njihovih direktnih investicija[490], a od 1960.-1979. godine direktni prihodi američkih korporacija od njihovih direktnih investicija na periferiji porasli su 3,8 puta[491].

I direktna i portfilio ulaganja služe za isisavanje ionako oskudnog kapitala kolonija. *„Pritjecanje kapitala iz razvjenih zemalja u zemlje u razvoju padalo je, iznajmljivanje inozemnih kredita se prepolovilo, a odlijevanje za otplatu dugova premašilo je devizni priliv, tako da je devizni odliv iz zemalja u razvoju u zapadne zemlje 1984. godine iznosio 14, a 1985. godine već 22 milijarde dolara"*[492]. Početkom 1970-ih godina, odlivalo se iz latinoameričkih zemalja 61% prihoda u stranoj valuti, što je iznosilo preko 6.000 miliona dolara godišnje ili 7% njihovog društvenog bruto proizvoda i gotovo polovinu njihovih ukupnih ulaganja. Samo *„...Eximbank je (već) izvlačila 100 miliona dolara godišnje više od onoga što je posuđivala Latinskoj Americi"*[493]. Ruska vlada je u toku tranzicije *„...uzimala*

---

[487] Globalizacija (Vilija Grejder), CLIO, isto, str. 327.

[488] Milan Vojnović, cit. rad, str. 179.

[489] Mr Melkamwork Alemu, cit. rad, str. 59.

[490] dr Rikard Štajner, cit. rad, str. 55.

[491] Danica Drakulić i dr., cit. rad, str. 108.

[492] Marko Vrhunec, cit. rad, str. 64.

[493] *Promjene u suvremenom razvijenom kapitalizmu* (Andre Gunder Frank), isto, str. 173. i 176.

na zajam od MMF-a milijarde dolara zadužujući se sve više, dok su oligarsi, obasuti darežljivošću vlade iznosili iz zemlje takođe milijarde dolara[494]. Neto uvoz kapitala u istočnoevropske zemlje od 1990. do kraja 1998. godine iznosio je 105,6 milijardi dolara, a zaduženost zemalja u tranziciji povećana je od 80 na oko 300 milijardi dolara[495].

Finansijsko iscrpljivanje vodi sve većem zaduživanju, a što se više zadužuju, kolonije se sve više iscrpljuju. Navlače se na zajmove niskim kamatnim stopama koje se potom povećavaju, dovodeći do kolapsa[496]. *„Pošto mnoge zemlje u razvoju nisu u stanju da redovno odgovaraju svojim obavezama, prisiljene su da uzimaju nove kredite kojima će otplaćivati stare"*[497]. Lanac zaduživanja se tako unedogled produžava a dugovi se gomilaju. Zaduženost nerazvijenih zemalja povećana je od 1955-1983. godine sa 10 na 700 milijardi dolara[498], i do 1995. godine popela se na 1.940 milijardi[499]. Od 1980-2000. godine dugovi siromašnih zemalja porasli su za 3-4 puta[500]. *„Dužnički teret..."* je sve teži, pa *„...zaduženost Latinske Amerike iznosi danas (2000-te godine) 1.000 dolara po svakom čoveku, ženi i detetu"*[501].

Kolonije su tako uvučene u začarani krug zaduživanja i samozaduživanja, iz kojeg nikako da se izvuku. U očajnom vapaju za novim kreditima, nerazvijene zemlje su bile *„...prinuđene da delimično odustanu od svojih suvereniteta, da puste da ih kapriciozna tržišta kapitala (uključujući i špekulante) discipulinuju govoreći im šta bi trebalo da rade, a šta ne"*. Njihovi visoki zvaničnici *„...navodili su na pogrešan put (ili još gore: lagali) MMF da bi dobili novac koji im je bio neophodan"*[502].

Pošto su mnoge prezadužene firme prinuđene da bankrotiraju i tako dovedu u pitanje otplaćivanje dugova, poverilačke sile su preduzele dužničko restrukturiranje, dovodeći siromašne zemlje u još težu situaciju. *„Glavni učinak restrukturiranja dugova jeste napad na zemlje trećeg sveta, izvršen pomoću pravila u bankarskom poslovanju tako da je ovim zemljama otežano ili čak*

---

[494] Džozef E. Stiglic, cit. rad, str. 154.

[495] Bogdan Ilić, *Informatičko društvo i nova ekonomija*, SD Publik, Beograd, 2003., str. 47. i 67.

[496] Džeremi Foks, cit. rad, str. 179.

[497] dr Rikard Štajner, cit. rad, str. 41.

[498] dr Mićo Ćupić, cit. rad, str. 159/60.

[499] Slobodan Pokrajac, *Tehnologija i globalizacija*, Grafolik, Beograd, 2002., str. 58.

[500] Miroslav Pečujlić, cit. rad, str. 109.

[501] Pol Kenedi, *Priprema za 21. vek*, isto, str. 231.

[502] Džozef E. Stiglic, cit. rad, str. 256. i 202.

onemogućeno otplaćivanje dugova MMF-u i Svetskoj banci, što je za njih imalo katastrofalne posledice. Restrukturiranje dugova iz 80-ih godina prošlog veka od strane MMF-a i Svetske banke uključivalo je i nove pregovore u vezi sa njima, tako da su dužničke zemlje morale da plaćaju daleko veće kamate uz veliko povećanje internih cena, sasecanje javne potrošnje (škole, bolnice, izgradnja puteva) i pruzimanje kontrole nad njihovom privredom od strane zapadnih agencija i investitora"[503].

Kolonijalne sile čvrsto drže kolonizirane zemlje na dužničkoj uzdi, pretačući njihov kapital prevashodno u sopstvene korporacije, za što koriste sve finansijske institucije i sve raspoložive pogodnosti. Radi toga su razvile široku planetarnu mrežu finansijskih ustanova, koje rade za njihov račun i nad kojim ostvaruju punu kontrolu, držeći kolonizirane zemlje u potpunoj zavisnosti.

Bankarstvo je gotovo pod potpunom dominacijom velikih finansijskih sila, među kojima su i velike transnacionalne korporacije, čije su banke i finansijske službe razasute po celoj Planeti. Sjedinjene Države su nametnule nerazvijenim zemljama da stranim bankama daju „domaći tretman", pa su „*...domaće vlade morale da odustanu od svih pokušaja da održe kontrolu nad lokalnim finansijskim delatnostima*"[504]. U kolonijalno-tranzicionim zemljama ukidane su domaće banke da bi se dalo prostora stranim bankama namećući šok terapiju, „*...MMF je insistirao da banke ili odmah obustave rad ili da brzo obezbede normirani nivo koeficijenta kapitalne adekvatnosti«, a već »sam taj zahtev učinio je ekonomsko opadanje dubljim i težim*"[505].

Međunarodni monetarni fond i Svetska banka stvoreni su prvenstveno radi finansijske kolonizacije, što svojim radom zapravo i potvrđuju. Među njihove osnovne, a pokazalo se i najvažnije proklamovane ciljeve spada podsticanje širenja i razvijanja međunarodne trgovine i privatnih investicija u inostranstvu, što oni pod snažnim uticajem kolonijalnih sila i njihovih korporacija najprilježnije i čine.

U svom poslovanju, Svetska banka se rukovodi isključivo kapitalističkom logikom i „*...svi poslovni principi kojih se drži, podešeni su prema njenim najrazvijenijim članicama, pošto je i konstituisana kao institucija za unapređenje cirkulacije privatnog kapitala*"[506]. Sredstvima „*...poverenim Banci razvijene zemlje pomažu svoj izvoz, obezbeđuju tržišta za svoju proizvodnju...*", a i kod Fonda,

---

[503] Džeremi Foks, cit. rad, str. 52/3.

[504] *Globalizacija* (Ričard Barnet i Džon Kavana), CLIO, isto, str. 381.

[505] Džozef E. Stiglic, cit. rad, str. 127.

[506] Kosta Andrejević, cit. rad, str. 94.

„…*stvari su postavljene prema uslovima i potrebama industrijskih, razvijenih zemalja, i model Fonda se sve više pokazuje neprihvatljivim za nerazvijene zemlje*"[507]. Ne samo što su „…*prava nerazvijenih zemalja u okviru osnovne kvote i njihove dodajne mogućnosti korišćenja sredstava Fonda kroz kompenzatorno i bafer stok (*„*buffer stock*"*) finansiranje i stand-by kredite po obimu mala, već ih i relativno malo koristi najveći broj tih zemalja…*", i to zbog uslova kreditiranja neadekvatnih njihovim potrebama[508].

Ugovorni odnos sa pedeset država „…*omogućava Fondu da ovim državama upravlja više nego njihove sopstvene vlade*". Generalni direktor Fonda drži pečat, taj „…*finansijski <u>imprimatur</u> koji određuje sudbinu mnogih naroda*"[509]. Zvaničnici Svetske banke i MMF-a „…*često imaju moć da menjaju trgovinsku politiku jedne države, njenu fiskalnu politiku, potrebe civilne službe, zakone o radu, zdravstvenu zaštitu, ekološke propise, energetsku politiku, kretanje stanovništva, pravila o snabdevanju i budžetsku politiku*"[510].

Preko Svetske banke i MMF-a kolonijalne sile sprovode kolonijalnu institucionalizaciju međunarodnog kreditiranja i licemernu politiku pomaganja (ili bolje reći odmaganja) nerazvijenih zemalja. „*Od vlada koje žele da osiguraju finansijsku podršku, MMF može da zahteva da ograniče ekspanziju kredita, smanje javne izdatke, ograniče zaposlenost i visinu nadnica u javnom sektoru, izvrše devalvaciju svoje valute i smanje dotacije za socijalnu zaštitu*". Svetska banka „…*postavlja zajmotražiocima neumerene zahteve u pogledu ispravne monetarne i finansijske politike, širenja prostora za privatni sektor, upornog uklanjanja protekcionističkih mera prema tokovima međunarodne ekonomije, i većeg oslonca na tržišna rešenja za sve probleme proizvodnje i raspodele. Nedavno, uslovljavanje je prošireno tako da obuhvata i zahteve za* „*dobrom vladavinom*"*, poštovanjem ljudskih prava, liberalno-demokratskim mehanizmima političke odgovornosti i delotvornom javnom administracijom*"[511].

Uobičajeni uslovi koje kreditirane zemlje „…*moraju da prihvate su: 1) ukidanje zaštitnih carinskih tarifa, što direktno ugrožava domaću privredu; 2) ukidanje zakona kojima se kontrolišu strana ulaganja, što najavljuje prevlast strane privrede nad domaćom privredom; 3) pretvaranje samodovoljne, male raznolike poljoprivrede u korporacijske monokulture orijentisane na izvoz, što još više onemogućava*

---

[507] Antonije Tasić, cit. rad, str. 105. i 120.

[508] dr Vladimir Glišić, cit. rad, str. 186.

[509] Gi Sorman, cit. rad, str. 203.

[510] *Globalizacija* (Toni Klark), CLIO, isto, str. 294.

[511] Dejvid Held, cit. rad, str. 135. i 136.

domaćem stanovništvu da se prehrani; 4) ukidanje kontrole cena, ali uspostavljanje kontrole nadnica; 5) drastična smanjenja za socijalne i zdravstvene službe; 6) agresivna privatizacija državnih agencija, što čini državne službe nedostupnima za siromašne; 7) kraj popularnim programima zamene uvoza koji podstiču domaće stanovništvo na raznoliku domaću proizvodnju i samodovoljnost"[512].

Dobijanje kredita uslovljava se njihovim korišćenjem, koje gotovo u potpunosti mora odgovarati interesima kolonizatora. Više od tri četvrtine pomoći vraća se metropolama u vidu profita, a za industrijalizaciju ide 0,15% pri čemu se dugoročni krediti usmeravaju u infrastrukturu, a samo 4,6% u industriju[513]. Najveći broj zemalja davalaca pomoći insistira da se sredstva u potpunosti ili delimično upotrebe u tim zemljama[514]. Krediti vojnih sila namenski su davani za kupovinu njihovih proizvoda vojne opreme, naoružanja i sirovina za vojnu industriju.[515] I "*...dosadašnja praksa uvoženja stranog kapitala uvek je išla sa odgovarajućim ekonomskim i političkim uslovima koje je nametao izvoznik kapitala*"[516].

Politički uslovi su u funkciji strateških ciljeva globalističke kolonizacije. Američka pomoć "*...nema nikakve veze s tim koliko je ona nekoj zemlji po-trebna, već s tim koliko je vlast spremna da služi interesima bogatih i privilegovanih*"[517]. Pomoć je u vreme hladnog rata "*...posmatrana kroz prizmu zemlje koja daje pomoć sa ciljem da se utiče na politiku zemlje koja prima pomoć*"[518]. Zajmovi Svetske banke "*...daju se samo zemljama koje pristanu na to da se njihov privredni i društveni sistem sruši i promeni u skladu sa nametnutom ideologijom o slobodnom tržištu i slobodnoj trgovini*"[519].

Kreditna uslovljavanja i ucenjivanja dovode korisnike kredita u sve nepovoljniji položaj, što se ogleda naročito u: stalnom porastu kamatnih stopa, skraćivanju rokova otplate dugova i smanjivanju dugoročnih i srednjoročnih kredita, porastu tzv. "vezanih kredita", koji se sastoje u vezivanju za nabavke od kreditora i za određene projekte kojima se ograničava samostalnost

---

[512] *Globalizacija* (Džeri Mander), CLIO, isto, str. 19.
[513] Aleksandar Božović, cit. rad, str. 49.
[514] dr Ljubiša Adamović, cit. rad, str. 268.
[515] dr Mićo Ćušić, cit. rad, str. 150.
[516] Kosta Andrejević, cit. rad, str. 20.
[517] Noam Čomski, *Šta to (u stvari) hoće Amerika*, isto, str. 29.
[518] dr Smilja Avramov, dr Milenko Kreća, *Međunarodno pravo*, Naučna knjiga, Beograd, 1990., str. 184.
[519] *Globalizacija* (Džeri Mander), CLIO, isto, str. 181.

korisnika kredita čijim se korišćenjem diriguje prema interesima kreditora. A krajnji rezultat tih nepovoljnosti je da se krediti smanjuju i da kreditiranje kao oblik kolonijalne eksploatacije gubi na značaju za račun sve značajnije uloge direktnih ulaganja.

Najveća nepovoljnost kolonizatorskog kreditiranja su previsoke kamate, koje brzo »pojedu« glavnicu, zbog čega korisnici kredita postaju večiti dužnici i večiti zavisnici od kreditora. *„Kada je MMF ušao u područje Istočne Azije, primorao je te zemlje da podignu kamatne stope do takvih nivoa koji bi se konvencionalnim jezikom mogli nazvati astronomskim"*[520]. Za vreme velike dužničke krize 1970-ih godina, kamatne stope za nerazvijene zemlje van OPEK-a su u proseku gotovo utrostručene, sa 6,6% tokom 1976. na 17,5% 1981. godine[521].

Sve nepovoljnosti kolonizatorskog kreditiranja pogađaju, razume se, samo kolonije, a ugađaju kolonizatorima koji uslove kreditiranja diktiraju isključivo prema sopstvenim interesima, da dobijaju i kad pozajmljuju i kad uzajmljuju, i kad daju i kad uzimaju kredite. *„Sjedinjene Američke Države, koje duguju mnogo više nego čitava Latinska Amerika ne prihvataju uslove, već ih nameću"*[522]. One su, naime, najveći poverilac i najveći dužnik na Planeti, i čak više duguju nego što potražuju, što im ide u račun jer i daju i uzimaju po najpovoljnijim uslovima za sebe a najnepovoljnijim za druge.

Kao najmoćnija finansijska sila, SAD su finansijski monopolista nad monopolistima, što im obezbeđuje monoplsku poziciju i u deviznom prometu, koja je Breton-Vudskim sporazumom 1945. godine i ozvaničena. Sa najjačom zlatnom i ekonomskom podlogom, dolar je priznat za vodeću svetsku monetu, razmenjivu za sve ostale monete, što mu obezbeđuje povlašćenu poziciju na monetarnom tržištu.

Monetarne zone postale su jedan od osnovnih oblika i generatora neekvivalentne razmene i savremene kolonijalne eksploatacije. U monetarnoj zoni najrazvijenija zemlja određuje monetarne uslove i odnose, i čitava monetarna politika u zoni vezana je i dirigovana njenom ekonomskom i monetarnom politikom. Svaki poremećaj unutar vodeće monetarne sile automatski se odražava na ceo monetarni sistem, a preko njega i na privredu nerazvijenih zemalja. Za monetarnu zonu vezana je i spoljnotrgovinska zona, čiji su pripadnici dužni da se pridržavaju jedinstvene spoljnotrgovinske politike, koristeći

---

[520] Džozef E. Stiglic, cit. rad, str. 120.
[521] Džeremi Foks, cit. rad, str. 56.
[522] Eduaro Galeano, cit. rad, str. 49.

se unutarzonskim prefercinjalima, koji im na zonskim tržištima pružaju prednosti u odnosu na treće zemlje[523].

Prelaskom sa čvrstih na varirajuće devizne kurseve povećane su mogućnosti za monetarne manipulacije, kojima se vrše veštačka prelivanja ekonomske vrednosti od slabijih ka jačim konkurentima. *„Spekulativnim podešavanjem vrijednosti odnosno cijene dolara i nekih drugih „jakih" valuta na svijetskim tržištima, izvlače se vrlo određena preimućstva..."*[524] preko kojih se zgrću ogromni profiti. *„Sve više i više, transakcije valutama su se dešavale ne zbog toga što je kompanija plaćala stranu robu ili što je investirala u stranu fabriku već zbog toga što su investitori špekulisali sa pojedinom valutom ili drugim finansijskim instrumentom"*[525].

Varirajući kursevi su omogućili da se novčani promet osamostali u odnosu na robni promet, i da, naročito na štetu nerazvijenih zemalja postane veoma protočan kanal neekvivalentnog prelivanja vrednosti. Obrt finansijskih transakcija višestruko premašuje realni obrt roba i usluga, tako da postoji ogromna razlika između realnog i fiktivnog kapitala. *„Napuštanje fiksnih deviznih kurseva (posebno konvertibilnosti dolara u zlato) početkom 1970-ih godina, otvorio je vrata bujicama međunarodnih tokova kratkoročnog kapitala. Prosiječne dnevne transakcije na svijetskim deviznim berzama porasle su sa 15 milijardi dolara u 1973. na 880 milijardi u 1992. i preko 1.500 milijardi u 1999. godini..."*[526], kada je *„...dnevni obim razmene valuta bio nekoliko stotina puta veći nego vrednost roba kojima se trguje"*[527].

Manipulisanjem deviznim kursevima devizni monopolisti otvaraju tržišta kolonija za svoje proizvode, i veštački podstiču prelivanje njihove realne vrednosti u sopstvene „trezore". Precenjenim kursevima domaće valute stimuliše se uvoz strane robe i pravi veštačka konkurencija domaćoj proizvodnji, a podstiče se i prebacivanje privatnog kapitala u inostranstvo, čime se pojedinci bogate a zemlja osiromašuje.

U tome strani profiteri uspešno sarađuju sa domaćim profiterima, dovodoći njihove osiromašene, i sve siromašnije zemlje do prosjačkog štapa. *„Na vrhu društvene lestvice, želja za časovnicima Kartije i automobilima Mercedes podstakla je afričke elite da nacionalnim valutama odrede veštački visok kurs, tako*

---

[523] dr Mićo Ćušić, cit. rad, str. 158; V.P. Panov, cit. rad, str. 58/59. i 39.

[524] dr Rikard Štajner, cit. rad, str. 87.

[525] Pol Kenedi, *Priprema za 21. vek*, isto, str. 67.

[526] *Tranzicija i globalizacija* (dr Džemal Hatibović), isto, str. 36.

[527] Pol Kenedi, *Priprema za 21. vek*, isto, str. 72.

da ove proizvode mogu da uvoze po niskim cenama"[528]. U zemljama kolonijalne tranzicije, *„...milijarde obezbeđenih dolara bile su upotrebljene da bi se u kratkom periodu održavali devizni kursevi na neodrživim nivoima, tokom kojeg su stranci i bogataši mogli svoj novac da iznesu iz zemlje pod povoljnijim uslovima kroz otvorena tržišta kapitala koja je MMF nametnuo zemljama"*. I ako je za domaće proizvođače tih zemalja, kao i za opljačkanu zemlju u celini, „precenjeni valutni kurs" domaće valute *„...bio katastrofa, za novu klasu biznismena bio je blagodet"*[529].

Te valutne mahinacije prave se i po cenu obezvređivanja najvrednije valute, koje izaziva planetarnu inflaciju, ali inflaciju pomoću koje razvijene metropole pljačkaju nerazvijene kolonije. *„Dok su nekada SAD izvozile „čvrste" i „stabilne" dolare, proizvod vlastite realne akumulacije, u novoj fazi Amerika preplavljuje strana tržišta financijskim sredstvima sumnjive vrijednosti, pošto ona nastaju u procesu prekomjerne emisije i nedovoljno kontroliranog kreiranja kredita"*. I *„...poslije dugotrajne dvadesetogodišnje stabilnosti, koja je uočljiva od završetka II svijetskog rata, od sredine 1960-ih godina dolazi do snažnog povećavanja monetarne mase"*[530]. Ma koliko valutni monopolista spuštao nivo svoje povlašćene valute, on planetarnu pljačku uvek podiže na viši nivo jer se nikad ne spušta ispod kritične tačke poslovnog rizika.

U službi kolonijalnih sila, MMF redovno nameće devalvaciju ugroženim zemljama, čiji se uticaj *„...pokazuje brutalnim i trenutnim"*: domaće cene osnovnih prehrambenih namirnica, lekova, goriva i javnih službi rastu preko noći; i dok devalvacija za sobom neizbežno povlači inflaciju i dolarizaciju domaćih cena (tako da lokalne cene skaču na svetski nivo), MMF obavezuje vladu (kao deo ekonomskog paketa) da usvoji tzv. antiinflacioni program. A realni uzrok inflacije su, naravno, mere samog MMF-a uključujući i devalvaciju čiji je cilj pomoć američkom izvozu sprečavanjem izvoza nerazvijenih zemalja[531]. Žrtva se cedi do poslednje kapi i do kritične granice ispod koje više ne može izdržati.

Ali svemu ima kraja, a i nad vladarima ima vladara. Vladavina vlasnika kapitala sve više ustupa pred vladavinom kapitala nad sopstvenim vlasnicima. Kapital postaje onaj apsolutni obogotvoreni gospodar sveta, i to

---

[528] Gi Sorman, cit. rad, str. 199.
[529] Džozef E. Stiglic, cit. rad, str. 219. i 155.
[530] dr Rikard Štajner, cit. rad, str. 87. i 86.
[531] Džeremi Foks, cit. rad, str. 63.

u svom apstraktnijem i najotuđenijem novčanom obliku. Sami objektivni i neumoljivi tokovi kapitalističke reprodukcije nezaustavivo vode ka tome.

Pre svega, kapitalistička konkurencija čini svoje proždiruћi, jednog po jednog, same kapitalističke monopoliste i pretvarajući kapital malo po malo u opštedruštveno vlasništvo. Gubeći vodeću poziciju u produktivnosti, SAD gube i vodeću ulogu u finansijskoj kolonizaciji, koja se policentrizuje i decentralizuje na sve veći broj nosilaca dok se na kraju u opštoj dekolonizaciji sasvim ne izgubi.

U konkurentskoj trci za očuvanjem finansijskog monopola, SAD i same rade na sopstvenoj demonopolizaciji. Da bi privukle i pod svojim okriljem koncentrisale što veću masu kapitala, povećavaju njegov uvoz a smanjuju izvoz, pa i uprkos sve većoj dekoncentraciji kapital-vlasništva. *„Američka ekspanzija sa pretenzijama „vodeće" uloge u svetskom kapitalizmu postala je zavisna od dvojakog procesa: strujanja američkih kapitala u inostranstvu i istovremenog strujanja inostranih kapitala u SAD"*[532]. I ne samo da su *„...inozemni vlasnici američkih posjeda sve brojniji nego su i vrlo traženi"*. Većina američkih država ima svoje urede u evropskim prestonicama koji traže investitore za ulaganja na njihovom području[533].

Demonopolizacija nacionalnog vlasništva kapitala povlači i demonopolizaciju vladajuće nacionalne valute. Dolar više nije neprikosnoveni gospodar na svetskom monetarnom tržištu. Sve ozbiljnija konkurencija drugih jakih valuta stvara veliku nestabilnost, *„...mehanizam međunarodnih plaćanja postao je nestabilan, jer više nije logičan nastavak i spoj nacionalnih mehanizama plaćanja"*[534]. Slobodna valutna konkurencija, kojom se novčana razmena osamostaljuje u odnosu na robnu razmenu, stvara opštu nestabilnost finansijskog tržišta. *„Namesto pouzdanih novčanih relacija nastali su nepouzdani devizni kursevi koji ponekad gube svaku vezu sa realnošću, i zato nikad nije bilo više platežno nesposobnih zemalja nego što ih je bilo poslednjih godina"*[535].

S osamostaljivanjem u odnosu na robni promet, novčani promet se osamostaljuje i prema nacionalnim valutama koje sve više gube uticaj na robno-novčane, a naročito na novčane tokove. *„Potpuno van nadzora ma koje nacionalne vlade, transnacionalno tržište u „bezdržavnom" novcu proširilo se od 50 milijardi dolara u 1973. na skoro dve hiljade milijardi dolara u 1987. i time se*

---

[532] Vladislav Milenković, *Američki kapital u svetu*, isto, str. 13.

[533] John Naisbitt, cit. rad, str. 78.

[534] dr Vladimir Glišić, cit. rad, str. 295.

[535] Prof. dr. Volfram Engels, cit. rad, str. 320.

približilo ukupnoj količini novca unutar SAD..."[536] koje takođe gube mogućnost nadzora.

Zbog potpune deregulacije globalnih finansijskih sistema, bez ikakve kontrole transnacionalnog tržišta novca ostaju i banke kao i druge finansijske institucije, koje i nisu u stanju da prate tokove elektronskog prometa, putem kojeg se munjevitom brzinom i na sasvim neuobičajen način obavljaju fantastične novčane transakcije. *„Broj elektronskih transfera (novca) čini samo 2% ukupnih transfera; međutim, u ove transakcije uključeno je 5 od svakih 6 dolara koji se kreću u svetskoj privredi. Znatno više od dva biliona dolara putuje s jedne na drugu stranu ulice ili s jednog na drugi kraj sveta nezamislivom brzinom u obliku elektronskih informacija*"[537].

Otuđivanjem od realnog robnog prometa transnacionalno tržište novca pretvara se u gotovansku kockarnicu gde se ništa ne stvara već se gotovina samo pretače tako da vešti kockari zgrću tuđe milione i milijarde a da ništa ne doprinose, a ko doprinosi nema pare za kockanje jer ga pljačkaju kockari. Pošto kockari sve zalažu da bi povratili izgubljeno, pljačka nedužnih posmatrača se pojačava.

Belosvetski i novopečeni tranzicioni kockari brzo su razgrabili zatečenu imovinu kolonijalno-tranzicionih zemalja a da nimalo nisu doprineli njihovom oporavku. Većina će brzo završiti na kockarskom groblju, a opljačkana imovina će se steći u rukama najbeskrupuloznijih i najmoćnijih. Privatizacija i denacionalizacija su shvaćene kao prljava trgovina nacionalnom imovinom, kojom se opštenarodna „muka" investira u privatnu obest kockarskih hohštaplera, da bi se kockali ne samo tuđom imovinom već i sudbinom čovečanstva.

Finansijskim iscrpljivanjem, transnacionalne kolonijalne sile dovode u kolonijalnu zavisnost sve narode i sve proizvođačke mase, ugrožavajući njihovu životnu egzistenciju i umrtvljujući njihovu proizvodnu snagu. Time se srlja u sve dublju planetarnu krizu, iz koje se ne može izići bez maksimalne mobilizacije svih proizvodnih potencijala i svih stvaralačkih snaga ovozemaljskog sveta.

To se, međutim, neće postići bez slivanja i slobodnog protoka finansijskih tokova u sve proizvodne tokove. Moćne transnacionalne korporacije ne bi ni opstale ni moćnim postale bez ponovnog stapanja proizvodnog i

---

[536] David Harvey, cit. rad.
[537] *Globalizacija* (Ričard Barnet i Džon Kavana), CLIO, isto, str. 365. i 366.

finansijskog kapitala. Da bi se izvršila finansijska dekolonizacija, neophodno je da se one internacionalizuju i da od nadnacionalnih postanu unutarnacionalne i svenacionalne, ali ne ponovo nacionalno-državne ili međudržavne. Društvena reprodukcija se ne može slobodno odvijati i dalje razvijati ako svaki privredni i društveni subjekt sve do pojedinca ne bude slobodno raspolagao potrebnim finansijskim sredstvima.

Ali niko neće dočekati da mu potrebna finansijska sredstva „padnu sa neba" ako ih sam ne stvori i od otuđivanja ne zaštiti. Da bi se finansijski dekolonizovale, kolonizirane zemlje bi morale, prvo, zavesti isposničku štednju; drugo, svim raspoloživim sredstvima štititi odlivanje sopstvenog kapitala; treće, izbegavati svako neproduktivno i neprofitabilno zaduživanje; četvrto, orijentisati se na slobodno udruživanje i zajednička ulaganja na principima podeljenog zajedničkog rizika, ekvivalentne razmene i srazmerne raspodele prema doprinosu.

Slobodna ekvivalentna razmena u suštini isključuje posredovanje novčanom razmenom, koje je u funkciji neekvivalentne razmene, ali se ona ne može ostvarivati drugačije nego kroz borbu sa neekvivalentnom razmenom posredovanom novcem, čija je geneza neodvojiva od geneze robne razmene u funkciji eksploatatorske reprodukcije proizvođačkog društva. Od bukvalno robnog, preko kovanog, papirnog, vrednosno-papirnog i zapisnog oblika, novac je, tačno prema potrebama i uslovima neekvivalentne eksploatatorske razmene, „dogurao" do elektronskog novca kao krajnje stanice, u kom obliku, zavisno od toga kako se koristi, može obavljati sasvim kontradiktorne funkcije, ekvivalentne ili neekvivalentne razmene.

Ekvivalentna razmena podrazumeva demokratski sporazum među učesnicima razmene, a sporazuma nema među onima koji su opredeljeni da se bogate pljačkom i svoju sreću vrebaju na tuđoj nesreći. Njima najviše odgovara „lov u mutnom", koji je za „krupne ribe" najunosniji u neregulisanoj razmeni. To u neregulisanim tokovima društvene reprodukcije može dovoditi do nepredvidivih lomova, i to daleko pogubnijih pri savremenoj nego pri tradicionalnoj razmeni. Ali hazarderski profiteri, kojima je društveni interes poslednja briga, na takve rizike zapravo i računaju.

Zato se nasuprot tome, kao stabilizujući faktor društvene reprodukcije, razvija neposredna robna i radna razmena, u kojoj se novac pojavljuje samo idealno kao razmensko merilo vrednosti, ili se i u toj funkciji sasvim potiskuje društveno potrebnim radnim vremenom. *„Poslednjih godina je u velikom porastu kompenzaciona trgovina, odnosno međunarodna razmena* *robe za robu...*"[538], koja je, isključivanjem monetarnih manipulacija, i pored svih tržišnih nejednakosti, na sigurnom putu ostvarivanja ekvivalentne razmene.

Pokušaji zaobilaženja i monetarnih manipulacija i tržišnih nejednakosti putem neposredne razmene rada sve su češći u pojedinim lokalnim zajednicama, sa tendencijom da se takva razmena širi i van lokalnih granica. U jednom od takvih pokušaja u SAD, *„...Kan je 1983. stvorio mrežu „vremenskih dolara" kao način da se povežu različiti programi razmene..."* po kojem *„...svakim satom usluge zarađujete isti kredit bez obzira na nivo veštine"*[539].

Za merilo ekvivalentne razmene, mora se međutim, umesto individualnog, uzimati društveno potrebno (prosečno) radno vreme, izraženo kroz rezultat rada, kroz koji se ispoljavaju i razlike u veštini i stručnosti, odnosno složenosti rada. Na taj način se objektivno meri i upoređuje zapravo sam rad, čime se obezbeđuje da u neposrdnoj razmeni i raspodeli svako dobija prema produktivnosti, odnosno stvarnom doprinosu ostvarenim rezultatima rada.

Tehnološka kolonizacija

Tehnološka kolonizacija je za kolonizatore najprofitabilniji a za kolonizirane najpogubniji oblik savremene kolonizacije. I po jednom i po drugom, po dobru za jedne a po zlu za druge, tehnološki kolonijalizam je nadmašio finansijski kolonijalizam baš kao što je finansijski kolonijalizam nadmašio neekvivalentnu robnu razmenu. Zato se težište kolonijalne eksploatacije sve više prenosi na tehnološku kolonizaciju, kao što je svojevremeno sa robne razmene prenošeno na finansijsku kolonizaciju.

Pomeranje težišta sa finansijske kolonizacije na tehnološku kolonizaciju uslovljeno je tektonskim pomeranjem težišta društvene reprodukcije sa reprodukcije kapitala na reprodukciju znanja, izraženom kroz sve veću scientizaciju i tehnologizaciju proizvodnje. U SAD je *„...sve širi krug grana u kojima „osvajački program istraživanja" čini najvažniji uvjet za samo postojanje firme. Za realizaciju ovog „osvajačkog programa" najveće korporacije formiraju snažne naučno-istraživačke centre i laboratorije...",* a broj naučnika i inženjera

---

[538] Prof. dr Vujo Vukmirica, cit. rad, str. 118.
[539] *Globalizacija* (Suzan Miker Louri), CLIO, isto, str. 455.

zaposlenih u laboratorijama američkih korporacija je još početkom 1970-ih godina bio veći nego u univerzitetskim laboratorijama[540].

Kao najznačajniji činilac proizvodnje, znanje je najznačajniji, pa stoga i najprofitabilniji proizvod u koji vredi i najviše ulagati. Zato je „...*organizovano proizvođenje znanja tokom nekoliko proteklih decenija izuzetno prošireno, sa istovremeno sve većim zasnivanjem na komercijalnoj osnovi«, tako da »samo znanje postaje ključna roba koja se proizvodi i prodaje onome ko najviše nudi"*[541]. Još 1970-ih godina, prihodi američkih korporacija od tehnologije rasli su godišnje u proseku za oko 15%, i u 1977. godini iznosili su blizu 5 milijardi dolara, a ukupni američki prihodi od prodatih tehnologija uvećani su samo od 1972-1977. godine za 81%[542].

To je snažan motiv za sve veća ulaganja u nauku, fundamentalna, primenjena i razvojna istraživanja. Samo u 1963. godini SAD su u naučna istraživanja uložile preko 18 milijardi dolara, a to je više nego što je za nauku potrošeno za čitavih vek i po, od 1800-1950. godine[543]. Najviše ulažu država i transnacionalne korporacije, koje najviše i zarađuju od prodaje znanja, radi čega stalno jačaju svoje naučno-tehničke potencijale, šireći sopstvene naučno-istraživačke aktivnosti i saradnju sa naučno-istraživačkim organizacijama u svetu[544]. Država finansira i do dve trećine naučnih istraživanja, „...*preuzimajući gotovo sve rashode za fundamentalna teorijska istraživanja"*[545].

Da bi se znanje prodavalo kao roba, moraju postojati kupci kojima je potrebno a sami nisu u mogućnosti da ga proizvode, što znači da su postojeći prodavci u monopolskom položaju i da prema potencijalnim kupcima mogu ucenjivački nastupati. Naučno-tehnološki kadar je uglavnom skoncentisan u najrazvijenijim zemljama, čime je predodređen i njihov monopol na stvaranje novih tehnologija. Sredinom 1970-ih godina od tri i po miliona registrovanih patenata u svetu, u nerazvijenim zemljama je registrovano samo 200 hiljada, a i od toga 84% pripadalo je stranim državljanima iz transnacionalnih korporacija[546]. I u samim SAD većina društvenih inovacija zbiva se u pet država

---

[540] *Promjene u suvremenom razvijenom kapitalizmu* (A. Melejkovski i dr.), isto, knj. 2, str. 361/2.
[541] David Harvey, cit. rad.
[542] dr Taki Fiti, cit. rad. str. 273.
[543] Vladislav Milenković, *Rad i kapital na Zapadu*, isto, str. 28.
[544] Milan Vojnović, cit. rad, str. 247.
[545] *Promjene u suvremenom razvijenom kapitalizmu* (A. Melejkovski i dr.), knj. 2, str. 368.
[546] dr Taki Fiti, cit. rad, str. 284.

146

(Kaliforniji, Floridi, Vašingtonu, Koloradu i Konektikutu), dok su „...*preostale države zapravo samo sledbenice*"[547].

Najrazvijeniji se svesrdno trude da održe i sačuvaju tehnološki monopol, koji im obezbeđuje zadržavanje kolonizatorskih pozicija. „*Postojeći međunarodni patentni sistem igra značajnu ulogu u stvaranju i održavanju monopola na savremenu tehniku i tehnologiju, i ograničavanju širenja naučno-tehnoloških znanja u zemlje u razvoju...*", a „...*kadrovska politika transnacionalnih korporacija, protekcionistička, restriktivna i diskriminatorska, ne dozvoljava profesionalno i stručno uzdizanje kadrova zemalja u razvoju*"[548]. Tehnološki monopolisti su izdejstvovali da se po „...*odredbama o intelektualnoj svojini sporazuma i NAFTA i GATT, znanje smatra robom i isključivim vlasništvom kompanije koja drži patent ili poseduje prava na njegovo korišćenje...*"[549], a „...*prava na intelektualnu svojinu priznavala bi se jedino ukoliko bi donosila profit*"[550].

Svojom protekcionističkom i diskriminitarskom politikom, kolonijalne sile utiču da se održavaju i povećavaju kolonijalne disproporcije u naučno-istraživačkim potencijalima. Prema podacima UNESCO-a udeo zemalja OECD-a i SEV-a u ukupnim svetskim ulaganjima za naučno-istraživačke delatnosti iznosio je krajem devete decenije XX veka 97,4%, a nerazvijenih zemalja, u kojima je živelo 70% svetskog stanovništva, samo 2,6%. Dok su razvijene zemlje za naučna istraživanja izdvajale u proseku između 2 i 3% svog društvenog proizvoda, izdvajanja nerazvijenih zemalja iznosila su svega 0,3%. U razvijenim zemljama bilo je skoncentrisano 89,4% kadrova neposredno zaposlenih u naučnim istraživanjima, a u nerazvijenim samo 7,9%[551]. Na 10.000 žitelja, u razvijenim zemljama bilo je 112 naučnika i inženjera i 142 tehničara, a u Africi samo 7 naučnika i inženjera i 8 tehničara[552].

Među kolonijalnim silama, SAD se i u tehnološkoj kolonizaciji izdižu u monopoliste nad monopolistima i kolonizatore nad kolonizatorima. „*Istina je da posvuda u kapitalističkom svijetu američka tehnologija postaje novi izvor monopolističke vlasti i nova osnovica ekonomskog kolonijalizma i političkog neokolonijalizma*"[553]. Da bi i svoje kolonizatorske konkurente kolonizirale, SAD

---

[547] John Naisbitt, cit. rad, str. 14.

[548] dr Taki Fiti, cit. rad, str. 285. i 277.

[549] *Globalizacija* (Mod Barlou i Heder-Džejn Robertson), isto, str. 89.

[550] Isto (Karen Lejman i Al Krebs), str. 155.

[551] dr Danica Drakulić i dr., cit. rad, str. 171.

[552] dr Taki Fiti, cit. rad, str. 223.

[553] *Promjene u suvremenom razvijenom kapitalizmu* (Andre Gunder Frank), isto, str. 170.

su vršile pojačani pritisak na saveznike da se *„…više okrenu tehnološkoj saradnji sa američkim firmama a da potisnu u drugi plan razne inicijative o posebnoj saradnji među zapadnoevropskim industrijama"*[554].

U nameri da povećaju svoju tehnološku nadmoć, ne samo nad nerazvijenim već i nad razvijenim zemljama, SAD su stalno povećavale ulaganja u istraživačku delatnost. *„Godine 1962. u SAD je za istraživanja izdato 93,7 dolara po glavi stanovnika, prema 33,5 u Velikoj Britaniji i samo 20 dolara u Evropi „Šestorice". U 1965. godini izdaci za istraživanja i razvoj porasli su u SAD na 13,4 milijarde dolara prema samo 5,8 milijardi u celoj Zapadnoj Evropi"*. Od ukupnog bruto nacionalnog proizvoda, izdaci za istraživanja iznosili su u SAD 3,3%, a u Zapadnoj Evropi prosečno 1,5%[555]. Početkom 1980-ih godina, SAD su godišnje trošile milijarde dolara samo na analiziranje novina iz raznih delova sveta[556].

Sa povećavanjem ulaganja povećavani su i prihodi od izvoza tehnologija naročito u nerazvijene zemlje čime je stalno pojačavana njihova eksplatacija. Novčani prihodi od izvoza tehnologije američkih korporacija u nerazvijene zemlje *„…imali su brži tempo rasta u odnosu na prihode od ostalih vidova spojnotrgovinske delatnosti ovih korporacija. Tako su, u periodu 1960-1979. godine, direktni prihodi od prodaje naučno-tehnoloških znanja zemljama u razvoju porasli 6,6 puta (sa 161 miliona dolara na 1.076 miliona), a prihodi američkih korporacija od njihovih direktnih investicija na „periferiji" 3,8 puta. Američki prihodi od transfera tehnologije u zemlje u razvoju iznosili su 1960. godine 6,9% od prihoda direktnih investicija na periferiji, a 1980. godine ovaj procenat je već iznosio 10,6 odsto"*[557].

Da bi se radi što veće eksploatacije, držale u inferiornom položaju, kolonijama se ne prodaju nove i zdrave, već zastarele i prljave tehnologije. Transnacionalne korporacije im *„…prenose manje značajne faze dok procesi od strateškog značaja ostaju u njihovim rukama…"*[558], jer je *„…jedan od omiljenih metoda transnacionalnih korporacija u eksploataciji i kontroli nad svetskom privredom izvoz „šrafcigerske" tehnologije kojom se jedna zemlja u razvoju uključuje u svetsko tržište na način koji odgovara Centru"*[559].

---

[554] Milan Vojnović, cit. rad, str. 237.

[555] *Promjene u suvremenom razvijenom kapitalizmu* (Ernest Mandel), isto, knj. 3, str. 448.

[556] John Naisbitt, cit. rad, str. 11.

[557] Milan Vojnović, cit. rad, str. 75/6.

[558] dr Danica Drakulić i dr., cit. rad, str. 89.

[559] dr Radoslav Stojanović, *Sila i moć u međunarodnim odnosima*, Radnička štampa, Beograd, 1982., str. 195.

Putem nazovi tehnološke pomoći, kolonijalne sile više odmažu nego što pomažu dekolonizaciju. *„Samo između ⅕ i ¼ zvanične pomoći razvoju otpada na finansiranje transfera tehnologije i stručnjaka u pravcu zemalja u razvoju"*[560]. Prema *„...tvrdnjama opozicije u raznim afričkim zemljama tehnička pomoć nije upravljena ka stvaranim potrebama zajednice..."*, a *„...rezultat toga je odlaganje razvoja kvalifikovanih Afrikanaca"*[561]. Transnacionalne korporacije u svojim filijalama po kolonijama zapošljavaju prvenstveno svoje stručnjake, a domorodcima poveravaju manje značajne poslove. Iz kolonija se u metropole odvode talenti i potencijalni stručnjaci, a nameću im se obrazovni profili koji će ih držati na tehnološkim marginama.

Svoju tehnološku moć i tehnološki monopol, kolonijalne sile u svakom pogledu održavaju eksploatacijom kolonija koje pothranjuju tehnološkim mrvicama i otpacima da bi ih mogle i dalje eksploatisati. Osnovni izvori su materijalno i kadrovsko iscrpljivanje kojim se hrane i prehranjuju nezasite aždaje, da bi svoje kolonijalne žrtve sve više žderale i proždirale.

Ulaganja u naučno-tehnološki razvoj uvećavaju se iz debelih ekstra-profita koje kolonijalne sile zgrću eksploatacijom kolonija. Obilje materijalnih sredstava raspoloživih za tehnološka ulaganja na jednoj strani, potiče iz njihove oskudice na drugoj strani. Tehnološko napredovanje jednih ostvaruje se na račun zaostajanja drugih.

Materijalno obezbeđenje naučno-tehnološkog razvoja ne bi, međutim, vredelo bez odgovarajućeg kadrovskog obezbeđenja. Ne samo što su, zahvaljujući i kolonijalnoj eksploataciji, uslovi obrazovanja naučno-istraživačkog kadra izvanredni, nego i uslovi života i istraživanja u metropolama, kao magnet privlače najsposobnije kadrove iz celog sveta, stvarajući u kolonijama kadrovsku pustoš. Mogućnost visoke zarade i bolji materijalno-tehnički uslovi za naučni rad u metropolama, što u kolonijama zapravo nedostaje, najsnažnije privlače migrante iz nerazvijenih zemalja[562].

To su osnovni razlozi što se gotovo celokupan naučno-istraživački kadar Planete dobrovoljno sliva u metropole, odakle svojim tehnološkim inovacijama podupire eksploataciju sopstvenih zemalja. Samo u jednoj deceniji

---

[560] dr Danica Drakulić i dr., cit. rad, str. 90.

[561] mr Melkamwork Alemu, cit. rad, str. 309.

[562] Vladimir Grečić, Đuro Kutlača, Vlastimir Matejić, Obrad Mikić, *Migracije visokostručnih kadrova i naučnika iz SR Jugoslavije*, Savezno ministarstvo za razvoj, nauku i životnu sredinu, Institut „Mihailo Pupin", Institut za međunarodnu politiku i privredu, Beograd, 1966., str. 40/1, 94/5.

(1970-ih godina) oko 420 hiljada visoko obrazovanih stručnjaka iz nerazvijenih zemalja prešlo je u SAD, Kanadu i Veliku Britaniju[563]; Afriku godišnje napusti preko 23 hiljade visokostručnih i naučnih kadrova, a od 1986-1999. god. iselilo se oko 60 hiljada. Tokom kolonijalne tranzicije, kolonijalne sile su kadrovski opustošile zemlje bivšeg SSSR-a i Istočne Evrope. Procenjuje se da je samo u toku 1990-1991. godine iz bivšeg SSSR-a emigriralo u inostranstvo 70-75 hiljada istraživača; a iz SR Jugoslavije je od 1990-1994. otišlo 918 istraživača[564]. Na ovo područje se halapljivo „pikira" pošto se procenjuje da u „...Istočnom bloku postoji puno nedovoljno iskorišćenih mozgova..." što „...nude „intelektualne rezerve" koje nisu samo krajnje jeftine već takođe visoko kvalitetne"[565].

Najviše se emigrira tamo gde su uslovi za život i rad najpovoljniji. Samo od 1945-1966. godine u SAD je imigriralo 11.112 inženjera i 4.081 naučnika, i te brojke su narednih decenija rapidno uvećavane[566]; od 1990-1993. godine u SAD se samo iz Istočne Evrope uselilo 12.434 visoka stručnjaka[567]. Krajem XX stoleća američkih 10% inženjera, 24% lekara, 23% članova Nacionalne akademije nauka i 33 dobitnika Nobelove nagrade bili su imigranti[568]. Približno pola miliona stranih studenata studira u SAD „...od kojih se oni najsposobniji (oko jedne trećine) nikada neće vratiti svojoj kući"[569].

Kolonije vapiju za preskupim mrtvim kapitalom preko kojeg ih metropole „do gole kože gule", a tim istim metropolama velikodušno poklanjaju najdragoceniji živi kapital u koji ulažu milijarde, da bi im bez zahvalnosti bilo uzvraćeno višestrukom pljačkom, i to uz pomoć tog istog živog kapitala. Prema raznim procenama, školovanje jednog stručnjaka košta 100-300 hiljada dolara, čemu u slučaju emigranata treba dodati i troškove školovanja odlazećeg supružnika od najmanje 50 hiljada dolara[570]. Školovanje stručnjaka koji su u periodu između 1961. i 1982. godine emigrirali u SAD, Kanadu i

[563] dr Dušan Nikoliš, cit. rad, str. 60.
[564] Sankcije - uzroci, legitimitet, legalitet i posledice, Naučni skup SANU (Vladimir Grečić), Beograd, 1994., str. 136-140.
[565] Izjava visokog naučnika jedne značajne korporacije, navod Noama Čomskog, Kontrolisana demokratija, isto, str. 93.
[566] dr Ljubiša Adamović, cit. rad, str. 116/7.
[567] Vladimir Grečić i dr., cit. rad, str. 8.
[568] Prof. dr Vujo Vukmirica, cit. rad, str. 194.
[569] Zbignjev Bžežinski, cit. rad, str. 29.
[570] Vladimir Grečić i dr., cit. rad, str. 42. i 48.

Englesku, koštalo je nerazvijene zemlje oko 50 milijardi dolara[571]. Odlaskom 116 istraživača u inostranstvo u periodu 1990-1994. godine, Institut „Mihailo Pupin" je izgubio čistih 9,57 miliona nemačkih maraka[572].

Ali to su samo direktni troškovi, dok je indirektna šteta praktično neprocenjiva. Samo neke od ekonomskih implikacija su: opadanje kvaliteta funkcionisanja pojedinih infrastrukturnih sistema; sniživanje nivoa univerzitetskog obrazovanja; smanjenje sopstvenog učešća u razvijanju novih tehnologija i, sledstveno, povećanje zavisnosti od uvoza; smanjenje samostalnosti u transferu, usvajanju i usavršavanju stranih tehnologija; otežanje pregovaračke pozicije i oslabljene kadrovske predispozicije za partnerstvo u ekonomskim odnosima s inostranstvom; smanjeno poverenje inostranih partnera za obnavljanje kontinuiteta sopstvenog učešća u međunarodnim razvojnim projektima; usporavanje napretka ka postizanju višeg kvaliteta robe, usluga i životne sredine prema međunarodnim standardima; otežano stvaranje ekonomsko-razvojnih preduslova za zadržavanje odbrambenih sposobnosti zemlje na neophodnom nivou, itd.[573]

Što su gubici na jednoj, to su dobici na drugoj strani. Migracija naučnog i stručnog kadra kolonizatorima višestruko koristi. Pre svega, oni kadar koji im dobrovoljno sam pristiže, ne plaćaju ništa prisvajajući indirektno celokupnu vrednost koju su u njegovo školovanje drugi uložili, a to su basnoslovne milijarde dolara. Prema studiji UNCTAD-a, vrednost oko 50 milijardi dolara, koliko su procenjeni „mozgovi" samo 420 hiljada visokoobrazovanih stručnjaka, prelivena je migracijom iz nerazvijenih zemalja u SAD, Kanadu i Englesku, što je oko 9 puta više od finansijske pomoći ovih visokorazvijenih zemalja siromašnim zemljama[574]. Iz SR Jugoslavije je u razvijene zemlje samo u toku nekoliko prvih godina krize migracijama preliveno oko 3 milijarde dolara, koliko je procenjena vrednost preseljenih stručnjaka[575].

Od migracija najviše profitiraju SAD, gde se najviše i imigrira. Procenjuje se da su one uštedele 4 milijarde dolara na kontu obrazovanja samo 100 hiljada gotovih stručnjaka koji su u godinama posle 1949. doselili u SAD[576]. Bžežinski i ne krije da je američka kultura čvrsto povezana sa privrednim

---

[571] dr Taki Fiti, cit. rad, str. 276.

[572] Vladimir Grečić i dr., cit. rad, str. 64/5.

[573] Isto, str. 44/5.

[574] dr Dušan Nikoliš, cit. rad, str. 60.

[575] *Lavirinti krize* (Jovan Teokarević), isto, str. 339.

[576] *Promjene u suvremenom razvijenom kapitalizmu* (Ernest Mandel), isto, knj. 3, str. 447.

rastom, „...*privlačenjem i brzom asimilacijom većine talentovanih pojedinaca iz drugih zemalja, davala na taj način novu snagu nacionalnoj sili*"[577].

I ne samo što kolonizatori migracijom dobijaju poklonjene, nego dobijaju i jeftine stručnjake koji se zadovoljavaju skromnijim platama od domaćih stručnjaka, obarajući konkurencijom i njihove plate. „*Strani stručnjaci rade za znatno niže plate od onih koje Amerikanci zarađuju, čime na tržištu rada ove zemlje obaraju plate visokih stručnjaka. Na primer američki programeri i inženjeri zarađivali su godišnje 60.000 do 90.000 dolara, dok Indusi istog stručnog profila prihvataju da rade takve poslove za 33.000 do 45.000 dolara godišnje*"[578].

Dok uvozom stranih stručnjaka jačaju kadrovsku konkurenciju na domaćem tržištu, metropole se kadrovskim pustošenjem kolonija obezbeđuju od njihove konkurencije na međunarodnom tržištu. Sa kadrovskim zaostajanjem, niskoproduktivne kolonije i u produktivnosti sve više zaostaju za visokoproduktivnim metropolama, bez šansi da im na „slobodnom" tržištu bilo čime konkurišu. To razvijenim metropolama i njihovim transnacionalnim korporacijama omogućava da nižim cenama svojih proizvoda i usluga parališu proizvodnju nerazvijenih kolonija i preko njihovih sopstvenih tržišta. Zbog ubitačne konkurencije uvozne robe, niskoproduktivni proizvođači kolonija ne mogu visoke troškove proizvodnje pokriti niskim cenama svojih proizvoda ni na domaćem a kamoli na inostranom tržištu, usled čega neizbežno propadaju, oslobađajući prostor produktivnijim proizvođačima metropola.

„Dobronamerni" kolonizatori im „pomažu" da se „izvuku" uslovaljavajućom i ucenjivačkom prodajom zastarelih i prljavih tehnologija, nastojeći da ih „gvozdenim lancima" vežu za sebe i da iz njihove muke „iscede i poslednju kap znoja". Ograničavajućim uslovima prodaje, vlasnici uvoznih licenci potpuno „vežu ruke" korisniku tako da praktično radi za njih. Licencni ugovori sadrže, pored ostalog, i sledeće klauzule: da se kupljena licenca može koristiti samo u određenoj grani i određenoj vrsti proizvodnje; da kupac samo od prodavca licence kupuje opremu, sirovine i repromaterijal, i to po visokim cenama koje prodavac sam odredi; da proizvodnjom i marketingom, po izboru prodavca rukovode strani stručnjaci; da strukturu, obim i cene finalnih proizvoda određuje prodavac licence; da se proizvedena roba može prodavati samo u određenim zemljama; da kupac licence ne može radi unapređenja proizvodnje koristiti alternativne, konkurentske tehnologije[579].

---

[577] Cit. rad, str. 10.
[578] Vladimir Grečić i dr., cit. rad, str. 20.
[579] dr Taki Fiti, cit. rad, str. 269. i 314; V. Milenković, *Američki kapital u svetu*, isto, str. 26.

Od toga ne treba tražiti bolju potvrdu da se kolonije „uz pomoć" kolonijalnih sila ne mogu i neće razviti i dekolonizovati, što „za rukom polazi" samo zemljama koje se takve pomoći odriču. *„Više je nego naivno verovati da se tehnološkom hegemonizmu može uspešno odupirati bilo čime drugim osim sopstvenim naučnim, tehnološkim i kulturnim razvojem"*[580]. Polazeći od toga, meksički zakon iz 1972. godine ne dozvoljava registrovanje uvoznih ugovora ako tehnologija može da se nabavi u zemlji, ako strani partner ograničava ili onemogućava domaću naučno-istraživačku aktivnost, zabranjuje izvoz proizvoda i usluga ili korišćenje dopunskih tehnologija, i ako sporove po ugovoru rešava strani sud. Ni argentinski zakon ne dozvoljava uvoz zastarelih i opštepoznatih tehnologija, kao ni onih koje se mogu nabaviti na domaćem tržištu[581].

Da bi se razvile i dekolonizovale, nerazvijene kolonije bi se umesto na uvoz zastarelih, morale orijentisati na izvoz novih tehnologija. Zemlje koje su se na to orijentisale, kao što su Indija, Brazil, Republika Koreja, Turska i druge, postižu nesumnjive razvojne rezultate. Tehnološko napredovanje je odlučujući uslov svekolikog napredovanja u ekonomskom i društvenom razvoju jer je novatorstvo udarna snaga svih reprodukcionih prodora u novo i neponovljivo. Uzorni primer je Japan, koji je od relativno zaostale i prirodo siromašne zemlje sa svega 0,3% svetskog zemljišta i 2,5% svetskog stanovništva meteorskom brzinom postao vodeća tehnološka sila sa oko 65-70% svetskih industrijskih robota[582].

Prvi uslov napredovanja i dekolonizacije zaostalih kolonija nije privlačenje stranog kapitala, nego sprečavanje odvlačenja domaće pameti. A i više od toga, sve kolonije, pa i „...*zemlje u tranziciji, kao i „izvoznice sive materije" moraju učiniti sve što je potrebno ne samo da uspore i smanje odliv stručnjaka, nego da i omoguće povratak (brain gain) barem nekih svojih kadrova iz inostranstva"*[583]. Da je to moguće, pokazala je američka kolonija Južna Koreja, koja je uspela da od 1968. do 1995. godine iz SAD povrati 2.100 vrhunskih stručnjaka i naučnika[584].

Da bi zadržale i povratile svoje kadrove, nerazvijene zemlje bi morale obezbediti osnovne uslove života i rada kakve bi imali ili već imaju u

---

[580] dr Slobodan Pokrajac, *Tranzicija i tehnologija*, Goru, Beograd, 2000., TOPY, str. 59.

[581] dr Taki Fiti, cit. rad, str. 314/5.

[582] Pol Kenedi, *Priprema za 21. vek*, isto, str. 107.

[583] dr Slobodan Pokrajac, *Tranzicija i tehnologija*, isto, str. 136.

[584] Vladimir Grečić i dr., cit. rad, str. 12.

razvijenim zemljama, jer su i prema mišljenju zainteresovanih ispitanika, stimulativnije plate, rešavanje stambenih problema i veća izdvajanja za naučno-istraživački rad najvažnije mere za zaustavljanje odlaska visokokvalifikovanih stručnjaka i naučnika[585]. A glavni preduslov za to je strateško opredeljenje za samostalan dugoročni razvoj zemlje, sa prioritetnim ulaganjima u nauku i tehnologiju, kao ključnom determinantom ekonomskog i društvenog razvoja. Tehnološki zaostale zemlje bi u razvoj tehnologije morale srazmerno ulagati bar toliko (ako ne i više) koliko ulažu vodeće tehnološke sile, da bi se sa njima mogle ravnopravno nositi na slobodnom tržištu.

Realnu mogućnost za prevazilaženje tehnološkog jaza predstavljaju zajednička ulaganja u istraživačke kapacitete i projekte samih nerazvijenih zemalja, ali i ravnopravna saradnja sa razvijenim zemljama, na koju će ih sve više goniti i potrebe njihovog sopstvenog razvoja. Time će se društveni uslovi života i rada naučno-istraživačkog kadra sve više ujednačavati, što će njegove migracije činiti izlišnim, jer se već pri sadašnjem nivou komunikacija istraživačka saradnja može odvijati i bez fizičkog komuniciranja.

Pridavanje odgovarajućeg društvenog značaja naučno-tehnološkom razvoju i adekvatno društveno vrednovanje istraživačkog rada omogućili bi stimulativnu raspodelu prema radnom dorinosu, koja bi naučno-istraživački kadar izbacila u sam vrh radnog dohodovanja, kao ekonomske osnove najvišeg životnog standarda. Ako bi se školska sprema, radno mesto i zvanje, kao osnove platnog sistema, zamenili objektivnim vrednovanjem rezultata rada, ukinuli bi se destimulativni limiti i shodno neograničenom radnom doprinosu, otvorila mogućnost neograničenih zarada kao snažne ekonomske motivacije.

Tome bi odgovarala i veća sloboda stvaranja, koja podrazumeva fleksibilniju organizaciju naučno-istraživačkog rada, bez fizičkog vezivanja za radno mesto, birokratskog nadzora i kontrolisane radne discipline, kojima se ograničava samostalnost i sputava slobodna inicijativa istraživača. Organizacija naučno-istraživačkog rada bi se po svojoj prirodi morala zasnivati na demokratskom samoorganizovanju u kojem bi do punog izražaja dolazila lična inicijativa, individualna mobilnost, samopregornost i moralna odgovornost istraživača, što za pravog istraživača nije beznačajnije od dobre zarade i materijalno-tehničkih uslova rada.

Nerazvijene zemlje bi odlazak svojih kadrova morale sprečavati i direktnim (ekonomskim, moralno-vaspitnim, idejno-političkim, pa i određenim

---

[585] Isto, str. 40/1. i 95.

administrativnim) merama, a ukoliko ipak odlaze, šteta bi (kako stvarna tako i potencijalna) morala biti nadoknađena. Emigranti i njihovi inostrani poslodavci morali bi oštećenoj državnoj zajednici nadoknaditi ne samo efektivne troškove školovanja već i određeni deo očekivanog društvenog prinosa od ulaganja u obrazovanje. *„Ono što treba tražiti, to je deo izgubljenog društvenog prinosa od odlazećeg ljudskog kapitala…"*, i *„…politika prema odlivu VSKN ne treba da bude zasnovana na troškovima već na investicionim principima i idejama"*[586]. Društveno ulaganje u školovanje stručnog i naučnog kadra trebalo bi uslovljavati ugovornim obavezama da se ono odradi.

Kolonijalni liberalisti pravdaju migraciona divljanja ljudskim slobodama, pa i slobodom naučnog stvaranja, koju sami nemilosrdno redukuju svođenjem na slobodu profitiranja. Po profiterskoj etici, dozvoljeno je sve što donosi profit, i nedopustivo sve što profiterstvo sputava. Sudbina nauke i naučnika podređuje se i određuje interesima profitera i potrebama gomilanja profita. Iz toga rezultiraju sve protivrečnosti, sve pogodnosti i sve nepogodnosti savremene nauke i naučno-istraživačke delatnosti.

Nema sumnje da trka i utrkivanje za profitom podstiču velika ulaganja u naučno-tehnološki razvoj, ali samo u strateški profitabilna istraživanja, čime se razvoj nauke i tehnologije jednostrano usmerava uz zapostavljanje ostalih pa i najvitalnijih sfera društvene reprodukcije. Istraživaču se pruža velika sloboda istraživanja, ali isključivo u okviru zadate teme, a često i u granicama poželjnih rezultata istraživanja u službi određene politike, na koju on obično i po tradiciji nema nikakvog uticaja. U svakom slučaju, politika još dominira nad naukom kao svojom vernom i pokornom sluškinjom sa izuzetno retkim i rizičnim disidencijama.

U eksploatatorskom društvu drugačije i ne može biti jer je celokupna društvena reprodukcija u funkciji klasne i kolonijalne eksploatacije. Time su predodređeni i tome podređeni sami ciljevi naučnih istraživanja, kojima je omeđena i sloboda naučnog stvaranja. Od nauke se traži (i omogućava) da istražuje mogućnosti eksploatacije svega i svačega što direktno ili indirektno, doprinosi uvećavanju profita, pa je u profiterskom društvu i sama pretvorena u profitersku delatnost sa svim upotrebama i zloupotrebama naučnih tekovina.

Potpomaganjem kolonijalne eksploatacije, nauka i tehnologija donose i dobro i zlo savremenom svetu: napredovanje i bogaćenje na jednoj, a

---

[586] Isto, str.53.

nazadovanje i siromašenje na drugoj strani; stvaralačke slobode jednima, ropsko teglenje drugima; carevanje na jednom, podaništvo na drugom polu klasne i kolonijalne stratifikacije. Nauka je, po generičkoj prirodi, pozvana da služi unapređivanju ljudskog života a zadatom profiterskom ulogom sve više se usmerava na njegovo unazađivanje i uništavanje. Sama po sebi je umna i stvaralačka delatnost a ljudskim bezumljem stavlja se u funkciju razaranja. Moć atomske energije za potencijalnu dobrobit celog čovečanstva najpre je proveravana nečovečnim razaranjima Hirošime i Nagasakija, kojima je moralno i fizički ubijano samo čovečanstvo. Mnoga naučna otkrića i tehnološki izumi namenjivani su prvenstveno ratnim razaranjima i ljudskim žrtvama.

U vreme svog najvećeg uspona, nauka je u službi savremene kolonizacije, doživela najveću militarizaciju. Sredinom druge polovine XX veka, kada su ulaganja u nauku povećavana geometrijskom progresijom dve petine naučnih istraživanja u svetu služilo je vojnim ciljevima[587]. *„Nauka je pretvorena u jedan od rodova militarne sile…"*[588], i u težnji za kolonijalnim porobljavanjem, više okretana prema smrti i zastrašivanju nego prema životu i ohrabrivanju sveta. Prema podacima Svetske zdravstvene organizacije iz 1991. godne, svet je u to vreme *„…iz javnih fondova trošio šest puta više novca za vojna istraživanja nego na ona iz oblasti medicine"*[589]. Glavna preokupacija kolonijalne politike bila je da se u službi kolonijalne eksploatacije, nauka militarizuje, a militarna sila scijentizuje i modernizuje.

Glavni nosilac takve preokupacije bila je najveća kolonizatorsaka i najmoćnija militarna sila sveta. *„Glavni naglasak naučno-tehnoloških napora SAD u 1980-im godinama bio je na vojnim istraživanjima. Ulaganja u istraživanja sa vojnim ciljevima više su nego udvostručena između 1980. i 1985. godine"*[590]. U *„…1988. godini preko 65% federalnog novca SAD za istraživanja i razvoj bilo je raspoređeno na odbranu, nasuprot 0,5% za zaštitu prirodne sredine i 0,2% za industrijski razvoj"*[591].

Ali u službi profita, kolonizacije i kolonijalne eksploatacije, nije samo militarističko nego i pacifističko usmeravanje nauke i naučnih istraživanja. Da bi se povećala produktivnost i uvećao profit, u proizvodnju se uvode i

---

[587] dr Dušan Nikoliš, cit. rad, str. 63.

[588] *Specijalni rat* (Dušan Vilić), isto, str. 47.

[589] Eduardo Galeano, cit. rad, str. 59.

[590] Milan Vojnović, cit. rad, str. 239.

[591] Pol Kenedi, *Priprema za 21. vek*, isto, str. 325.

tehnologije, veštačke sirovine, energija i repromaterijali koji zagađuju životnu sredinu, truju biljnu, životinjsku i ljudsku hranu, ugrožavaju i uništavaju ljudski život i zdravlje. Kolonije su time i zdravstveno i ekonomski na glavnom udaru. U njih se iz metropola premeštaju „prljave" zagađivačke industrije, a preplavljene su i zatrovanom veštačkom hranom, kojom se narušava zdravlje njihovog stanovništva i uništava proizvodnja zdrave prirodne hrane. Zbog gušenja domaće proizvodnje ubitačnom konkurencijom jeftinih veštačkih proizvoda, milioni ljudi ostaju bez posla, preživljavaju životne traume i umiru od gladi. Profitonosnim tehnologijama ubrzava se iscrpljivanje vitalnih prirodnih resursa, bez kojih nema života na Zemlji. Zabrinjavajući su primeri da se: primenom uvezenih ribolovnih tehnologija love prekomerne količine ribe i satiru prirodna mrestilišta; toksičnim otpadnim vodama pored rečnih ribolovišta uništava čitav biljni i životinjski svet u rekama; da od kiselih kiša stradaju šume; od otrovnih gasova i prekomernih radijacija ginu mnogobrojne ptice i insekti, i izumiru cele vrste biljnog i životinjskog sveta.

Biogenetika i biotehnologija se pod opsesijom profiterskog koristoljublja više koriste za satiranje nego za oplemenjivanje zemaljskog života. Biotehnologija se razvija tako da „...omogućava komercijalizaciju našeg genetskog potencijala, same srži života..."[592], pa „...sakupljanje i prodaja delova ljudskog tela postaje velika svetska industrija...", usled čega smo „...suočeni sa privatizacijom našeg genetskog nasleđa - a ograničavanjem našeg genetskog zajedničkog vlasništva od strane korporacija"[593].

Na glavnom udaru su opet kolonije, kao glavni objekat privatizacije, od ljudskog organizma, preko biljne i životinjske biomase do žrtvovanja masovnoj proizvodnji genetski modifikovanih proizvoda. „Velike farmaceutske i biotehnološke korporacije počele su da svoju zaradu zasnivaju na krvi naroda Trećeg sveta...", i „...do kraja 1980-ih SAD su postale vodeći svetski trgovac proizvoda od krvne plazme...", sa prećutnim odobrenjem svog Kongresa, koji „...nije preduzeo nikakve postupke protiv genetskog inženjeringa i patentiranja živih organizama"[594]. Pohlepni „...biokolonizatori sada tragaju za novim biološkim sirovinama koje se putem genetskog inženjeringa mogu pretvoriti u profitabilne proizvode...", a „...države i multinacionalne kompanije agresivno krče šume i obale u potrazi za novim genetskim zlatom"[595].

---

[592] Globalizacija (Džeri Mander), CLIO, isto, str. 15.
[593] Isto (Endru Kimbrel), str. 159. i 164.
[594] Isto, str. 169, 170. i 175.
[595] Isto, str. 158-175.

Kolonizirani narodi postaju i najveća žrtva genetski modifikovane produkcije koja sve više potiskuje i sahranjuje njihovu prirodnu proizvodnju. *„Fruktoza dobijena putem biotehnologije osvojila je preko 10% tržišta šećera i izazvala pad cena šećera, ostavivši tako bez posla desetine hiljada radnika u šećernoj industriji Trećeg sveta, a 70.000 zemljoradnika na Madagaskaru koji uzgajaju vanilu, bili su upropašćeni kada je jedno teksaško preduzeće proizvelo vanilu u biotehnološkim laboratorijama"*[596]. Ako se tako nastavi, *„...zamena kulturama dobijenim iz tkiva, mogla bi značiti propadanje nacionalnih privreda, do sada neviđenu nezaposlenost i neizmirenje međunarodnih zajmova, što bi opet moglo da dovede do destabilizacije komercijalnog bankarstva u industrijalizovanim zemljama"*[597].

U jaram savremene kolonizacije nisu upregnute samo prirodne i tehničke nego (u još većoj meri) i društvene nauke, koje su pretežno pretvorene u političku apologetiku s osnovnim ciljem da pozitivistički veličaju, opravdavaju i podržavaju klasnu i kolonijalnu eksploataciju. Ukoliko se bave egzaktnim istraživanjima, one su usmerene na pronalaženje sigurnih oslonaca za podupiranje, instruiranje i ostvarivanje klasne i kolonijalne politike.

Shodno tome, društvene nauke se stavljaju u suštinski protivrečnu ali politički celishodnu funkciju: da otkrivaju pravu istinu radi kreiranja profitabilno efikasne politike, i da je izvrću radi ubeđivanja javnosti u ispravnost i društvenu opravdanost te iste politike. U vršenju te funkcije, težište društvenih istraživanja stavlja se na prikupljanje validnih informacija o stvarnom stanju stvari, na kojima se uz tendencioznu političku interpretaciju zasniva probitačna dnevna politika. Stoga je uobičajeno da se dirigentskom palicom moćnih političkih centara takva istraživanja povezuju i prepliću s obaveštajnim radom odgovarajućih državnih službi.

Pod dominacijom klasne i kolonijalne politike, društvene nauke se još neposrednije nego prirodne i tehničke, stavljaju više u službu porobljavanja nego oslobađanja čoveka i čovečanstva. Ekonomsko-politički i psihološki rat radi kolonijalnih osvajanja, podstakao je razvoj upravo onih naučnih disciplina koje tim osvajanjima mogu najviše poslužiti. U službi psihološkog rata, pihologija je u SAD tokom XX veka doživela meteorski uzlet.

Za profitersko prostituisanje nauke nisu odgovorni samo profiteri već i naučnici. Neizmerna je moralna odgovornost naučnika kad ljudsku savest prodaje za dolare ili zadovoljenje istraživačke strasti, a mnogi antičovečanski projekti, zasnovani na zloupotrebi nauke, rađeni su uz pristanak ili neposrednu

[596] Isto (Martin Kor), str. 68.
[597] Isto (Džeremi Rifkin), str. 131.

saradnju naučnika. Oni mogu sticati slavu i bogatstvo ali žrtve njihovih postupaka oprostiti im ne mogu ma koliko bili zaslužni za napredak nauke.

Podržavajući kolonizatorske projekte i vrbujući naučni kadar kolonija da radi za njih, kolonizatori sve čine da spreče samostalni razvoj nauke i stvarnu slobodu naučnog stvaralaštva. Društvene nauke su u kolonijama još nerazvijenije nego prirodne i tehničke, naučni kadar još više indoktriniran nego u metropolama, a kolonizatori se trude da tako i ostane ili da bude još gore.

Zapadnjački kolonizatori su istrajno sprovodili svoju indoktrinaciju naučnih kadrova istočnoevropskih zemalja, pripremajući ih za dobrovoljno prevođenje na kolosek sopstvene kolonizacije. I *„...najveći broj jugoslovenskih naučnih radnika bio je pod velikim uticajem licencne nauke..."*, odnosno *„...pod dominacijom zapadne literature..."*, jer je *„...preko 90% literature u proizvodnji jugoslovenskog znanja proizlazilo isključivo iz zapadne literature koja je često prihvatana na nekritički način. Uvožena je isključivo funkcionalistička literatura što je bio direktan uticaj na proizvodnju svesti suprotne socijalističkom opredeljenju"*[598]. Američki stipendisti su neizostavno izlagani političkoj indoktrinaciji i često vrbovani da rade za američke obaveštajne službe ili su radili a da za to nisu ni znali.

Pripremani ili nepripremani, mnogi istraživači istočnoevropskih zemalja su u toku njihove kolonizatorske tranzicije sami napustili otadžbinu ili su prihvatili da rade na kolonizatorskim projektima, što se ne može okvalifikovati drugačije nego kao izdajnički kukavičluk. I mnogi koji su do juče priležno služili svoju birokratizovanu vlast i za to dobijali javne pohvale i nagrade, sada isto tako priležno služe novu kolonijalnu vlast, pa i bez pohvala i nagrada.

Stvarne dekolonizacije ne može biti bez duhovnog buđenja i stvaralačke mobilnosti kolonija, u čemu presudnu ulogu mora imati stvaralačka inteligencija. Ne samo da bi naučni stvaraoci morali odbijati da rade na kolonizatorskim projektima već bi morali biti glavni inicijatori dekolonizacije radeći na projektima svekolikog oslobađanja sopstvenih zemalja od kolonijalnog jarma. Tehnološka kolonizacija može se suzbijati i suzbiti samo tehnološkom dekolonizacijom, koja podrazumeva samostalno stvaralaštvo koloniziranih zemalja.

---

[598] *Specijalni rat* (Slavko Kulić), isto, str. 45.

Osnovna pretpostavka slobodnog stvaralaštva je da se stvaralačke snage iz služenja profitu preorijentišu na služenje životu, što upućuje na svestranu i generičku usmerenost stvaralačkih napora. Generički smisao ljudskog stvaralaštva je u održanju ljudskog bića, koje se može održati samo ako se svestrano razvija, što pun izraz nalazi u integralnom razvoju ljudskog društva putem svestranog stvaranja. Težišna usmerenost SAD na razvoj vojne industrije košta ih zaostajanja u drugim sferama reprodukcije. Privredni teret od 5-6% bruto nacionalnog dohotka izdvojenog za odbranu, *„...manji je problem. Mnogo teži problem je skretanje najtananijeg i najdragocenijeg resursa - obučenih i iskusnih inženjera i naučnika - u privredno neproduktivan rad za potrebe odbrane"*[599].

Najteži je problem što se stvaranjem profita razara život, čije se održanje podređuje održanju profita. Koliko taj problem pritiska i najprofiterskiju zemlju, pokazuje reagovanje samih Amerikanaca na profitersko manipulisanje genetskim nasleđem. *„Istraživanje Ministrastva poljoprivrede SAD iz 1992. godine pokazalo je da se 90% anketiranih protivi ubrizgavanju ljudskih gena u životinje; 85% protivi se ubrizgavanju životinjskih gena u biljke; 60% je protiv ubrizgavanja stranih gena u životinje; a preko 50% smatra da je upotreba biotehnologije u modifikovanju životinja nemoralna"*[600]. Humana Amerika buni se protiv nehumane Amerike, život ogromne većine Amerikanaca ugrožen je nezajažljivim profiterskim prohtevima neznatne manjine, a šta reći za „ostatak" čovečanstva i za milione koji se guše u smogu ili umiru od gladi.

Dok je život potisnut profitom, nauku će gušiti profiterska politika, i dok je profit ispred života nauka će kaskati za politikom, a naučnici za političarima. Stvari se moraju obrnuti i doći na svoje mesto ili će nestati i nauke i politike, i života i profita. Po stvarnom stanju stvari ni život ni profit ne pripadaju samo profiterima, kao ni nauka i politika samo političarima. Sada se ovaj isprofitizirani i ispolitizirani svet održava silom i nasiljem, koji su u neprijateljskim odnosima sa ljudskim slobodama. Priželjkivane slobode će doći kad stvari dođu na svoje mesto, i kad izrabljivački profit i profiterska politika odu u nepovrat.

---

[599] Peter F. Drucker, cit. rad, str. 139.
[600] *Globalizacija* (Endru Kimbrel), CLIO, isto, str. 175/6.

Politička kolonizacija

Politička kolonizacija je organski povezana s ekonomskom kolonizacijom jer je suštinski u njenoj funkciji. Sve što kolonijalne sile čine na političkom planu, ima za osnovni i krajnji cilj da iz kolonija zgrnu što više profita, i obezbede da zahvatanje bude trajno i što veće. U toj funkciji, gradi se globalni piramidalni sistem, koji u ostvarivanju osnovnog cilja funkcioniše kao živi organizam. Taj organizam ima svoj veliki i mali mozak, kao i razgranat nervni sistem sa svim potrebnim čulima sposobnim da neprekidno drže na oku i u prisluhu ceo svet. Veliki mozak čini američki „trust mozgova", mali mozak Agencija za međunarodno komuniciranje (ICA), a nervno-čulni sistem Centralana obaveštajna služba ili, tačnije rečeno, „Obaveštajna zajednica" (CIA).

„Trust mozgova" je u pravom smislu mozak američke, i planetarne, kolonijalne politike, čija je osnovna preokupacija specijalni rat protiv celog sveta za ostvarivanje zavojevačkih ciljeva američkog transnacionalnog kapitala. Centralno mesto zauzima „Rend corporation", gde radi veliki broj saradnika sa najvišim kvalifikacijama, koji se bave problemima strategijskih ciljeva, izučavanjem sadržaja i karaktera oružanih snaga pojedinih država, te proučavanjem kosmičkih sistema i pitanja psihološkog rata[601].

ICA ima ključnu ulogu u sistemu specijalizovanih organizacija koje planiraju, usmeravaju i koordiniraju ideološke i psihološko-propagandne aktivnosti. Osnovana je 1978. godine i do 2000. godine imala je 200 odeljenja u 125 zemalja. Zapošljava oko 8.000 propagandista sa visokim kvalifikacijama i troši preko 500 miliona dolara godišnje, dok se za ukupne troškove propagande izdvaja oko 7 milijardi dolara. Radi na širenju ideja i kulturnih aktivnosti, formiranju međunarodnog javnog mnenja i sprovođenju politike međunarodnih komunikacija[602].

CIA obavlja dve veoma značajne funkcije u procesu kreiranja i sprovođenja kolonizatorske politike SAD: informisanje i interpretiranje informacija. Raspolaže ogromnim sredstvima i izuzetno stručnim kadrovskim potencijalom. Još početkom 1960-ih godine zapošljavala je oko 200 hiljada ljudi i trošila nekoliko milijardi dolara godišnje. Pored stalno zaposlenih, ima po celom svetu razgranatu mrežu volonterskih dilera koji rade za pare ili lepa

601   Vojislav Mićović, cit. rad, str. 132/3.
602   Isto, str. 134/5.

(iskrena ili lažna) obećanja. U njenom sastavu je veoma značajno Odeljenje za specijalna dejstva, kao tajni generalštab za vođenje specijalnog rata.

Tajne intervencije CIA-e u inostranstvu obuhvataju: davanje političkih saveta nacionalnim vladama; podmićivanje pojedinaca u raznim društvenim strukturama; pružanje finansijske pomoći i podrške političkim partijama i frakcijskim grupama koje su u opoziciji; podržavanje privatnih organizacija, korumpiranih sindikata i poslovnih firmi; izvođenje tajne propagande; preduzimanje raznovrsnih ekonomskih mera i postupaka radi podrivanja ekonomske moći protivnika; organizovanje tajne obuke pojedinaca, raznih grupa i vrbovanje plaćenika za poluvojne formacije; organizovanje gerilskih aktivnosti i drugih oblika nasilja.

Glavni izvor moći CIA-e potiče iz gotovo potpunog monopola nad informacijama iz inostranstva i nepodeljenog poverenja Vlade, Predsednika i Kongresa. Uživa i veliku podršku uticajnih grupa u političkom životu, vojske, krupnog kapitala, birokratskog aparata i kongresnog „establišmenta". Zbog monopola na informacije, ima faktički monopol i na njihovo, često tendenciozno, interpretiranje, na osnovu kojeg sastavlja sopstvene predloge političkih odluka[603].

Monopol na informacije predstavlja osnovu kolonizatorske politike, jer „...privilegovani pristup informacijama ma koje vrste (kao što su naučna i tehnička znanja, politika vlade i političke smene) postaje suštinski aspekt uspešnog i profitabilnog odlučivanja"[604]. Ukoliko ne poseduju valjane informacije, kolonije ne mogu voditi ni valjanu politiku, zbog čega su osuđene na političko podaništvo. A kakav je odnos u posedovanju informacija, pokazuje podatak da „...svet prima oko 80% vesti o sebi preko Londona, Pariza i Njujorka, dok velike agencije posvećuju samo oko 10-30% svojih emisija vesti svim zemljama u razvoju"[605].

Za efikasnost sopstvene politike, kolonizatori koriste prave, a za promašenu politiku koloniziranih zemalja fabrikuju iskrivljene i lažne informacije. „U situaciji kad su sredstva informisanja predmet dominacije i monopola od strane manjine, sloboda informacija ustvari jeste sloboda ove manjine da širi informacije po svom izboru, i praktično negiranje prava ostalih da informišu i budu informisani na objektivan i tačan način"[606]. Sve dok su ta sredstva „...u

---

[603] Ivo Visković, cit. rad, str. 189-191; mr Petar Knežević, cit. rad, str. 68/9; Dušan Janković, Šešir umesto šlema, Narodna armija, Beograd, 1981., str. 8.

[604] David Harvey, cit. rad.

[605] Vojislav Mićović, cit. rad, str. 84.

[606] Deklaracija ministara nesvrstanih zemalja

rukama najjačih centara moći...", oni će „...njima manipulirati u skladu sa svojim interesima"[607].

Radi ostvarivanja kolonizatorskih ciljeva, kolonizatori manipulišu informacijama i dezinformacijama na sve moguće načine da bi zavarali, zaveli i naveli, ili ocrnili i optužili protivnika. Od zapadnih kolonizatora plaćeni i potplaćeni pseudo-analitičari najzaslužniji su za iskrivljenu i pogrešnu sliku o Srbiji u vreme beskrupulozne kolonizatorske hajke na srpski narod[608]. *„Podparol NATO-a Džejni Šel iznosio je informacije koje su poticale od OVK i UČK...", a „...mnoga od najjezivijih svedočenja o zverstvima koja su imala veliki publicitet, i bila pripisana izbeglicama ili drugim izvorima, nisu bila istinita"*[609]. Da bi optužili Srbe za nepočinjene zločine na Kosmetu, zapadni kolonizatori su inscenirali masakr u Račku, a *„...izveštaj koji je jasno pokazivao da nije bilo masakra, već da su teroristi ubijeni u borbi, ostao je skriven od javnosti više od dve godine"*[610].

Uporedo sa lansiranjem lažnih informacija o tuđim zločinima, kolonizatori preko javnih medija prikrivaju istinu o sopstvenim zločinima i nedelima. U tome *...glavnu reč vodi moćni CNN - medij koji zločine koje američki zvaničnici, piloti i vojnici čine po svetu, treba da sakrije i opravda, a zločince prikaže kao borce za zaštitu ljudskih prava, za demokratiju, za mir i stabilnost"*[611].

Radi obmanjivanja javnosti, kolonizatori *„...uništavaju nezavisnu štampu..."*[612] koja širenjem istine iznosi na videlo njihove namere i nedela. Prilikom agresije NATO-a na Jugoslaviju uništavani su upravo oni mediji i ubijani njihovi saradnici koji su objektivno obaveštavali svet o stvarnom stanju stvari, i opet su za te zločine optuživani neposlušni Srbi, a pomagani su i veličani mediji koji su agresiju opravdavali.

Istinite ili lažne, informacije su glavno i dalekometno oružije za vođenje specijalnog, u osnovi psihološkog kolonizatorskog rata, koji je uveliko zamenio manje efikasna oružana dejstva. Pošto su postale *„...u potpunosti transnacionalne..."* tako da pred njima *„...više ne postoje nacionalne granice..."*[613], ma

---

[607] Marko Vrhunec, cit. rad, str. 30.

[608] Miša Đurković, cit. rad, str. 18.

[609] Noam Čomski, *Novi militaristički humanizam*, isto, str. 217.

[610] Milovan Drecun, *Drugi kosovski boj*, Samizdat, Beograd, 2004., str. 25.

[611] Isto, str. 24.

[612] Noam Čomski, *Kontrolisana demokratija*, isto, str. 415.

[613] Peter F. Drucker, cit. rad, str. 144/5.

odakle se lansirale, informacije mogu prodreti ne samo do svakog kutka Zemaljske kugle već do „srca i duše" svake ljudske individue.

„*Bez upotrebe topova, brodova ili aviona...*"[614], specijalni rat se vodi za osvajanje ljudskih „srca i duša"; menjanje mišljenja, stavova i ponašanja neprijatelja, neutralaca i prijatelja[615]; slabljenje osećanja pripadnosti sopstvenoj grupi, pridobijanje i vezivanje za sebe i sopstvene ciljeve[616]; stvaranje panike, zastrašivanja, uznemirenosti, haosa i neodlučnosti kod protivnika[617]; podizanje sopstvenog ugleda a slabljenje ugleda protivnika u svetskoj javnosti[618]; nametanje protivniku sopstvene volje[619]; prikrivanje neprijateljskih i propagiranje lažnih prijateljskih namera[620]; potčinjavanje drugih zemalja interesima i vrednostima sopstvene zemlje[621]; onesposobljavanje protivnika da upravlja svojom zemljom[622].

Prema ciljevima psihološkog rata izgrađuju se odgovarajući metodi ratovanja, koji se svode na to da se protivnik „žedan preko vode prevede", da se licemernim pretvaranjem i podilaženjem prodre do samog dna njegove duše kako bi se zaveo i naveo na dobrovoljno prihvatanje određenih stavova, ciljeva i ponašanja koji će mu izgledati prihvatljivim i kad su u suštini po njega pogubni. Vrši se „zaprečavanje" i zamagljivanje suštine; „pakovanje karata" podešavanjem činjenica prema određenim namerama; etiketiranje; „krađa parola"; utuvljivanje iluzornih pogleda; zastrašivanje; i dr.[623].

Odabrane mete psihološko-propagandnih dejstava su: aktuelni političari, privrednici i verovatni vlastodršci; pripadnici oružanih snaga potencijalni izvođači državnih udara; vlasnici, urednici i novinari masovnih medija; profesori i učitelji; rukovodioci pojedinih pokreta i partija; sindikalne i studentske vođe; rukovodioci organizacija žena i omladine; vođe etničkih, nacionalnih i kulturnih manjina; čelnici raznih nevladinih organizacija[624].

---

[614] Rodni Etkinson, cit. rad, str. 34.

[615] *Priručnik Kopnene vojske SAD*; Opšta enciklopedija „Larusse"

[616] Isto

[617] Isto

[618] *Vojni priručnik Vermahta iz 1938. god.*

[619] *Specijalni rat* (D. Vilić i dr.), isto, str. 19.

[620] Isto (Milutin Milenković), str. 15.

[621] Vojislav Mićović, *Specijalni rat i Jugoslavija*, Rad, Beograd, 1986., str. 32.

[622] Specijalni rat (A. Spasić), isto, str. 57.

[623] Vojislav Mićović, *Globalizacija i novi svetski poredak*, isto, str. 142-144.

[624] Isto, str. 146.

Najčešći nosioci i snage specijalnog rata su: strane obaveštajne službe; emigracija; zemlje koje imaju ulogu „pete kolone"; međunarodne vladine i nevladine organizacije; i specijalne formacije u sastavu oružanih snaga[625]. A najčešći „komandosi" specijalnog rata „...*u miru su između ostalih, i neki novinari, diplomate, špijuni psiholozi, diverzanti - vojnici koji umesto šlema nose šešir*"[626]. Svesni ili nesvesni, plaćeni ili neplaćeni propagatori zavodničkih kolonizatorskih ideja i ciljeva su, međutim, brojni i nebrojeni naivni ili zlonamerni pojedinci, ne samo iz vodećih i rukovodećih krugova već i iz potlačenog naroda.

Glavni i najmoćniji zavodnici su elektronski mediji, koji celom svetu neprekidno upućuju čulne i vizuelne poruke kolonizatora sa primamljivim lažnim obećanjima i pretećim opomenama. U prvom ešalonu psihološkog rata radio i televizija predstavljaju „dalekometnu artiljeriju", jer mogu da „tuku" sa velikih odstojanja i „po celom frontu", i to „brzometnom i neprekidnom paljbom". Stručnjaci za specijalni rat tvrde da će novi TV-satelit biti moćniji od bilo koje interkontinentalne rakete. Tu su i lažne „crne", ometajuće „žute" i maskirne „sive" radio stanice kao i „radio-zavese" za eventualno pokrivanje napadnute zemlje.

Od ostalih sredstava masovne propagande, značajnu ulogu u psihološkom zavođenju imaju: film kao „strategijsko oružije, kojim se postiže indoktrinacija na dužu stazu" i „ispiranje mozga" obavlja „prefinjeno, tiho i neprimetno"; zatim novine, za koje važi staro pravilo da se nije ni desilo što novine nisu objavile; pa leci, koji u mnogim situacijama postižu izvanredne efekete; razglasni uređaji ili „bombe koje govore"; te minijaturni kasetofoni sa snimljenim tekstom kao „govorljivi leci" ili „kutije koje govore". Sve više se politizira i muzika (zabavna i narodna), za koju tekstove sastavljaju specijalisti za psihološki rat[627].

Kao iskonski oblik međuljudskog komuniciranja, lični kontakt je, međutim, ostao nezamenjivo sredstvo psihološkog dejstva. To je zato što se kroz direktni dijalog istovremeno ispituju pogledi, stavovi i osećanja sagovornika na koje se može uticati. Da bi se na nekoga uticalo, mora se poznavati, bez čega i najorganizovanija masovna propaganda promašuje.

Masovno psihološko zavođenje vrši se putem psihološke propagande, pod kojom se podrazumeva „...*smišljeno i organizovano korišćenje poruka - reči,*

---

[625] mr Petar Knežević, cit. rad, str. 66.
[626] Dušan Janković, cit. rad, str. 7.
[627] Isto, str. 39-55.

slike, znaka, zvuka i drugih sredstava radi nametanja svojih ideja drugima"[628]. Po definiciji Z. Bžežinskog, "*...propaganda je mišljenje drugog...*",i "*...psihološko-propagandna dejstva su usmerena na to da ljudi, kao pojedinci ili kao grupa kojoj su upućene određene propagandne poruke, urade ili ne urade određene stvari*"[629]. U Opštoj enciklopediji "Larusse" propaganda se definiše kao širenje "*...neke ideje ili učenja čiji je cilj da promijeni mišljenje, osjećanja, stavove osobe ili grupe kojoj se obraća...*", a po Doob-u (Dub-u) kao "*...pokušaj da se modifikuju ličnosti i ponašanja pojedinaca*"[630].

U psihološkom ratu protiv kolonija kolonizatori koriste veoma raznovrsne oblike propagandne aktivnosti. Svi su, međutim, u funkciji jednog osnovnog cilja: da se kolonijalne žrtve prevarom navedu na "tanak led" i same padnu u zagrljaj nezasitih kolonijalnih krvoločnika. Uvodni čin prevare je nastup licemerne dobronamernosti. Prvi uslov da vam neko poželi dobrodošlicu je da prema njemu pokažete dobre namere. Zato licemerni kolonizatori obećavaju kolonijalnim žrtvama sve najbolje pa i kad nastupaju sa najgorim namerama. Obećavaju im blagostanje, slobodu i demokratiju a darivaju bedu, ropstvo i samovolju, licemernim prijateljstvom prikrivaju mučko neprijateljstvo. "Zaštita vitalnih interesa" popularna je krilatica sile u međunarodnim odnosima; bučnim kampanjama "mirovnih ofanziva" i "inicijativa za mir" maskira se agresivna suština spoljne politike[631].

Sva bizarnost psihološkog rata pokazuje se kad se spoji s oružanim ratom. Ruši se i ubija u ime blagodeti i slobode, humanitarnim akcijama krste se najveći zločini, "milosrdni anđeo" đavolski krvari, hara i razara. "*Američka propaganda je pokušavala da uvjeri svet kako je njena misija u Vijetnamu "humana", za dobro Vijetnama, mira i slobode naroda*"[632]. Ista priča ponavljana je nebrojeno puta, možda "najdobronamernije" i najnehumanije pri bombardovanju Jugoslavije i masakriranju Iraka.

Kad se suprotstavljeni i nepomirljivi interesi pokušavaju podvesti pod zajednički imenitelj, "razlaz reči i dela" i "dupli (ili dvostruki) standardi" su neizbežni. Kad se namerava prevariti, časna reč se mora pogaziti, prijateljstvo i neprijateljstvo ne mogu se istim merilima meriti. Nemoguće je premostiti "*...jaz između zapadnog principa i zapadne akcije. Licemerje, dvostruki standardi,*

---

[628] Isto, str. 12.

[629] Dušan Vilić i dr., cit. rad, str. 173. i 174.

[630] Vuko Mihajlović, *Propaganda i rat*, Vojnoizdavački zavod, Beograd, 1984., str. 9.

[631] Isto, str. 168. i 170.

[632] Isto, str. 168.

i „ali ne i" cena su univerzalističkih pretenzija. *Demokratija se promoviše, ali ne i ako na vlast dovede islamske fundamentaliste; neproliferacija se propoveda za Iran i Irak, ali ne i za Izrael; ljudska prava su pitanje koje se tiče Kine, ali ne i Saudijske Arabije. Dvostruki standardi u praksi neizbežna su cena principa univerzalnih standarda...*"[633], ali „briga" za to bezobzirne i drske kolonizatore.

„Zapad je jasno primenjivao dvostruke standarde..." pri kolonizaciji Jugoslavije jer „*...kako je moguće da se, kada muslimani napadnu ne preduzima nikakva akcija? Ili kada to rade Hrvati? Zašto su tokom i posle rata SAD bile jedina zemlja koja je prekinula civilizacijski model i postale jedina nemuslimanska zemlja koja je promovisala interese bosanskih muslimana i zalagala se za stvar muslimanskih zemalja? Zašto su SAD odobrile da velike količine iranskog oružja odu u Bosnu u vreme kada su se redovno sporile s Iranom na drugim frontovima? Tokom rata američka štampa je malo pažnje poklanjala hrvatskom i muslimanskom čišćenju i ratnim zločinima ili ugrožavanju bezbednosnih oblasti UN i narušavanju prekida vatre od strane bosanskih snaga*"[634].

Dvostrukim standardima kolonizatori sami otkrivaju svoje „dobre" namere i „iskrenost" svojih obećanja, koja su uzvišenija što su namere niže. Da bi se napadnute žrtve primirile, najviše im se obećava ono čega najmanje imaju, i nudi nešto što im se zapravo namerava oduzeti. Lažno im se obećavaju neograničena sloboda i materijalno blagostanje, a oduzima im se i ono malo slobode i „muke" koje već poseduju. Savremenom kolonizacijom sve klasične kolonije su gurnute u još veće zatočeništvo i bedu, a prekolonizirane istočnoevropske zemlje mnogoobećavajućom tranzicijom iz nezadovoljavajućeg društvenog i ekonomskog stanja u još nepodnošljivije samovlašće i siromaštvo.

Da bi se napadnute žrtve „navele na greh", stvara se veštački kontrast između agresora, kod kojeg se sve idealizuje, veliča i precenjuje, i napadnute žrtve, čije se sve blati, minimizira i potcenjuje. Američka propaganda prikazuje Ameriku kao obećanu zemlju, „široka srca" i „raširenih ruku" za sve koji joj pokorno padnu u prijateljski zagrljaj, a nepokorne napada kao varvare, pripisujući im sve negativnosti i poročnosti ovozemaljskog sveta, i tome nedovoljno obaveštene mase kolonija nasedaju jer se, pod kupolom medijskog monopola skriva sve što je na jednoj strani negativno a na drugoj pozitivno.

---

[633] Semjuel P. Hantington, cit. rad, str. 204.
[634] Isto, str. 316, 317. i 320/1.

Veštački kontrast stvara se i između „mračne" prošlosti, prozirne sadašnjosti i obećane „svetle" budućnosti. Dok još nisu osvojene pozicije, i o prošlosti i o sadašnjosti govori se sve najgore, a kad se osvoje, sa prošlošću se surovo obračunava sve do verbalnog raskida kao da sa »gole ledine« počinje budućnost koja se idealizuje i kad se zna da neće biti sjajna. U svakom slučaju, odgovornost za sve promašaje sadašnje i buduće, kao i za sve nevolje narodne biće prevaljena na nekog drugog: sa kolonizatora na kolonijalnu vladu, a sa vlade na opoziciju i na kraju krajeva, na sam kolonizirani narod.

Ali nepromenjivog pravila nema sem jednog jedinog: da se po svaku cenu osvoji još neosvojeno i profitira na tuđim mukama. Da bi se etatizovane istočnoevropske zemlje gurnule u tranzicioni sunovrat, od čega su koristi imali samo njihovi kolonizatori, veličana je njihova kapitalistička prošlost kao dodeljena svetla budućnost. *„Na sva (i to njihova sopstvena - Ž.M.) zvona zvonilo se o „dobrim starim vremenima", kako bi se pobuđivali romantičarski zanosi vraćanja staroj slavi i veličini, „velikoj" i „uzvišenoj" prošlosti"*[635]. I ta prošlost, čiju „uzvišenost" generacije „spasonosne tranzicije" nisu imale priliku da iskuse, predstavljana je kao nešto novo i izbaviteljsko. To ukazuje na „dobre" namere kolonizatora da kolonije zadrže na što većoj razvojnoj distanci koja obezbeđuje što veću eksploataciju. Ali što je izrabljivanje veće, ubeđivanje je sve neubedljivije, pa se nadopunjava „propagandom straha", koja se sprovodi najraznovrsnijim sredstvima, od „poverljivog" šaputanja do bombardovanja. Što se ne postiže prepariranjem svesti, pokušava se prepariranjem osećanja. Kao oblik psihološkog kolonijalnog rata, *„...zastrašivanje je izdignuto na rang svijetske politike..."* i *„...postalo je tehnika vladanja ljudima"*[636].

Iako su jedan od najstarijih i najdiskretnijih oblika zastrašivanja, glasine se, zbog svoje ubojitosti (brzine širenja, zaraznosti i sugestivnosti) koriste i u savremenom psihološkom ratu. Najviše su u opticaju lukavo sročene glasine koje istovremeno obećavaju, opominju i prete. Napadnutim kolonijalnim žrtvama obećavaju se „brda i doline" ako prihvate ono što se od njih traži, a u suprotnom, poručuje se da im se „ne piše dobro" ili da ih očekuje „ono najgore". Ako ne uspevaju diskretne, šaptačke, preduzimaju se otvorene gromoglasne i kategoričke pretnje, koje su obično rigorozne i često sa nameravanim izvršenjem. Kad nisu uspele pretnje Jugoslaviji da će biti bombardovana ako ne prihvati kapitulaciju, bombardovanje je, bez ikakvog povoda žrtve, preduzeto. Posle dugotrajnih pretnji, Irak je napadnut svim oružarim

---

[635] Vuko Mihajlović, cit. rad, str. 92.
[636] Isto, str. 179.

silama iako posedovanje oružja za masovno uništavanje, kao nabeđeni povod napada, nije dokazano.

Zastrašivanje je glavna spona između psihološkog i oružanog rata. Ministarka spoljnih poslova SAD Medli Olbrajt javno je izjavljivala da je kombinacija diplomatsko-psiholoških i oružanih dejstava strateško opredeljenje spoljne politike Sjedinjenih Država. Ako ne uspe psihološko zastrašivanje, prelazi se na fizičko likvidiranje da bi se postigli zavojevački ciljevi.

Da bi se protivnik „bacio na kolena", nije neizostavno neophodno da se premoć u naoružanju iskuša; dovoljno je i da ona, kao strašilo samo postoji. Iako Hirošima i Nagasaki nisu ponovljeni, oni su Sjedinjenim Državama za duga vremena obezbedili psihološko-političku i zavojevačku dominaciju u svetu. Nuklearno naoružanje je „...izgleda predodređeno da bude osnova strategijske pretnje SAD u doglednoj budućnosti...", zaključuje izveštaj STRATCOM-a o „...zastrašivanju u poslehladnoratovskom periodu...", a Studija BASIC dodaje da ...SAD šalju poruku da je nuklearno oružje važno za prestiž u svetskim poslovima i za postizanje vojnih i političkih ciljeva"[637]. A „...pošto Treći svijet dostiže tako visoke tehnološke savršenosti...", Sjedinjenim Državama je „...još uvijek potrebna visoka tehnička opremljenost koja bi zastrašila i obuzdala"[638].

Pošto se steklo uverenje da nuklearno oružje, zbog bezbednosti samog agresora, ipak ne sme biti upotrebljeno, SAD za masovno zastrašivanje efektivno, a i efikasno, koriste ostala sredstva za masovno uništavanje. Prilikom agresije na Jugoslaviju, NATO je, pod izgovorom „kolateralne štete" ili uz priznavanje namere, ubio više civila nego vojnika. I konvencionalnim i zabranjenim oružjem, gađani su civilni ciljevi (mostovi, vozovi, autobusi, bolnice, stambeni objekti i dr.) krstarećim projektilima „tomahova", kasetnim bombama, bojevim zrnima s osiromašenim uranijumom i drugim smrtonosnim sredstvima, uključujući i ona koja donose tihu i odloženu smrt sa dugotrajnim posledicama[639].

To je za osnovni cilj imalo da se po svaku cenu svrgne nedovoljno »kooperativni« Miloševićev režim i na vlast dovede do kraja poslušna marionetska vlada, u čemu se i uspelo, ali sejanje kolonijalnog podaništva sejanjem smrti daje i kontrapriželjkivane psihološke efekte. Bombardovanje je umesto simpatija pobudilo mržnju srpskog naroda prema Americi, a tako je i kod

[637] Noam Čomski, *Novi militaristički humanizam*, isto, str. 174. i 176.
[638] N. Čomski, *Kontrolisana demokratija*, isto, str. 54/5.
[639] Milovan Drecun, cit. rad, str. 151-242.

drugih ugroženih naroda koji od gromoglasne agresorske Amerike ne čuju onu drugu, potisnutu miroljubivu Ameriku.

Širom Planete šire se i jačaju spontani ili organizovani protesti protiv kolonizatorske globalizacije, a milioni i milijarde ugnjetenih nisu u mogućnosti ni da izraze svoje nezadovoljstvo. Zadnja namera globalističkih kolonizatora je kolonijalizam bez kolonija - ukidanje kolonija a uspostavljanje globalnog kolonijalizma bez granica. To je „zacrtani" put ostvarivanja američke ideje o „...*modernoj i jedinstvenoj civilizaciji*..."[640], kojim bi trebalo da se zatru i satru sve ideje i putevi tradicionalnih civilizacija, među kojima, pod jedinstvenom globalnom komandom, više ne bi bilo sukobljavanja, ratovanja i razilaženja.

Globalni kolonizatorski putokaz za to je započeta asimilacija Kanade koja se navodi na to da se u potpunosti integriše u američki ekonomski, politički i vrednosni sistem. „*Kanada sada prolazi kroz dosada neviđen napad, predvođen korporacijama, na osećaj kolektivne odgovornosti, na kome je bila osnovana. I kako se SAD i Kanada uspešno integrišu, Kanada sve više usvaja američki tip individualizma, smelog preduzetništva i konkurentske kulture*"[641].

Na isti put se, odviše smelo i drsko kolonijalnom tranzicijom navodi i „postkomunistička" Rusija. „*Velika strategija američke politike, posebno Klintonove, predstavljala je misionarstvo u punom smislu reči - pravi krstaški pohod da se postkomunistička Rusija preobrazi u kopiju američkog sistema, da se sve njene institucije do temelja razore. U tom duhu legije američkih investitora, političkih misionara i evangelista, nazvanih savetnicima, nastupaju širom Rusije. Finansirani od američke vlade, ideoloških organizacija i fondacija, oni su dospevali do svih sredina - od političkih pokreta, sindikata, medija i škola, do vlade, koje je trebalo preobratiti u novu veru, pretvoriti u Rusiju kakvu Amerikanci žele*"[642].

Asimilatorska politika SAD isključuje ne samo nezavisnost već i samostalnost i samostalni razvoj kolonija, koje se, kao izrabljivačka baza, svim vertikalnim nitima vezuju za Veliku metropolu i sa njom stupaju u unitarnu imperiju. Stoga imperijalistička vlast svim silama nastoji da osujeti svaki pokušaj njihovog osmostaljivanja i zastranjivanja.

„*Da bi se osujetila opasnost koju je predstavljao vijetnamski nacionalizam, bilo je neophodno da se uništi virus i da se vakciniše region protiv te bolesti...*" i „...*ovaj*

[640] V. Sasman, navod Vladimira Milića, cit. rad, str. 209.
[641] *Globalizacija* (Mod Barlou i Heder-Džejn Robertson), CLIO, isto, str. 82.
[642] S. Cohen, 2000, navod Miroslava Pečujlića, cit. rad, str. 105.

cilj je postignut; Indokina je uspješno uništena". U slučaju Nikaragve, *"...jedino sporno pitanje bilo je taktičko: kako povratiti Nikaragvu na "način ponašanja Centralne Amerike" i nametnuti joj "regionalne standarde" - one kakve imaju države koje su sateliti SAD"*[643].

Sa svojom asimilatorskom i hegemonističkom politikom, SAD se a priori suprotstavljaju slobodarskim težnjama kolonija, i konfrontiraju sa svim revolucionarnim i nacionalno-oslobodilačkim pokretima, koje „bez pardona" izjednačavaju sa banditizmom i terorizmom. *„Snage otpora proglašavaju se simbolima zločinstva, banditizma i tiranije..."*[644], a revolucionarne promene koje bi vodile osamostaljivanju, suzbijaju svim raspoloživim sredstvima. *„Vladajuća klasa SAD razumije, instiktivno i po iskustvu, da svaki napredak svjetske revolucije* (koji vodi ukidanju kolonijalizma - Ž.M.) *znači vlastiti poraz - ekonomski, politički i moralni..."*, i zato je *„...odlučna da se odupre takvom napretku svugdje gdje on prijeti, svim sredstvima kojima raspolaže"*[645]. Nakon svrgavanja šaha, SAD se nisu ustručavale da protiv Irana primene *„...ne samo ekonomske sankcije, već i svu vojnu moć za gušenje „islamske revolucije""*[646]. Da bi sprečile formiranje antikolonijalnih pokreta, sve kolonijalne sile raspirivanjem klasnih suprotnosti unose razdor između radničke klase, seljaštva, nacionalne buržoazije i plemenske demokratije[647].

Svojom asimilatorskom politikom, usmerenom na dogradnju globalne kolonijalne piramide, na čijem bi vrhu one same bile, Sjedinjene Države suzbijaju ne samo socijalno već i međunacionalno povezivanje, sprečavajući formiranje i nacionalnih i internacionalnih antikolonijalnih pokreta, koji bi mogli ugroziti stabilnost globalnog kolonijalnog carstva. Na toj liniji su i *„... tri osnovna imperativa imperijalne strategije: sprečavati zavere i sačuvati bezbednosnu zavisnost među vazalima, održavati zavisne teritorije pokornim i zaštićenim, i paziti da se varvari ne udruže"*[648].

U ostvarivanju te strategije, SAD su na sve načine nastojale i uspele da razore ionako klimavo jedinstvo pokreta nesvrstanih zemalja kojima su u vreme Regana nametale ideologiju neutralizma a nameravale da ih što

---

[643] Noam Čomski, *Kontrolisana demokratija*, isto, str. 81. i 187.

[644] Vuko Mihailović, cit. rad, str. 168.

[645] *Promjene u suvremenom razvijenom kapitalizmu* (Paul A. Baran, Paul M. Sweezy), knj. 2, isto, str. 287.

[646] L.I. Medvedko, *K vostoku i zapadu ot Sueca*, Moskva, Izdateljstvo političeskoj literaturi, 1980., str. 322.

[647] Aleksandar Božović, cit. rad, str. 39.

[648] Zbignjev Bžežinski, cit. rad, str. 42.

čvršće vežu za sebe. Izveštaj Trilaterarne komisije „*...konkretizovao je i operacionalizovao ideju trilateralizma o rzdvajanju, podeli zemalja u razvoju, selektivnom rešavanju pitanja njihovog razvoja kroz uključenje, uvlačenje najrazvijenijih od njih u međunarodne ekonomske i finansijske aranžmane sa trilaterarnim svetom*". SAD su išle na to da „*...odvoje najsnažnije zemlje Juga od Grupe 77 i pokreta nesvrstavanja, i „integrišu ih" u „klubove" Severa kao što su OECD i grupa desetorice*"[649].

Radi sprečavanja čvršćeg povezivanja, podstiču se ideološki, politički pa i oružani sukobi među nesvrstanim zemljama. Kolonijalne sile „*...koriste sve nasleđene protivrečnosti između nesvrstanih država...*" da bi uz svoje dodatno delovanje pospešile izbijanje sukoba u kojima se one onda pojavljuju kao „dobrotvori", snabdevajući ih oružjem, savetnicima, pa i sopstvenom oružanom silom. Samo od 1977-1981. godine, zabeleženo je šest oružanih sukoba između nesvrstanih zemalja: Somalija - Etiopija, Južni Jemen - Severni Jemen, Egipat - Libija, Tanzanija - Uganda, Iran - Irak i Zapadno saharski rat u kojem su angažovani Alžir, Maroko i Mauritanija[650].

Za razliku od pokreta nesvrstanih, SAD se nisu razbijački odnosile prema Zapadnoj Evropi, i to pre svega iz dva osnovna razloga: prvo, što su zapadno-evropske zemlje i Zapadna Evropa kao celina među prvima vezane kolonijalnim nitima za SAD, i drugo, što je Zapadna Evropa poslužila kao važan most za razbijanje istočno-evropskog „socijalističkog" bloka. Računa se da će „*...šira Evropa i prošireni NATO dobro služiti i kratkotrajnim i dugoročnim ciljevima američke politike...*", a da „*...pri tome neće postati politički toliko integrisana da bi u bližoj budućnosti mogla dovesti u pitanje Ameriku...*"[651], koja uostalom sve čini da Evropsku Uniju i njene članice pojedinačno čvrsto drži pod svojom kontrolom i natovskim šlemom. Preko transatlanskog mosta Evropa je već čvrsto ugrađena u globalnu kolonijalnu piramidu, i dok su SAD na njenom vrhu, na osamostaljivanje EU ne može se računati.

Glavni socijalni oslonac kolonijalne hegemonističke politike su nacionalna buržoazija, inteligencija i birokratija. „*Iskustvo u Africi pokazuje da se neokolonijalizam oslanja na lokalnu buržoaziju, političku elitu, birokratiju, lokalnu tehnokratiju i gornje ešalone srednje gradske klase*"[652]. U jaram antinacionalne kolonizacije uprežu se dakle, glavne socijalne snage, pozvane da štite nacionalne interese kolonija.

---

[649] dr Dušan Nikoliš, cit. rad, str. 179, 126. i 122.
[650] dr Radoslav Stojanović, cit. rad, str. 224. i 221.
[651] Zbignjev Bžežinski, cit. rad, str. 185.
[652] mr Melkamwork Alemu, cit. ard, str. 381.

Po F. Hercogu, *„...nacionalne države centra održavaju i služe interesima multinacionalnih finansijskih grupa, a za pomoćnika imaju interes nacionalnih buržoazija celog sveta, uključen u ciljeve i planove nacionalne države"*[653]. Kolonijalne sile su svugde podsticale stvaranje kompradorske buržoazije, koja se integrisanjem u reprodukcione tokove njihovih kompanija integrisala i u njihovu kolonijalnu politiku. Kao *„...podružnice, ortaci, dobavljači i mušterije mešovitih inostranih latinsko-američkih preduzeća, latinoamerički industrijalci..."*[654] su postajali i njihovi politički zatočenici, pa i po cenu izdaje nacionalnih interesa. Kao nacionalni eksploatator, buržoazija kolonija nema kud nego da se, i protiv sopstvene nacije ekonomski i politički integriše u globalni kolonijalni sistem, ili da propadne, ali ona kao njegov integralni deo često i nastaje. Novopečena plava buržoazija tranzicionih istočnoevropskih zemalja rađa se iz zabludele crvene buržoazije upravo uz porođajne usluge velikih kolonijalnih sila, i pre svega SAD.

Kao što porađaju kolonijalnu buržoaziju tako kolonijalne sile porađaju i kolonijalnu inteligenciju koja služi njihovim interesima. Intelektualna elita kolonija školovana je pretežno u metropolama i uz njihovu političku indoktrinaciju, a za „dobre" usluge je dobro i plaćena od kolonijalnih sila i njihovih transnacionalnih korporacija. U ideološko-političkim pripremama kolonijalne tranzicije istočnoevropskih zemalja među prvima su angažovane visokostručne navodadžije i plaćeni razbijači nacionalnog integriteta i ponosa. Mnogim vatrenim i doro plaćenim propagatorima komunizma nije smetalo da se preko noći sami prekomanduju u još vatrenije propagatore kolonijalnog globalizma, ali s obzirom na to kakav su „komunizam" propagirali, nije im ni bilio teško da „okrenu ćurak naopako".

Plaćenička inteligencija kolonija ima s inteligencijom metropola ključnu ulogu u globalnom kolonijalnom potčinjavanju putem duhovne hipnoze, kojom se kolonijalne žrtve navode na samopotčinjavanje. *„Zahvaljujući zaštitnim znacima, zvezdama, pesmama, idolima, markama, predmetima, natpisima, proslavama, stvara se isti senzibilitet na čitavoj planeti..."*, i *„...ovaj novi hipnotizer silom ulazi u naše misli i tu kalemi ideje koje nisu naše..."*, pa *„...on više ne nastoji da se silom izbori za naše potčinjavanje već to čini uz našu saglasnost"*[655].

Duhovnom kapitulacijom obezbeđuje se politička, moralna i (kao glavni cilj) sama ekonomska kapitulacija. Kupovinom klonulih ljudskih duša,

---

[653] Navod dr Danice Drakulić, cit. rad, str. 81.

[654] *Promjene u suvremenom razvijenom kapitalizmu* (Andre Gunder Frank), isto, str. 177.

[655] Ramone, navod Vojislava Mićović, *Globalizacija i novi svetski poredak*, isto, str. 77.

"...inozemni kapital održava specijalno stanje svijesti koje priprema koncesiju i pokoravanje...", i ono *"...prožima sve zakutke zemlje, sve društvene sektore koji djeluju privredno i politički; ogleda se u svim aspektima narodnog života, kao da je neka historijska fatalnost pred kojom nema druge nego da se prigne. Odustaje se od nacionalnih mogućnosti..."*, a *"...ono što je najstrašnije u tom procesu psihološkog podjarmljivaňja koje stvara imperijalizam, jest to da dobronamjerni pojedinci, kako ineligentni tako i neznalice, svjesno ili nesvjesno služe imperijalizmu braneći njegove interese i potrebu da se uvažava njegova stalna prisutnost"*[656].

Pošto kao nevidljiva sila deluje izdaleka, duhovna hipnoza umrtvljuje ljudski duh, stvarajući osećanje nemoći i nesposobnosti za samostalno delanje i bitisanje. *"Kako se uzajamna pomoć zamenjuje zavisnošću od udaljenih snaga, ljudi počinju da se osećaju nemoćnim da odlučuju o sopstvenim životima. Na svim nivoima javlja se pasivnost, čak i apatija, ljudi se odriču lične odgovornosti"*[657]. Vezana nevidljivim nitima za nedodirljivi kolonijalni centar, izolovana i potisnuta ljudska individua oseća se „izgubljenom u svemiru", lebdeći „bez konca i oslonca".

S obzirom da u sprezi sa kolonizatorskim centrom najodgovornije nacionalne snage neodgovrno rade na kolonijalnom samopotčinjavanju, cela nacija (samo)neodgovorno srlja u globalni kolonijalni zagrljaj. *"Sada se Indijom i dalje upravlja na engleski način, ali bez engleskih vladara..."* jer *"...industrijalci, intelektualci i preduzetnici u dosluhu sa vladom još uvek vide spas Indije u tome da bude potčinjena politici Svetske banke i GATT-a; oni Indiju vide kao deo globalne privrede koji radi ruku pod ruku sa multinacionalnim kompanijama"*[658].

To je upravo ona nacionalna, a u suštini antinacionalna elita koja je zadužena da interno radi na poslušničkom sprovođenju globalne kolonijalne politike. *"Elite u zemljama Trećeg sveta u stvari su (američki) predstavnici u državama kojima upravljaju, verovatno u istoj meri kao što su to bili kolonijalni službenici koje su zamenili..."*, i oni se *"...zalažu za (kolonijalni) privredni razvoj..."* i *"...spremni su da ga promovišu bez obzira na štetne posledice po većinu njihovih sunarodnika"*[659]. A kako i ne bi kad je *"...osnovni deo aparata u Aziji i Africi sastavljen od ljudi koji su školovani u kolonijalnim školama, ili čak vaspitavani u imperijalističkim metropolama..."*, te *"...nije nikakvo čudo da je u mnogim*

[656] Frondizi, 1958., navod *Promjene u suvremenom razvijenom kapitalizmu* (Andre Gunder Frank) isto, str. 173.

[657] *Globalizacija* (Helena Norberg-Hodž), CLIO, isto, str. 53.

[658] *Globalizacija* (Satiš Kumar), CLIO, isto, str. 427.

[659] Isto (Edvard Goldsmit), str. 261.

od ovih zemalja novoformirana administracija postala jedan od pravnih sprovodnika neokoloinijalističke politike"[660].

Kolonijalni poslušnici nisu samo dobro pripremljeni već su i dobro plaćeni izvršioci kolonijalne politike. *„Zvaničnici su plaćeni mnogo bolje od prosečnog prihoda stanovništva. Kad Afrikanac postane zvaničnik, ne samo što dobija poboljšan socijalni status, prestiž i profit za sve svoje rođake, nego i stiče ono sveto svojstvo koje ide uz vlast"*[661]. Preko 75% američke dolarske „pomoći za razvoj" Južnog Vijetnama odlazilo je u džepove familije Ngo Din Dijema i njihovih najbližih saradnika. U Kongu 187 centralnih i provincijskih ministara dobijaju uz posebne nagrade i redovni mito, 100.000 do 500.000 franaka mesečno, a plate nekoliko hiljada činovnika kreću se od 30.000 do 100.000, dok rudari najvećih rudnika primaju 1.500 do 3.500 franaka mesečno. Ministri i visoki činovnici u Gani i Gvineji primali su pored ogromnih plata, velike svote strane valute i brojne poklone skupocenih automobila, pa čak i krevete od čistog zlata za svoje žene i ljubavnice[662].

Pokazalo se da je potkupljivanje nacionalnih elita najbezbolniji pa i najefikasniji način za nametanje takvih sistema kolonijalne vladavine preko kojih kolonizatori mogu najlakše i najviše profitirati. Uhvaćeni u profiterske zamke, lokalni plaćenici pristaju na sve ucene pretvarajući državnu politiku u lični biznis. *„Pored drugih misionarskih dela, Amerika je snabdevala novcem svoje omiljene političare, instruisala ministre, stvarala nacrte zakona i predsedničkih dekreta, publikovala priručnike, vodila Jeljcinov izborni štab 1996. godine..."*[663], ali to je dobro isprobani i ustaljeni metod kolonijalne vladavine.

Na taj način su u svim kolonijama fabrikovane (samo)prodane, podane i odane marionetske vlade koje su vladale po volji i nalozima pretpostavljenih kolonizatora, od kojih su štićene, podržavane, ohrabrivane i pomagane, a njihovi funkcioneri obasipani svim mogućim komplimentiima, kao „pravi lideri", „revolucionari", „demokrate", „vođe", „mudri rukovodioci", „patriote", i sl.[664], a sve za inat njihovim porobljenim narodima. *„Tokom (celog) kolonijalnog doba, kolonijalne sile su neprekidno slale trupe da bi zaštitile sebi naklonjene režime od pobune naroda"*[665].

---

[660] dr Anton Kolendić, cit. rad, str. 29.

[661] mr Melkamwork Alemu, cit. rad, str. 55.

[662] dr Anton Kolendić, cit. rad, str. 29-30.

[663] S. Cohen, 2000., navod Miroslava Pečujlića, cit. rad, str. 105.

[664] Vuko Mihajlović, cit rad, str. 171.

[665] *Globalizacija* (Edvard Goldsmit), CLIO, isto, str. 264.

Pri svemu tome, „...demokratija je bila instrument kolonijalizma...", bez „...namjere da ima stvarni sadržaj...", i „...nije namjenjena da Filipince učini slobodnim, već da ih utješi sa njihovim novim okovima"[666]. Služila je samo za to da autokratskim kolonijalnim vladama prikači formalno-pravni, a u suštini lažni legitimitet. Princip na kojem počiva „...demokratija niskog intenziteta...", zapravo je „izolacija" vlasti od naroda: „...od momenta kada je izabrana, nova vlast je „izolovana", zaštićena od pritisaka i zahteva naroda, kako bi mogla „efikasno" da vlada - iznad svega ispunjava zahteve globalnog poretka"[667]. I „...razlog zbog kojeg države ne skreću sa puta globalizacije leži u tome što se odluke ne donose demokratski niti radi opštih interesa"[668].

Prema demokratizaciji kolonija kolonijalne sile se odnose kao i prema stvarnoj demokratizaciji metropola: sprečavaju je na sve moguće načine u zaštiti autokratske vladavine. „Represija koju je sprovodila Vilsonova administracija, uspješno je potkopala demokratsku politiku, sindikate, slobodu štampe i nezavisno mišljenje, u interesu korporacijske moći i državne vlasti, koja je zastupala njihove interese, uz odobravanje medija i elite generalno, sve u ime samoodbrane od „neupućene i nedovoljno inteligentne" većine. Slična priča je reaktivirana poslije II svijetskog rata, opet pod izgovorom sovjetske opasnosti, u stvari, da se obnovi potčinjavanje vladarima"[669]. U isto vreme, „...SAD su odlučile da spriječe eksproprijaciju nacističke industrije i oštro su se suprotstavile dozvoljavanju da organizacije u čijem upravljanju učestvuju radnici vrše upravljačku vlast"[670]. Samoupravljanje i nesvrstanost ubrajaju se u najjače, i možda presudne, razloge presije na Socijalističku Federativnu Republiku Jugoslaviju[671]. Iako je potpirivala razilaženja i sukobe između Sovjetskog bloka i Jugoslavije, zapadna politička propaganda je anatemisala jugoslovensko samoupravljanje „...i kao ideju i kao praksu...", podstičući i jugoslovenske kritizere da (u štampi, televiziji i filmu) izvlače iz njega samo ono što bi moglo iritirati javnost, a kolonizatorska politika je na sve moguće načine suzbijala širenje samoupravljanja i na druge nesvrstane zemlje.

Kolonijalne sile podržavaju, kao produžetak sopstvene autoritarnosti, samo autoritarne režime kolonija. Kapitalizam je „...zamrzavao društveno-ekonomske odnose u kolonijama i u nametanju svoga sistema potpuno se oslonio

[666] de Kviros, navod Noama Čomskog, *Kontrolisana demokratija*, isto, str. 306.
[667] Miroslav Pečujlić, cit. rad, str. 89.
[668] *Globalizacija* (Volden Belo), CLIO, isto, str. 287.
[669] Noam Čomski, *Kontrolisana demokratija*, isto, str. 460.
[670] Isto, str. 438.
[671] Blagoje Babić, cit. rad, str. 8/9.

na vlast domaćih poglavica i gospodara, čiji je opstanak i potpomagao, da bi za uzvrat preko domaće vlasti lakše ostvario političko i ekonomsko podjarmljivanje ostalog stanovništva, koristeći čitav sistem verskih, plemenskih i drugih institucija"[672]. U Kanadu je uveden feudalni sistem, a *„...kolonista nije nitko ni za šta pitao, tek su se velikaši, svetovnjaci i crkvenjaci po miloj volji svađali i natezali jer kralj, apsolutni gospodar bijaše daleko"*[673].

Autoritarna kolonijalna vladavina se i može sprovoditi jedino preko autoritarnih režima oličenih u autoritarnim pojedincima, koje je lako saviti, privoleti, podmititi i pretećim opomenama zaplašiti, dok je ceo narod teško pokoriti, narodnu „šiju saviti" i dobrovoljni „harač" iznuditi. Ovako se sva odgovornost za narodne tegobe prebacuje na domaće diktatore, a kad jedna diktatorska garnitura dozlogrdi, i ne može udovoljiti zahtevima vrhovnog gospodara, zamenjuje se drugom, dok nedodirljivi gospodar, izigrivanjem narodnog dobročinstva, sakuplja političke poene. Omrznuti diktatori zamenjuju se novim diktatorima od (lažiranim izborima pribavljenog) „narodnog poverenja", te itekako licemerno zvuči izjava vrhovnog engleskog diktatora Toni Blera, da se oni tobože *„...bore za svet gde diktatori neće više moći da sprovode užasna zlodela nad sopstvenim narodom da bi ostali na vlasti"*[674].

Odnos globalnih kolonizatora prema nacionalnim vladama je profiterski. Podržavaju i pomažu one koji rade za njih, a potkopavaju i napadaju sve koji im se opiru ili neće da „sarađuju". Pošto kolonizatorski globalizam satire nacionalnu samobitnost, na udaru su sve vlade koje štite nacionalne interese, čineći ono što bi po svom pozivu i odgovornosti prema sopstvenom narodu inače morale činiti. Vajni velezaštitnici demokratije obaraju upravo demokratski izabrane vlade koje pokušavaju da vode samostalnu razvojnu politiku svoje zemlje. *„Stalna tema u američkoj spoljnoj politici znači subverziju i obaranje parlamentarnih režima, i služenje nasiljem - da se unište narodne organizacije koje bi mogle da pruže većini stanovništva priliku da uđe u političku arenu"*[675]. Godine 1989., *„...Vašington je zaplašen porazom sopstvenog kandidata, koji je dobio samo 14% glasova, odmah odlučio da podrije prvu vladu Haitija..."*, koju je *„...sedam meseci kasnije svrgao ubilački vojni režim"*[676]. Gorak ukus američke uterivačke „demokratije" okusile su, a visoki ceh sopstvene demokratije platile sandinistička vlada Nikaragve, Aljendeova vlada Čilea, i mnoge druge.

---

[672] dr Tihomir Đokonović, cit. rad, str. 25.

[673] Stjepan Radić, cit. rad, str. 48.

[674] N. Čomski, *Novi militaristički humanizam*, isto, str. 10.

[675] Noam Čomski, *Kontrolisana demokratija*, isto, str. 419.

[676] Noam Čomski, *Novi militaristički humanizam*, isto, str. 87.

Pošto u vladavini preko podaničkih režima ne mogu računati na podršku koloniziranih naroda, kolonizatori se oslanjaju na nacionalnu vojsku i policiju, a „...gdje se vojska i policija ne mogu neposredno kontrolisati neophodno je srušiti vladu, uspostaviti popustljiviji režim i obnoviti „vrijednu vojsku"... Osnovni cilj politike SAD prema Latinskoj Americi (i drugdje) je dugoročan i dobro dokumentovan: da se preuzme kontrola nad policijom i vojskom, da bi se osiguralo da stanovništvo neće djelovati u ime neprihvatljivih ideja"[677].

Dok su im od koristi, SAD podržavaju i najreakcionarnije režime, a kad im u ostvarivanju kolonizatorskih ciljeva ne mogu koristiti, ne samo što im uskraćuju podršku nego, tobože u ime demokratije rade i na njihovom smenjivanju. „SAD su podržavale okrutne tirane, okrećući se protiv njih samo kad bi počeli da narušavaju interese SAD ili izgube svoju efikasnost, s direktnim intervencijama kada je potrebno da se obezbjedi da se događaji usmjere prema njihovom određenom kursu"[678].

Ako je moguće da se nepoželjne vlade demokratskim putem smene i poželjnim zamene, traže se „pošteni" izbori, a kad se proceni da se u tome neće uspeti onda se i najpošteniji izbori sprečavaju. SAD su „...značajno nastojale..." i ...činile sve što mogu da onemoguće..." redovne izbore 1990. godine u Nikaragvi, i „...američka intervencija je bila glavna smetnja za postizanje slobodnih i poštenih izbora..." u toj zemlji, jer „...Buš će „smatrati izbore poštenim" samo kada njegovi kandidati pobjede, čak i ako se njihova pobjeda temelji na masovnom teroru i zastrašivanju, kao u El Salvadoru; inače, oni su nezakoniti"[679].

Gde god su mogle, SAD su se, ucenama, političkim pritiscima i pretnjama, ekonomskim blokadama i sankcijama, vođenjem izborne kampanje i kupovinom glasova, redovno uplitale u nacionalne izbore, namećući poželjne i napadajući nepoželjne kandidate. Mogući pošteni izbori pretvarani su u nepoštene, a slobodni izbori u „...slobodan izbor sa pištoljem uperenim u tvoju glavu". U slučaju izbora 1990. godine u Nikaragvi, „...SAD su se masovno uplele od samog početka da bi osigurale pobjedu svojih kandidata, ne samo ogromnom finansijskom pomoći...", nego i „...oglašavanjem Bijele kuće da bi samo pobjeda kandidata SAD okončala nezakonite ekonomske sankcije SAD i povratila pomoć. Ukratko, glasači Nikaragve su obaviješteni da imaju slobodan izbor: glasati za našeg kandidata ili posmatrati kako im djeca umiru od gladi"[680].

---

[677] Noam Čomski, *Kontrolisana demokratija*, isto, str. 80/1. i 415.

[678] Isto, str. 358/9.

[679] Isto, str. 382/3.

[680] Isto, str. 188.

Obaranju Miloševićevog režima u SR Jugoslaviji prethodile su teške ekonomske blokade i sankcije, sve do isključenja iz OUN. U Republici Srpskoj, „*...SAD su podržale neustavno raspuštanje Skupštine, tolerisale su izborne neregularnosti, kao što je manipulacija sa glasovima iz inostranstva, mandatar za sastav vlade u suštini je nametnut jer je njegova stranka na izborima dobila samo dva mesta u parlamentu*"[681].

Ako im postojeća vlada nije po volji, SAD u nacionalnim izborima praktično nastupaju sa sopstvenom opozicijom suprostavljajući se ostalim opozicionim snagama. One svoju opoziciju obično konstituišu od manjih nenarodnih stranaka koje slobodne izbore nikada ne bi dobile, i koje su upravo zbog toga prema stranim mandatorima krajnje poslušne. Tako je 1990. godine skrpljena i Demokratska opozicija Srbije, koju su praktično SAD vodile, instruirale i finansirale, da bi je na vlast dovele tek nakon bombardovanja Jugoslavije, te grubih ekonomskih i političkih grešaka vladajućeg režima, na koje je pored ostalog i spolja sistematski navođeno. SAD, međutim, nisu podržale opozicione snage u Iraku koje su pripremale svrgavanje Sadama Huseina ali su zahtevale i povlačenje SAD iz Iraka, zalažući se za njegovu samostalnost.

Ako se kolonijalna vlast ne može osvojiti na iznuđenim izborima, ne preza se ni od nasilnog preuzimanja. „*U slučaju Gvatemale i Čilea, bilo je potrebno da se pribjegne ekonomskom gušenju, subverziji i vojnoj sili da se svrgnu demokratski režimi i uspostave regionalni standardi koji im (kolonizatorima) više odgovaraju*"[682]. Huseinova vlada je oborena vojnom intervencijom i oružanom okupacijom Iraka, a SR Jugoslavija je bombardovanjem definitivno „bačena na kolena".

U mnogim državama kolonizatori su osvajali vlast uspostavljanjem diktatorskih režima putem državnih udara. SAD su protežirale vojnodiktatorske režime širom Planete i naročito na „zelenom kontinentu", sa obilatom materijalno-finansijskom pomoći i političkom podrškom (Čile, Honduras, Gvatemala, Salvador i dr.). Oko 70% teritorije i 70% stanovništva u Latinskoj Americi nalazi se pod vlašću vojnih režima i pod kolonijalnom dominacijom SAD[683].

Kad ne uspevaju unutarnji, vrše se spoljašni udari putem ekonomskih i političkih blokada i sankcija. Odmah nakon nacionalizacije Sueckog Kanala,

---

[681] *Lavirinti krize* (Radmila Nakarada), isto, str. 40.

[682] Noam Čomski, *Kontrolisana demokratija*, isto, str. 190.

[683] dr Taki Fiti, cit. rad, str. 127/8.

Engleska, Francuska i SAD primenili su ekonomske sankcije protiv Egipta: zamrzavanjem egipatskih računa u svojim bankama, uskraćivanjem isporuke Egiptu niza industrijskih proizvoda, otkazivanjem prodaje hrane i medikamenata za borbu sa zaraznim bolestima dece i obustavljanjem pregovora o pružanju ranije obećane „pomoći" u iznosu od 25 miliona dolara[684].

S ostvarivanjem apsolutne dominacije SAD u Savetu bezbednosti, cela Organizacija Ujedinjenih Nacija pretvorena je u instrumenat kolektivnog pritiska za ostvarivanje kolonijalne politike velikih sila. Mnoge nepokorne zemlje doživele su nepravedne i neopravdane blokade i sankcije koje su 1990-ih godina najdrastičnije i najobuhvatnije bile prema Jugoslaviji. S izmišljenim i insceniranim povodima i sasvim providnim kolonizatorskim namerama, Savet bezbednosti je Rezolucijom 757 od 30. maja 1992. godine, SR Jugoslaviji zabranio svaki izvoz i uvoz osim uvoza hrane i lekova, naučnu, kulturnu i sportsku saradnju sa drugim državama, kao i međunarodni avionski saobraćaj, te uz sve to snizio i nivo diplomatskog predstavljanja. Pa iako je SRJ prihvatila Vens-Ovenov plan, ipak je zbog navodnog neprihvatanja od strane bosanskih Srba kažnjena još i dodatnim sankcijama: zabranom tranzita robe kroz SRJ, zamrzavanjem finansijskih sredstava u inostranstvu, zabranom komercijalnog pomorskog saobraćaja sa drugim zemljama i pooštrenom kontrolom poštovanja sankcija[685]. Ukupna šteta od sankcija po osnovu neostvarenog društvenog proizvoda i neostvarenog netopriliva nerobnih transakcija iz inostranstva, procenjena je na 147,3 milijardi dolara, što predstavlja veličinu od pet godišnjih društvenih proizvoda iz 1990. godine[686].

Ekonomski i politički pritisci sračunati su na to da se nepokorne zemlje nateraju na kolonijalne ustupke, kao i da se ugrožavanjem životne egzistencije stanovništva iznudi zamena neposlušnih vlada poslušnim. Krajnji cilj je, u suštini, da se ekonomskim iznurivanjem nepokorna žrtva pokori i primora na dobrovoljnu kapitulaciju. Nizom iznuđenih ustupaka, SAD su korak po korak, Jugoslaviju „priterale uza zid" i bombardovanjem samo dokrajčile otpor koji nisu uspele slomiti ekonomskim, političkim i diplomatskim pritiscima.

U funkciji iznurivanja kolonijalnog protivnika je i veštačko izazivanje ekonomskih i društvenih kriza putem podrivanja privredne stabilnosti i podsticanja nezadovoljstva zbog teške ekonomske situacije, razbijanja unutarnjeg

---

[684] L.I. Medvedko, cit. rad, str. 24.

[685] _Lavirinti krize_ (Jovan Teokarević), isto, str. 328. i 329; _Sankcije - uzroci, legitimitet, legalitet i posledice_ (Milan Bulajić), isto, str. 53.

[686] Branislav Mitrović, cit. rad, str. 188.

jedinstva državne zajednice stvaranjem razdora između naroda i državnog rukovodstva, te potpirivanjem nacionalne, etničke i verske mržnje, izazaivanja masovnog straha, panike i nespokojstva, itd.[687]. Ekonomska i društvena destabilizacija kolonija vrši se „u ime stabilnosti" kolonizatora, „...kao što je objasnio urednik Forin Afersa Džems Čejs: napori Niksona i Kisindžera da se destabilizuje slobodno izabrana koministička vlada u Čileu..." preduzeti su jer smo se „...odlučili da pokušamo stvoriti stabilnost"[688].

Društveno destabilizovanje kolonija radi stabilizovanja kolonizatora najrazornije se vrši razaranjem društvenog zajedništva. Kao što se sprečava eksterna, tako se sprečava i interna integracija kolonija radi njihovog potčinjavanja i što čvršćeg vezivanja za kolonizatore. Deviza „podeli i zavadi pa vladaj" postala je najrazornije oružje savremene kolonizacije koje praktično razoružava kolonije u borbi za stvarnu dekolonizaciju. „Drevno provereno načelo „zavadi pa vladaj" je prvi pravac udara..."[689], a najklasičniji vid „modernizacije" lozinke „podeli pa vladaj" sproveden je u danima završetka borbe Indije za oslobođenje posle II svetskog rata. Stvaranjem dve velike države (Pakistana i Indije) od - do tada - jedinstvene Indije, pružalo je imperijalistima niz „pogodnosti", koje su „...naročito došle do izražaja zaoštravanjem odnosa - i to najčešće veštački izazvanim - između dve države oko verskih, nacionalnih, teritorijalnih itd. problema, i stvorilo uslove, vrlo prikladne za strateške kombinacije i interese imperijalizma"[690].

Cepanje kolonija i slabljenje njihove unutarnje kohezije radi efikasnije kolonijalne vladavine, nije prestajalo do današnjeg dana, i ...uprkos konsolidaciji svetske ekonomije, formalne političke strukture postaju sve fragmentarnije"[691]. Kolonijalne sile su putem vojnog udara u Siriji potpomogle razbijanje Ujedinjene Arapske Republike (Egipta i Sirije), a „...problemi međuplemenskih odnosa - koje su imperijalisti zaoštravali i koristili - pružili su mogućnost kolonijalnim vlastima da u zadnjim danima svoje vladavine, pod formom „demokratije" i „prava naroda" u skoro svim novoformiranim afričkim zemljama provedu veću ili manju decentralizaciju i uspostave mnoštvo administrativnih jedinica, najčešće stvorenih veštački, na plemenskoj, a ne geografskoj i ekonomskoj osnovi..."[692], što

---

[687] Dušan Janković, cit. rad, str. 10. i 13.

[688] Noam Čomski, Kontrolisana demokratija, isto, str. 525.

[689] Dušan Janković, cit. rad, str. 9.

[690] dr Anton Kolendić, cit. rad, str. 23.

[691] Wallue Mihael and Bradshaw York, The Reality of Inequality, in „Globale Inequalities", Pine Torge Press, 1996.

[692] dr Anton Kolendić, cit. rad, str. 28.

181

je dovelo do stvaranja „...*velikog broja malih državica čija je veličina ozbiljno one-mogućavala brži ekonomski razvitak"*. I u Latinskoj Americi su tzv. „kapetani-je", koje su Španci uveli kao kolonijalni oblik uprave, pretvorene u „...*male državice, razjedinjene i bez neophodnih uslova za razvoj"*[693]. Rezultat takvog ko-lonizatorskog cepanja je da je ukupan broj zemalja na Planeti od 1945-1994. godine povećan sa 51 na 192[694].

U svojoj razbijačkoj politici, kolonijalne sile masovno zlouptrebljavaju i izvrću demokratsko »pravo na samoopredeljenje", podstičući pojedine naci-je i nacionalne manjine na jednostrano istupanje iz višenacionalnih zajed-nica, bez obzira na interese pa i nasuprot interesima drugih nacija. Tako su razbijani i Sovjetski Savez, Socijalistička Federativna Republika Jugoslavija i Čehoslovačka, a sa istim motom radi se na daljem razbijanju Srbije i Crne Gore i same Srbije. Kao rezultat razbijanja Sovjetskog bloka samo od 1991-1993. godine na Globusu je niklo 25 novih država i državica, a kolonizator-ske ambicije su da se i sama Rusija rasparča na više nezavisnih država.

Nacionalno zajedništvo razbija se ignorisanjem zajedničkih interesa a naduvavanjem nacionalnih, etničkih, verskih, socijalnih, klasnih i političkih suprotnosti, čime se raspiruje međusobna netrpeljivost i podstrekava sep-aratizam, usled čega se „...*povećava broj separatističkih pokreta i broj etničkih grupa koje traže odvajanje i nezavisnost. Danas se u svetu vodi više ratova nego ikad ranije, a većina je zbog etničkih pitanja. Većina ovih konflikata su građanski ratovi između etničkih manjina ili između etničkih grupa i nacionalne vlade"*[695].

Težište razbijanja višenacionalnih zajednica je na raspirivanju nacio-nalne netrpeljivosti i podstrekavanju nacionalnog separatizma. „*Da bi se po-jedine zemlje iznutra oslabile i lakše spolja osvojile ili potčinile, sprovodi se politika raspirivanja nacionalnih suprotnosti... Strategi specijalnog rata često vrše zlou-potrebu nacionalnih manjina i etničkih grupa, podstiču njihovo nezadovoljstvo, iza-zivaju i podstrekavaju irendentist/čke i separatističke težnje"*[696].

Koristeći sva moguća sredstva specijalnog rata, SAD su uspele da sa malom dodatnom upotrebom oružane sile, razbiju relativno kompaktne vi-šenacionalne zajednice Sovjetskog Saveza, Čehoslovačke i Jugoslavije. Glav-na strategija je da se nacije i nacionalne manjine međusobno zavade i jedne

---

[693] dr Tihomir Đokonović, cit. rad, str. 26.

[694] Wallue Mihael and Bradshaw, cit. rad.

[695] Isto.

[696] Vojislav Mićović, *Specijalni rat i Jugoslavija*, isto, str. 45; *Globalizacija i novi svetski poredak*, isto, str. 147.

na druge nahuškaju, a da huškači u njihovim sukobima što manje neposredno učestvuju, kako bi se stekao utisak da je do razlaza moralo doći, ne zbog intervencije spolja već usled nemogućnosti zajedničkog života. Kolonizatorska infiltracija je bila toliko snažna da jugoslovenski narodi ni nakon poluvekovnog mirnog i složnog zajedničkog života nisu mogli doći sebi da je u njihovo zajedništvo neka strana ruka umešana.

Strategija globalne kolonizacije usmerena je u stvari na to da se nacije unište samim nacionalizmom; da se u međusobnoj borbi za nacionalnu samobitnost iscrpljuju sve dok se same ne odreknu nacionalne samobitnosti. Da bi se to postiglo, na nacionalna kormila se moraju postaviti kormilari kojima do nacionalne samobitnosti nije ni stalo; koji će radi sopstvene karijere i profiterstva, kao istinski antinacionalisti i kolonijalni globalisti samo glumiti velike nacionaliste. Oni su zapravo od više - globalne sile pozvani da „oslobode" svoje nacije tako što će na delu pokazati da su nesposobne za samostalan život, da su preživele i da ih treba poslati na „onaj svet", toj istoj globalnoj sili radi večnog izbavljenja.

Stari kolonizatori su svoje sluge pokorne nalazili među plemenskim poglavicama večito željnim vlasti, slave i bogatstva. Savremeni kolonizatorski grobari „komunizma" nalaze ih među „komunističkim" poglavicama, nikada sitim vlasti, slave i bogatstva. Provereni grobari komunizma postali su pouzadani grobari sopstvenih državnih zajednica, pouzdaniji i bezobzirniji i od svojih globalnih nalogodavaca. Za zasluženu nagradu, Gorbačov i Jeljcin u Rusiji, Tuđman i Mesić u Hrvatskoj, Kučan i Drnovšek u Sloveniji, Gligorov u Makedoniji, Bulatović i Đukanović u Crnoj Gori, i Milošević u Srbiji, dobili su u novim kolonijalnim državicama najviše državničke funkcije.

Vešto vođen, zauzdavan i obuzdavan svojim kolonijalnim nalogodavcima, najkontraverzniju ulogu odigrao je vlastoljubivi i slavoljubivi Milošević, koji je pokušavao da pod kolonijalnom uzdom glumi svojevoljnog, samovoljnog i samoživog srpskog poglavara, u čemu su mu kolonijalni režiseri i pomagali i odmagali. Nisu hteli ni s kim drugim ni da razgovaraju ni da pregovaraju, laskajući mu kao jedinom kompetentnom Srbinu i vođi celokupnog srpstva, ali nedozvoljavajući mu da se izmigolji iz kolonizatorske mreže u koju je uhvaćen još na kolonizatorskim pripremama u velikoj metropoli.

Veliki samozvani srbenda postupio je tačno po kolonizatorskom receptu. Među prvima se odrekao samoupravljanja, odbacio sve narodne i komunističke simbole, samovoljno raspustio Savez komunista, Socijalistički savez i Savez socijalističke omladine, a osnovao svoju partiju, gurnuo sindikat u zapećak, stavio van snage nasleđene demokratske tekovine i praktično rasturio sve istinski demokratske institucije zajedno sa lokalnom samoupravom. *„Od početka je uzurpirao srpsku nacionalnu politiku, sam ju je formulisao i vodio, ne konsultujući ni svoju stranku, ni parlament, a najmanje opoziciju"*[697]. Čelni srpski komunista lako je odbacio lažno komunističko ruho i ponosno navukao antikomunističku odoru, koja mu je više priličila.

Uz pritvorno odobravanje kolonizatorskih nalogodavaca (inače velikih srbomrzaca i negatora svakog nacionalnog identiteta), svesrpski glavešina je navukao lažnu masku srpskog nacionaliste da bi u zalog za podarenu vlast mogao lakše, parče po parče, da krčmi ugroženo srpstvo i srpsku baštinu. To je zapravo bilo na liniji kolonizatorskog podgrejavanja i neprijateljskog konfrontiranja jugoslovenskih nacionalizama na putu rasturanja jugoslovenske zajednice, u kojoj je *„...nacionalizam na svim stranama postao državna ideologija, dnevna politika, norma svakidašnjeg života. Velikosrpski nacionalizam ušao je u konfrontaciju sa velikohrvatskim i panislamskim nacionalizmom i svi oni zaratili su jedan protiv drugog"*[698].

Nisu Srbi nego srbomrzci Miloševića proizveli u izvikanog nacionalistu, da bi ga iznuđivanjem antisrpskih kolonizatorskih ustupaka srozali do nivoa srpskog izdajice, i od pritvornog nacionaliste načinili pravim antinacionalistom. *„Milošević je dozvolio hrvatskoj vojsci da protera Srbe iz Krajine i hrvatskim i muslimanskim snagama da ih potisnu natrag u severozapadnu Bosnu. On se takođe saglasio sa Tuđmanom da dozvoli postupni povratak istočne Slavonije pod hrvatsku kontrolu. Sa odobrenjem velikih sila on je, u stvari, bosanske Srbe „uručio" dejtonskim pregovorima, uključujući ih u svoju delegaciju..."*, čime je dobio naklonost „međunarodne zajednice". Podela Bosne u odnosu 51% (Muslimani i Hrvati) prema 49% (Srbi) *„...nije bila realna 1994. kada su Srbi kontrolisali 70% zemlje"*[699]. Erdutskim sporazumom odrekao se *„...dela državne teritorije Jugoslavije koji joj je dodeljen Mirovnim ugovorom posle I svetskog rata..."*, pristao na niz koncesija mimo mandata Skupštine Republike Srpske, a da *„...nije podržao ni minimalne zahteve Srba iz Istočne Slavonije za autonomijom"*[700]. Pritisnut „uza zid" potpisao je Kumanovski sporazum, kojim je „srpsku kolevku" Kosmet praktično predao okupatoru.

Kolonizatori su celo vreme „dogovarali" i „pregovarali" po principu „uzmi ili ostavi", otkidajući parče po parče, a Milošević je svaki poraz

---

[697] *Lavirinti krize* (Trivo Inđić), isto, str. 236.

[698] Isto, str. 236.

[699] Semjuel P. Hantington, cit. rad, str. 329/30.

[700] *Lavirinti krize* (Radmila Nakarada), isto, str. 39/40.

proglašavao za pobedu. Jugoslavija je diplomatski rasturana „na tenane", i to uglavnom na štetu Srba i Srbije. Predsedništvo SFRJ sastavljeno je, po razbijačkom receptu, uglavnom od dobro pripremljenih i politički instruisanih separatista, usmeravanih iz jednog kolonizatorskog centra[701].

Američki kolonizatori su se diplomatski trudili da ostave utisak nemešanja, gurajući druge da se istrčavaju, a u stvari, nisu samo „podržavali separatiste", kako je izgledalo, nego su projektovali, organizovali, vodili i finansirali specijalni rat za kolonijalno osvajanje. I zato su bili „...*prisutni u svim značajnijim jugoslovenskim institucijama, uključujući SDB (Službu državne bezbednosti) i samo Predsedništvo SFRJ"*[702]. Istureni ešalon bilo je ipak samo državno rukovodstvo SFRJ koje je, naviknuto da disciplinovano sprovodi partijske direktive, sada još disciplinovanije sprovodilo kolonizatorske naloge. Amerikanci su bili „...*do kraja involvirani u Sloveniji i Hrvatskoj oko izbora, šaljući brojne „posmatrače", u stvari kontrolu, čime su direktno uticali na raspoloženje birača i na tok izbora"*[703].

Dok je američka diplomatija zavaravala javnost da SAD podržavaju jedinstvenu Jugoslaviju[704], sve službe su užurbano radile na njenom rasturanju, a „...*zadužena je i Mađarska da svim mogućim sredstvima i uz potrebnu američku pomoć radi na rušenju socijalističkog poretka i jedinstva Jugoslavije, i naročito da radi protiv Srbije"*[705]. Nametnutim Dejtonskim sporazumom Amerikanci su praktično raskomadali Bosnu i Hercegovinu, pomogli stvaranje hrvatske armije i „dale zeleno svetlo" za hrvatsku ofanzivu u Krajini 1995. godine, kojom je ona etnički očišćena od prognanih Srba, podržavali su stvaranje OVK (Oslobodilačke vojske Kosova) i pomagali njene operacije protiv srpskih snaga, „...*dali zeleno svetlo za srpski napad na Srebrenicu, kao deo šireg plana razmene stanovništva*«, itd. i tsl.[706].

Kao tradicionalno i nezaobilazno sredstvo kolonijalnih osvajanja, nacionalni i etnički terorizam cveta i pri kolonizaciji južnoslovenskih zemalja, i to kako između kolonizatora i kolonijalnih žrtava, tako, i još više, između samih žrtava. Kolonizatori žestoko osuđuju terorizam ako je protiv njih uperen, a podržavaju ga i sami primenjuju u sopstvenom interesu. Pritom svoje

---

[701] Borisav Jović, *Poslednji dani SFRJ*, 2. izdanje, izd. autor, Beograd, 1996.

[702] Isto, str. 132.

[703] Isto, str. 140.

[704] *Izjava Stejt departmenta 11. i 12. decembra 1989*, isto, str. 103/4.

[705] Isto, str. 229.

[706] Semjuel P. Hantington, cit. rad, str. 314; N. Čomski, *Novi militaristički humanizam*, isto, str. 35/6. i 42.

protivnike obavezno nazivaju teroristima a sebe oslobodiocima, pa i kad je u stvarnosti obrnut slučaj, zbog čega se i kaže: *„Ono što je za nekog tetorista, za drugog je borac za slobodu"*[707].

Teroristička aktivnost kolonizatora ne sastoji se samo u pripremanju terorista, već i u podržavanju, pomaganju, pa i neposrednom izvođenju terorističkih akcija. *„Turska je vršila etničko čišćenje i druge zločine ogromnih razmera dobijajući veliku vojnu pomoć od Klintonove administracije..."*, koja se *„...povećavala kako su zverstva rasla"*. Hrvati su 1995. godine *„...uz presudnu podršku SAD-a..."* proterali iz Krajine preko 200 hiljada Srba, a slične, i još veće zločine vrše albanski teroristi nad nealbanskim pa i neposlušnim albanskim stanovništvom uz prećutnu podršku KFOR-a[708]. *„Verifikatori OEBS-a su sve vreme boravka na Kosmetu posećivali teroriste u tom kraju, snabdevali ih oružijem, lekovima, hranom, informacijama o pokretu srpskih snaga bezbednosti, štitili"*[709]. Ali najveći zločin radi kolonizacije Jugoslavije, izvršili su sami kolonizatori bombardovanjem civilnih ciljeva kojim su ubijene hiljade nedužnih ljudi i naneta ogromna materijalna šteta bez ikakve krivice i povoda nastradalih žrtvi.

Nacionalno-etničkim terorizmom genocid je pretvoren u univerzalno sredstvo kolonizacije, kojim se kolonijalne žrtve srozavaju do najnižeg nivoa, da bi se s njima postupalo gore nego sa životinjama. Sa rasne diskriminacije crnačkog stanovništva, kojom su najpre sopstvenu zemlju pretvorili u klasičnu koloniju, „rasni" Amerikanci su prešli na nacionalnu i etničku diskriminaciju, da bi u savremenu koloniju pretvorili ceo svet. I da bi prikrili sopstveni genocid, za izmišljeni genocid optužuju redom i pred sud (ne)pravde izvode sve ostale. Pred Haški tribunal su zbog navodnih genocidnih zločina, izveli sve same žrtve sopstvenog genocida, a pred sud istinske pravde bi, na čelu sa Klintonom, sami morali stati.

Kao dopuna nacionalno-etničkog separatizma, koristi se za rušenje nacionalnog integriteta, i verski separatizam. Zaoštravanje verskih indusko-muslimanskih suprotnosti doprinelo je cepanju Indije na dve nezavisne i međusobno suprostavljene države, čime je olakšana kolonijalna vladavina[710]. Žestokom konfrontacijom tri verske zajednice - katoličke, pravoslavne i muslimanske, potpomognuto je cepanje SFRJ, ali se na tome nije stalo; podelom

---

[707] Wallue Michael and Brandshaw, cit. rad
[708] Noam Čomski, *Novi militaristički humanizam*, isto, str. 339/40.
[709] Milovan Drecun, cit. rad, str. 247.
[710] A.A. Guber, cit. rad, str. 19.

same pravoslavne crkve u Crnoj Gori želi se ubrzati odvajanje Crne Gore od Srbije.

Radi razaranja nacionalnog integriteta kolonija, savremeni kolonijalizam je išao na umnožavanje verskih organizacija i stvaranje što većeg broja verskih sekti. Većina sekti, sem onih tradicionalnih, nastala je tokom poslednje dve decenije pod patronatom Američke obaveštajne agencije[711], i uz tendenciju da se ubrzano umnožavaju. U Francuskoj se svake godine u <u>Službenom listu</u> objavljuje da je prijavljeno po 800 novih duhovnih grupa[712].

Verski separatizam podstiče se naročito u kolonijama s izrazitijim težnjama za osamostaljivanjem. U Japanu je nakon poraza u II svetskom ratu 1945, već u početku podpadanja pod kolonijalnu zavisnost od SAD, nastalo 600 novih religija (šintoističkih, budističkih, sinkretističkih). *„Posle Sandinističke revolucije, u Nikaragvu je ubačeno preko 300 sekti, da bi revolucija bila svrgnuta. Isto se, naravno, dogodilo i u Gvatemali, da bi se pružila podrška vladi nacionalne bezbednosti, a i u Salvadoru"*[713].

Međusobna isključivost i netrpeljivost verskih organizacija je veoma snažan činilac društvene fragmentacije i razbijanja socijalne kohezije, i što ih je više, nacionalna zajednica, koju globalni kolonizatori hoće nazor da sahrane, je slabija i nestabilnija, konfliktnija i nesposobnija za samostalno bitisanje. Njihova nekooperativnost je sigurna preventiva protiv revolucionarnih i nacionalno-oslobodilačkih pokreta (od kojih kolonizatori najviše strahuju), utoliko pre što su većinom okrenute „onozemaljskom svetu".

Ali to za globalne kolonizatore nije i jedina „vajda" od verskog separatizma. Apolitičnost, konformizam i pokornost verskih sekti prema vlasti su „dušu dali" za mirnu i sigurnu kolonijalnu vladavinu. *„Većina tih grupa predoseća da spasenje može doći samo od Boga...",* i *„...zato je, po njihovom mišljenju, bolje ulagati vreme u propovedanje njegove volje i njegovog plana, nego u akcije „uobraženog mrava", ali ta namerna apolitičnost najčešće dovodi do stava* <u>*konformističkog*</u> *potčinjavanja postojećim vlastima, odnosno etabliranom poretku. Svi novi verski pokreti ponašaju se danas kao agensi okamenjenosti..."* i *„...deluju kao sredstva za* <u>*lično*</u> *menjanje putem preobraćanja, a ne kao sredstva za menjanje* <u>*društva*</u> *putem revolucije"*[714].

---

[711] Vojislav Mićović, *Globalizacija i novi svetski poredak*, sito, str. 169.

[712] Žan Vernet, *Sekte*, Plato, XX vek, Beograd, 1997., str. 35.

[713] Isto, str. 63. i 100.

[714] Isto, str. 99, 100. i 101.

Bujanje verskih organizacija nije samo rezultat organizovanog angažovanja kolonizatora na njihovom umnožavanju već i, pre svega, sve veće nepodnošljivosti same kolonizacije, koja sa društvenim porobljavanjem nosi i duhovno porobljavanje. Rab carev je i „rab božiji". Padajući na kolena pred carem „uobraženi mrav" ljudski na kolena pada i pred bogom. Ako izlaz iz pakla ne nalazi u stvarnom, traži ga u uobraženom raju. I u tome mu verski izbavitelji priskaču upomoć. *„U periodu nestabilnosti i krize, grupe pune srdačnosti i uverenja nude veoma umirujuće odgovore: određeni model, određene rituale, snažno vrbovanje novih poklonika, zajednicu koja je nosilac zajemčene istine, sigurnost i spasenje"*[715].

Kolonizacija i religija zatvaraju začarani krug. Što je veće kolonijalno izrabljivabnje veća je i religioznost, a što je veća religioznost veća je podložnost kolonijalnom izarabljivanju. I to vrćenje u krug globalni kolonizatori stalno održavaju i pojačavaju: povećavaju kolonijalno izrabljivanje i, ne samo što umnožavaju nego i pomažu verske organizacije jer je dobit znatno veća od ulaganja. I ne samo da sami pomažu već na to gone i svoje podanike u kolonijama. Umesto novih fabrika, vajne „socijalističke" zemlje u tranziciji podižu nove bogomolje. Za jednu deceniju tranzicije, sagradile su ih više nego od samog nastanka svojih naroda, i to ne samo od „dobrovoljnih priloga" već i od sredstava iz državnog budžeta.

Verski separatizam je značajna potpora političkom separatizmu, koji predstavlja ozbiljnu prepreku za stvaranje jedinstvenog i masovnog antikolonijalnog pokreta, od čega kolonizatori sa razlogom strahuju. Osnovni smisao insistiranja globalnih kolonizatora na političkom pluralizmu i višepartijskoj demokratiji, nije u razvijanju demokratije već u razaranju nacionalnog jedinstva upravo sprečavanjem demokratije. Pred političke stranke se ne postavlja zadatak da se bore za nacionalne interese nego za vlast, koja je predmet njihove antagonističke konfrontacije i neprestanog gloženja, pa što ih je više društvo će iznutra biti više antagonizirano, politički pocepano i nesposobno da se suprotstavi kolonizatoru.

Glavna namena političkog višestranača u kolonizatorskoj tranziciji istočnoevropskih zemalja nije bila da ih demokratizuje nego da ih atomizuje, denacionalizuje i preda na milost i nemilost globalnim kolonizatorima. Radi toga je formirano na desetine i stotine patuljastih, centralizovanih i birokratizovanih liderskih stranaka, koje se umesto u demokratizaciji i revitalizaciji, takmiče u birokratizaciji i kolonizaciji društva.

---

[715] Isto, str. 6.

U toj funkciji, političke stranke se ponašaju slično verskim sektama: ne podnose se, gloše se oko vlasti i društvenog uticaja, vrše depolitizaciju masa pa i sopstvenih „vernika", koje stranački lideri nizašta ne pitaju, uteruju konformizam, odaništvo i podaništvo političkim predvodnicima i državnoj birokratiji ako je stranka na vlasti. Politika je oteta od naroda i pretvorena u biznis profesionalnih političara, da bi se lakše koristila kao sredstvo kolonizacije. Masovne društveno-političke organizacije su raspuštene da se kojim slučjem ne bi okrenule protiv kolonizacije, a formiraju se depolitizirane nevladine organizacije, preko kojih globalni kolonizatori kontrolišu i koriguju kolonizatorsku vlast, potiskujući i gušeći sve izvorne oblike narodnog organizovanja i delovanja.

Vladajuće stranke tranzicionih zemalja odnose se prema svojim kolonizatorima slično kao što su se vladajuće komunističke partije odnosile prema svom kolonizatorskom centru. U slučaju neposlušnosti, zamenjuju se poslušnijim opozicionim strankama, baš kao što se iz „komunističkog" kolonijalnog centra postupalo sa neposlušnim rukovodstvima vladajućih komunističkih partija. Promenjene su samo forme, a tehnologija kolonijalne vladavine je u suštini ostala ista.

Kapitalistički i „komunistički" kolonizatori su podjednako savesno radili na razbijanju radničkog pokreta u svojim kolonijama, koji bi lako mogao da preraste u antikolonijalni pokret širokih razmera. Sopstvenom birokratizacijom i podržavljenjem sindikata, vladajuće komunističke partije su praktično likvidirale radnički pokret, dok su kolonizatorskom tranzicijom radničke stranke prigušene tako da nemaju nikakvog uticaja na vlast, a pogotovu šanse da je same osvoje. I dok su „...poslodavci ujedinjeni u raznim udruženjima...", radnici su slabo organizovani ako im je udruživanje uopšte dozvoljeno[716]. „U Italiji, radnički lideri SAD, prvenstveno iz AFL, imali su aktivnu ulogu u razbijanju i slabljenju radničkog pokreta, i u navođenju radnika da prihvate mjere izdržljivosti, dok su poslodavci žnjeli bogate profite". Kenedi je „...naročito cijenio doprinose Džeja Lavetona i drugih radničkih birokrata SAD, koji su efikasno radili da oslabe radnički pokret u Latinskoj Americi i drugdje već mnogo godina"[717]. U zemljama kolonijalne tranzicije odmah je zakonom zabranjeno političko organizovanje po mestu rada, navodno da bi se posao odvojio od politike, a u stvari iz kolonizatorske predostrožnosti.

Integracija radničke klase i radničkog pokreta osujećuje se i razbijanjem sindikata, kako u nacionalnim okvirima tako i na međunarodnom nivou

---

[716] Vera Nikolova, cit. rad, str. 219.
[717] Noam Čomski, *Kontrolisana demokratija*, isto, str. 438. i 350.

gde deluje preko 60 sindikalnih organizacija, „...često u rivalskom međusobnom odnosu". Pojedine transnacionalne korporacije „...sprovode antisindikalnu politiku koja se izražava i u nepriznavanju sindikata zemlje u kojoj se osnivaju njihovi ogranci...", a u „...nekim slučajevima odbijaju da priznaju i pregovaraju sa regularnim sindikatima, već osnivaju svoje sopstvene organizacije koje čak i finansijski podržavaju"[718]. Kompetentne stručne institucije SAD su od strane vlade i korporacija „...instrumentalizovane u osujećivanju neprijateljske aktivnosti sindikata da bi se pomoglo kompanijama SAD da maksimalizuju svoje profite"[719].

Projekat kolonizatorske tranzicije kompletiran je i razbijačkom pluralizacijom sindikata, koji se navode više na zaštitu poslodavaca nego radnika. Od samog početka tranzicije podsticano je i potpomagano stvaranje novih, kolonizatorski orijentisanih rivalskih sindikata, dok je se zatečeni državni sindikat i sam prišljamčio uz novu kolonizatorsku vlast. Da bi zadržala stečene privilegovane pozicije, sindikalna birokratija je, i ne pitajući radnike, ponizno prihvatila novu kolonizatorsku politiku.

Kolonizatorsko razaranje društvenog zajedništva i izazivanje socijalne konfliktnosti doseže sve do pojedinca, čime se razara i njegov lični integritet. „Čak i unutar porodice, dramatično se povećao broj svađa i ogorčenost među ljudima..."[720], uključenim u različite međusobno suprotstavljene i sektaški orijentisane političke, verske ili nacionalne organizacije. Istinsko zajedništvo pa i lični integritet ljudske jedinke ne mogu se ni zasnivati na odnosima međusobnog izrabljivanja i ugnjetavanja, koji podrazumevaju prinudno povezivanje i potčinjavanje. Zbog toga ni istinsku slobodu izrabljivanim i ugnjetavanim narodima ne mogu doneti njihovi izrabljivači i ugnjetači. Oslobodilaca nema niti će ih ikada biti, slobodu donose jedino samooslobodioci. 'Izrabljivani i ugnjeteni narodi mogu jedino sami sebe osloboditi od klasnog i kolonijalnog izrabljivanja i ugnjetavanja.

Kolonizirani narodi morali bi u borbi za sopstveno oslobođenje činiti sve suprotno od svojih kolonizatora, suprotstavljajući se: monopolizaciji i profesionalizaciji - opštom politizacijom i deprofesionalizacijom politike; separatizmu - udruživanjem; konformizmu - revolucionarnošću; potčinjavanju - ravnopravnošću; autoritarnosti - demokratičnošću. Depolitizacija društva jeste istorijski cilj ali on se ne ostvaruje kroz monopolizaciju već kroz demonoploizaciju politike. Društvo se može depolitizovati samo putem opšte

---

[718] dr Brana Marković, cit. rad, str. 104,105, 36. i 37.

[719] Saut, navod N. Čomskog, *Kontrolisana demokratija*, isto, str. 302.

[720] *Globalizacija* (Helena Norberg-Kodž), CLIO, isto, str, 53.

depolitizacije, a opšta depolitizacija je rezultat opšte politizacije. Tek kada stanu svi zajednički odlučivati o sopstvenoj sudbini niko neće sam odlučivati o tuđoj sudbini. I čovečanstvo će postati slobodno i depolitizirano kada se svi narodi politiziraju i stanu ravnopravno odlučivati o sopstvenoj i zajedničkoj slobodi.

Nacije i nacionalizmi će nestati ali ne ukidanjem već samoukidanjem, ne po tuđoj nego po sopstvenoj volji, i ne u tuđem već u sopstvenom interesu. Pravi put za to nije razdvajanje i sukobljavanje, nego spajanje i sarađivanje nacija; nije negiranje već potvrđivanje nacionalnog identiteta, niti slabljenje nego jačanje integriteta nacije. Slobodnim i interesnim udruživanjem i zdru-živanjem, a ne međusobnim uništavanjem, nacije će se same integrisati i sje-diniti u jedinstvenu, ali ne kolonijalnu nego slobodnu planetarnu zajednicu.

Time će i nacionalna država gubiti i izgubiti smisao svog postojanja. Nju ne može ukinuti i nadomestiti neka globalna nadnacionalna paradržava koja bi mogla garantovati veću slobodu i opšte blagostanje čoveka i čovečanstva. Državno uređenje društvene zajednice uopšte nije moguće ukinuti dok se ne ukine klasna i kolonijalna eksploatacija kao preka potreba i osnovni smisao njegovog postojanja.

Kao što je potrebna za održavanje, država je neophodna i za ukidanje klasne i koonijalne eksploatacije, ali dok je za održavanje potrebna autokrats-ka, za ukidanje je neophodna demokratska država. Tendencija nadrastanja nacionalne države nadnacionalnom državom nije izraz demokratizacije, ne-go nadrastanja nacionalne eksploatacije nadnacionalnom eksploatacijom, i stoga, pod lažnom maskom globalne demokratizacije, predstavlja u stvari tendenciju održavanja i produžavanja autokratske vladavine na globalnom, nadnacionalnom nivou. Srastanje nacionalne oligarhije sa transnacional-nom oligarhijom, izraz je srastanja nacionalnog kapitala sa transnacional-nim kapitalom. Zbog toga se stvarna demokratizacija države u funkciji uki-danja eksploatacije, ne može sprovoditi na nacionalnom ako se ne sprovodi na internacionalnom nivou, kao ni obratno, jer se klasna eksploatacija ne da ukinuti bez ukidanja kolonijalne eksploatacije, niti kolonijalna bez ukidanja klasne. A to kolonizirane narode, i na ekonomskom i na političkom planu stavlja pred veoma složen zadatak istovremene borbe i za socijalno i za na-cionalno oslobođenje.

Zadatak je utoliko teži ukoliko je nacionalna oligarhija srasla sa transna-cionalnom oligarhijom, i ukoliko marionetske nacionalne vlade deluju kao produžena ruka kolonijalnih sila. I utoliko je neophodnija frontalna borba na globalnom planu, koja se ne može voditi bez neposrednog povezivanja nacionalnih snaga u jedinstven antikolonijalni demokratski front za socijalno i nacionalno oslobođenje. Parcijalne akcije izolovanih i blokiranih nacionalnih snaga ne mogu imati efekta protiv združanih snaga globalne kolonizacije.

Ali ako se kolonizacija vrši s vrha, dekolonizacija se mora vršiti rušenjem kolonijalne piramide od samog temelja, upravo odande odakle je kolonizatori najviše podupiru, što podrazumeva postavljanje temelja demokratske vladavine samog koloniziranog naroda. Rešenje je u neposrednom odlučivanju građana o ključnim pitanjima zajedničkog života i društvenog razvoja, te demokratskom izboru zakonodavne i izvršne vlasti, koja će umesto po nalozima kolonizatora i partijskim direktivama raditi po neposrednim zahtevima birača.

Da bi se to obezbedilo, neophodno je neposredno zbijanje svih izrabljivanih i ugnjetenih u jedinstven opštenarodni front za socijalno i nacionalno oslobođenje, iz čijih redova će poticati a koje neće napuštati, najdosledniji i najodlučniji zastupnici opštenarodnih interesa. Što su klasno i kolonijalno izrabljivanje i ugnjetavanje nepodnošljiviji, potreba za takvim zbijanjem je preča. Pred imperativom životnog opstanka moraju padati svi drugi imperativi, sva politička zavođenja i sve verske zablude. To je neizostavni uslov za odlučno suprotstavljanje klasnom i kolonijalnom izrabljivanju i ugnjetavanju svih izrabljivanih i ugnjetenih naroda, te za njihovo zbijanje u jedinstven planetarni pokret za ukidanje globalne kolonizacije. Globalnu dekolonizaciju neće i ne mogu sprovesti globalni kolonizatori; jedino je mogu i moraju sprovesti same udružene žrtve kolonizacije.

Kulturna kolonizacija

Osnovni uslov kulturne kolonizacije predstavlja monopol na kulturno stvaralaštvo, zasnovan na ekonomskom i kadrovskom monopolu. Sa koncentracijom kapitala i kadrova vrši se i koncentracija kulturne delatnosti u metropolama, kao što se u svakoj nacionalnoj zajednici koncentriše u gradovima. Podela na umni i fizički rad između grada i sela produžava se na globalnom planetarnom nivou u podeli između metropola i kolonija. *„Eksplozivna snaga globalne kulture počiva na izrazitom monopolu moći, činjenici* *da se gotovo 90 odsto tehnoloških sredstava za proizvodnju kulture nalazi koncentrisano u malom broju ruku"*[721].

Upravo zbog toga što je proizvodnja kulture tehnološki determinisana, *"...distribucija kultura u svetu reflektuje distribuciju moći..."*, pa *"...kultura skoro uvek prati moć"*. Tako su *"...moć Zapada u obliku evropskog kolonijalizma u devetnaestom, i američka hegemonija u dvadesetom veku proširili zapadnu kulturu širom najvećeg dela savremenog sveta..."*[722], ali nije kultura samo pratila kolonijalnu moć, nego joj je, kao bitan činilac, i prethodila, zbog čega je tako nadaleko i širena.

Planetarne disproporcije u kulturnom stvaralaštvu jesu sudbonosno predodređene ekonomskim disproporcijama, ali su one i jedna od osnovnih determinanti rastućih disproporcija u ekonomskoj razvijenosti koja se na razvoju kulture temelji. Ne ulažu kolonizatori u kulturu samo, pa ni prvenstveno radi zadovoljavanja svojih kulturnih potreba već pre svega radi profita, što se reflektuje ne samo na obim i sadržinu kulturne delatnosti nego i na sam karakter kulture.

Rastuće disproporcije u kulturnoj proizvodnji najvećim delom su uslovljene rastućim kolonizatorskim i profiterskim ambicijama metropola. *"Samo četiri svetske novinske agencije dnevno emituju 34 miliona reči, 90 odsto ukupne proizvodnje informacija svetske štampe, radija i televizije..."*[723], i sve četiri pripadaju kolonijalnim silama, koje tim informacijama obasipaju svet, više radi kolonizatorskog navođenja i zavođenja nego iz kulturnih i humanitarnih pobuda.

Vrhunski kolonizator je i vrhunski monopolista kulturne produkcije, i možda najviše zbog toga je i vrhunski kolonizator. Da se i ne govori o dominaciji u tehničkoj kulturi, *"...veliki američki trustovi publiciteta, informacije, zabave, izdavačke delatnosti (knjige, periodika, film, televizija i radio), ispitivanja, propagande, zbog svoje moći, veličine američkog tržišta, zbog tehnike modernih komunikacija (glavnu ulogu imaju komunikacijski sateliti), mogu danas ovladati čitavim kulturnim prostorom"*[724]. Devet desetina najvećih reklamnih firmi su američke, u Holivudu se proizvede četiri petine svih filmova u

[721] Miroslav Pečujlić, cit. rad, str. 78.
[722] Semjuel P. Hantington, cit. rad, str. 100.
[723] Miroslav Pečujlić, cit. rad, str. 78.
[724] Danica Drakulić i dr., cit. rad, str. 96/7.

svetu,[725] a kupuje samo 1% filmova u inostranstvu[726]. Nasuprot tome, kulturna produkcija i nivo kulture nerazvijenih kolonija su na izuzetno niskom nivou. U nerazvijenim zemljama gde živi tri četvrtine svetskog stanovništva, štampa se samo jedna petina knjiga i jedna četvrtina ukupnog tiraža štampe u svetu. Na tri stanovnika Severne Amerike dolazi jedan list, a u Africi jedan primerak na 90 stanovnika, dok osam afričkih zemalja i tri arapske države nemaju uopšte dnevne štampe. Samo u deset zemalja Severne Amerike i Evrope, gde živi 750 miliona stanovnika, nalazi se 80% od ukupnog broja telefona u svetu, a polovina svih telefona koncentrisana je u SAD[727]. U zemljama Latinske Amerike, Azije i Afrike uvozi se više od polovine TV programa, a zemlje kao što su npr. Malezija, Novi Zeland, Zambija, Nigerija i Gvatemala uvoze preko 70-84%[728]. U Kanadi je samo 25% kanadskih izdavača školskih udžbenika[729].

Uvozno-izvozne disproporcije već same po sebi govore o stepenu kulturne zavisnosti. *„Iz nekolicine materijalno i medijski najrazvijenijih kultura obilato se izvoze produkti masovne kulture, ponekad trivijalni..."*, dok *„...ono što materijalno i medijski nerazvijene nacije mogu da iznesu na svetsko tržište (bez konkurencije) mora biti vrhunsko ostvarenje njihove endogene kulture, njene najautentičnije vrednosti"*[730]. Prema studiji UNESCO-a, *„...postaje sve jasnije da su efekti intelektualne i kulturne zavisnosti isto tako ozbiljni kao i efekti političke i ekonomske zavisnosti"*[731].

Izvoz kulture dvojako utiče na izvlačenje profita iz kolonija: neposredno preko prodaje kulturnih proizvoda i usluga i posredno kroz ideološku indoktrinaciju kojom se vrši duhovno porobljavanje u funkciji kolonijalne eksploatacije. Zbog toga kolonizatori ne samo što finansiraju izvoz kulturne podukcije, i to često još i više nego ostalih proizvoda i usluga, već je i poklanjaju, naročito kad izuzetno sugestivno utiče na svest kolonijalnih podanika.

Kolonizatori i u kulturu ulažu prevashodno iz profiterskih razloga zbog čega ona s odgovarajućom sadržinom i u korporacijskoj produkciji, ima pretežno komercijalnu namenu. *„Korporacijska kultura postala je takoreći*

---

[725] Miroslav Pečujlić, cit. rad, str. 78.

[726] Vojislav Mićović, *Globalizacija i novi svetski poredak*, isto, str. 77.

[727] Isto, str. 72-80.

[728] Zlatko Isaković, cit. rad, str. 212.

[729] *Globalizacija* (Mod Barlou i Herder-Džej Robertson), CLIO, isto, str. 86.

[730] Zlatko Isaković, cit. rad, str. 212.

[731] Vojislav Mićović, *Globalizacija i novi svetski poredak*, isto, str. 69.

definicija života u Americi, koja se mora štititi po svaku cenu, čak i vojnom silom. Američke korporacije troše na reklamu preko 150 milijardi dolara godišnje...", a „...stotinu najvećih korporacija u zemlji plaća približno 75% vremena komercijalnih TV ekrana"[732].

Komercijalna korporacijska kultura je industrijska i masovna i stoga je kao i svaka druga industrijalizovana masovna proizvodnja, *„...ujednačena, tipizirana i uprošćena..."*[733], s osnovnim ciljem da osvaja i zarobljava ljudske duše, pružajući im u imaginaciji sve što u stvarnosti ne poseduju ili ne mogu da ostvare. Stoga je ona masovna pre svega po masovnoj privlačnosti, koju prati i masovna proizvodnja, jer *„...kako je mladim ljudima u mnogim delovima sveta sve teže da sebi izgrade uloge kojima bi bili zadovoljni, navala komercijalnog zvuka i slika nudi im bekstvo iz stvarnosti"*[734]. Gladnima nudi jeftinu duhovnu hranu, razočaranim i unesrećenim - iluzornu ljubav i sreću[735].

Elektronska sredstva masovne komunikacije omogućavaju da iluzionosna kultura dopre do svačije duše i da se masovna potreba za uživanjem u iluzijama masovno zadovoljava. Sada je *„...bukvalno cela planeta u zamci muzike, filmova, vesti, TV programa i drugih proizvoda kulture koji se prvo stvaraju u filmskim i muzičkim studijima SAD"*[736]. Oni zadovoljavaju dvojaku i protivrečnu društvenu potrebu: zgrtanja profita na jednoj, i iluzornog usrećenja profiterstvom unesrećenih jadnika na drugoj strani. I upravo zahvaljujući tome, *„...američki televizijski programi i filmovi zauzimaju tri četvrtine svetskog tržišta..."*[737], a da se i ne govori o masovnom plasmanu američke robe okićene hvalospevnim TV reklamama, i kad je najlošijeg kvaliteta.

Kolonizatorska komercijalna kultura zatvara sa kolonijalnom bedom začarani krug: što je beda veća, veća je i masovna potražnja komercijalne kulture, čijom se konzumacijom povećava podložnost kolonijalnoj eksploataciji što rezultirala i povećanjem kolonijalne bede. Duhovna beda u koju zapadaju konzumatori komercijalne kulture, izaziva na taj način apsolutnu egzistencijalnu bedu eksploatisanog kolonijalnog stanovništva.

Duhovna bedonosnost komercijalne kulture proističe iz apsolutne podređenosti profitabilnosti, za koju kulturnu vrednost ima samo ono što

---

[732] *Globalizacija* (Džeri Mander), CLIO, isto, str. 308.
[733] Vladimir Milić, cit. rad, str. 308.
[734] *Globalizacija* (Ričard Barnet i Džon Kavana), CLIO, isto, str. 105.
[735] Vidi: Edgar Moren, *Duh vremena*, Kultura, Beograd, 1967., str. 166/7.
[736] *Globalizacija* (Ričard Barnet i Džon Kavana), CLIO, iszo, str. 98.
[737] Zbignjev Bžežinski, cit. rad, str. 29.

jača biznis i donosi profit. *„Od ranih godina XX vijeka služba za održavanje odnosa sa javnošću uložila je ogromna sredstva da se „obrazuje američki narod, što se tiče ekonomskih činjenica o životu", kako bi se stvorila povoljna klima za biznis. Zadatak je da se <u>kontroliše mišljenje ljudi</u>…"*, koje je *„…jedina ozbiljna opasnost koja dolazi u sukob sa kompanijom"*[738].

Kontrola mišljenja donosi zapravo duhovnu bedu ogromne većine ljudi radi ekonomske i društvene dominacije neznatne manjine profitera, kojoj je *„…potrebna intelektualna i kulturna hegemonija izvesnih ideja i uverenja koji treba da imaju široku podršku u društvu"*[739]. Te ideje i uverenja su da za dobro društva koje oficijelno predstavlja njegova povlašćena manjina, vredi žrtvovati i živote većine koja to društvo nosi na svojoj grbači. Svi eksploatatori se prema eksploatisanim masama, pa i kolonizatori prema svojim kolonijalnim žrtvama odnose, naime kao prema teglećoj marvi, kojoj nije ni potrebna neka viša kultura od one što je kvalifikuje da celog života samo tegli za drugoga.

To je upravo tipizirana industrijska monokultura, koja masovno proizvodi tipizirane žive robote kojima se, prema potrebama korporacijske proizvodnje, može automatski s odstojanja upravljati kao što se upravlja tehničkim robotima. *„Putem TV i preko satelita na sve krajeve zemaljske kugle prenose se ujednačeni stavovi, ukusi i želje, čime se stvara globalna kultura potrošača naklonjenih korporacijama"*[740]. Sateliti, kablovska televizija, vokmeni, video rikorderi, kompakt diskovi i *„…druga tehnološka čudesa predstavljaju arterije putem kojih konglomerati savremene zabave homogenizuju globalnu kulturu"*[741].

Snažna bujica globalne homogenizirane korporacijske kulture ruši nacionalne heterogene tradicionalne kulture, koje ne samo što ne udovoljavaju potrebama savremenih korporacija nego se i opiru nezajažljivim profiterskim apetitima globalnih kolonizatora. Zatečene kulturne institucije se ukidaju ili transformišu u kovačnice korporacijskih robota od krvi i mesa a bez duše i duha, bez svesti i savesti, da bi se sami uprezali u izrabljivački jaram bezdušnih korporacija, za koje su društvena svest i savest „tera inkognita".

Kolonizatori su širom Planete uništavali domorodačke, i nametali sopstvene kulture da bi kolonizirane narode što lakše i što više podjarmili i izrabljivali. Britanci su razrušili indijsku civilizaciju *„…uništavajući domorodačke*

---

[738] Noam Čomski, *Kontrolisana demokratija*, isto, str. 462.

[739] Gramši, navod Roberta Dala, cit. rad, str. 367.

[740] *Globalizacija* (Toni Klark),CLIO, isto, str. 293.

[741] Isto (Ričard Barnet i Džon Kavana), str. 97/8.

opštine, razarajući domaću radinost i nivelišući sve što je bilo veliko i isticalo se u indijskom društvu"[742]. Španci *"...nisu samo spalili svih arabskih knjiga što im dođoše pod ruke u Granadi, nego su, videći pred sobom nemoćne američke urođenike, zaboravili na sve zapovedi vjere, koju dođoše propovijedati, te do brza uništiše staru civilizaciju meksičku i perujsku*"[743]. Na Kosmetu su Šiptari, uz podršku (a možda i po nalogu) svojih štićenika iz SAD, uništavali redom srpske svetinje (pobedničke simbole, crkve, manastire, groblja i dr.). *"Vreme na radio talasima i TV ekranima posvećeno kanadskoj kulturi, nikada nije bilo kraće. Mere zaštite, kao što su poštanske tarife za kanadske časopise i filmske distributere, poreski krediti za kanadski film i zakonodavstvo kojim se kanadske izdavačke kuće drže pod kanadskom kontrolom - stalno se ukidaju*"[744].

S uništavanjem kulturnih tekovina ruše se i sami temelji domorodačke kulture - lokalni jezici koji se zamenjuju jezikom kolonizatora, a *"...suština problema je u tome da se obezvređivanjem lokalnih jezika što više učvrsti vladavina (na primer) francuskog jezika i, šire, francuskog kolonijalnog sistema*"[745]. U francuskim kolonijama na Afričkom kontinentu, obrazovanje se na svim nivoima vrši na francuskom jeziku, koji preovlađuje i na radiju i na televiziji, a i udžbenici, časopisi i filmovi su na francuskom[746]. A o sve većoj dominaciji engleskog u celom svetu da se i ne govori. *"Procenjuje se da se oko 60% naučne komunikacije odvija na engleskom jeziku, pa da čak i u zemljama francuskog jezika, 70% istraživača koristi engleske izvore*"[747]. U Srbiji je sve veći broj naziva domaćih firmi na engleskom.

Nametanje jezika je osnova za nametanje kulture kolonizatora jer kad se zna strani jezik, i sama radoznalost čini svoje. *"Petnaestomilionskom stanovništvu 14 afričkih zemalja nameće se jezik kao i precizni kulturni modeli, i to od strane jedne manjine u njihovim redovima koja čini manje od polovine jednog procenta njihovog ukupnog stanovništva*"[748]. I *"...sve u školi promoviše zapadni model, zbog čega deca o sebi i o svojoj tradiciji stiču loše mišljenje*"[749]. Kanadska vlada *"...sarađuje tako što budućnost visokog obrazovanja u Severnoj Americi polako predaje korporacijskim silama koje stoje iza NAFTA, i njihovim namerama da*

---

[742] dr Mićo Ćušić, cit. rad, str. 17.

[743] Stjepan Radić, cit. rad, str. 14/5.

[744] *Globalizacija* (Mod Barlou i Heder-Džejn Robertson), CLIO, isto, str. 83.

[745] Luj Žan Kalve, *Lingvistika i kolonijalizam*, BIGZ, 1971., str. 157.

[746] mr Melkamwork Alemu, cit. rad, str. 2. i 147.

[747] Vojislav Mićović, *Globalizacija i novi svetski poredak*, isto, str. 71.

[748] mr Melkamwork Alemu, cit. rad, str. 1.

[749] *Globalizacija* (Helena Norbrg-Hodž), CLIO, isto, str. 50/1.

komercijalizuju i privatizuju kanadske univerzitete". A „...sve više i više univerziteta umetnosti i društvenih nauka smatraju se nevažnim i polako se ukidaju jer ne privlače sponzorstva..."[750], ali i radi političke preventive da ne bi proizvodili antikolonijalne buntovnike.

Osnovna namera je da se prema korporacijskim potrebama, po američkom modelu oblikuje društvena svest celokupnog svetskog stanovništva. *„Suštinski je svojstveno korporacijama da teže da kanališu svest u jednom pravcu..."* i *„...one pokušavaju da ovladaju i drugim kulturama, i u čitavom svetu stvore klanove koji će im ići na ruku"*[751]. To je *„...model razvoja koji obezvređuje život i klanja se predmetima..."*[752], jer *„...osnovna karakterološka crta američkog čoveka jeste strast prema materijalnom blagostanju, preokupacija ličnim bogaćenjem iza čega slede slava i moć..."*[753], samo što tu strast i u samoj Americi može zadovoljiti manji deo društva.

Ali američka elita i ne ostrašćuje svojim modelom života druge da bi ih učinila bogatim, slavnim i moćnim, već da bi ih zavela i navela da za <u>njeno</u> bogatstvo, slavu i moć rintaju. Na tu udicu naivno je se upecala i „raja" kvazisocijalističkih zemalja, koja je bez otpora prihvatala kolonizatorsku tranziciju, verujući da će se sa prihvatanjem divljeg kapitalizma lako i brzo obogatiti, ali je mafijaškog plena bilo samo za najvernije i najpriležnije sluge kolonizatora. Po Lek Valensi *„...Poljaci žele da postanu kapitalisti, oni u krvi imaju želju za svojinom..."* i *„...svaki Poljak sanja da bude vlasnik preduzeća...",* ali *„...to naravno nije moguće i rađa frustracije"*[754].

Ideološko ostrašćivanje kolonizatorskih žrtvi vrši se prvenstveno preko nacionalnih elita, koje imaju najviše šansi da se, kao verne sluge kolonizatora, lako i brzo obogate. Birokratske vrhuške *„...često podupiru razvoj konzumizma u oblasti kulture, jer on više odgovara njihovim načinima vladanja, vođenja državnih i drugih poslova, i mentalitetu. Te elite, radi očuvanja svojih političkih i s njima povezanih monopola, radije kupuju različite usluge i robe (od tehnologije do „umetničkih" tvorevina) od nosilaca kulturnog imperijalizma, no od domaćih stvaralaca"*[755]. Zato su *„...akcije ideološko-političke indoktrinacije usmerene prvenstveno prema rukovodećim kadrovima društva, odnosno države, uzete za objekt specijalnog rata, ili prema društvenim grupama za koje se proceni da imaju*

---

[750] Isto (Mod Barlou i Heder-Džejn Robertson), str. 95. i 91.

[751] Isto (Džeri Mander), str. 323.

[752] Eduardo Galeano, cit. rad, str. 115.

[753] Tokvil, navod Vojislava Mićović, *Globalizacija i novi svetski poredak,* isto, str. 54.

[754] Gi Sorman, cit. rad, str. 26.

[755] Zlatko Isaković, cit. rad, str. 213.

realne izglede da u doglednoj budućnosti zauzmu značajnije pozicije u pojedinim strukturama društva"[756].

Političko školovanje lokalnih pomagača kolonizacije vrši se prvenstveno u metropolama (najviše u SAD) ali i u samim kolonijama. Neizostavna je ideološka indoktrinacija stručnih i političkih kadrova koji se školuju ili specijaliziraju u inostranstvu, naročito ako se stipendiraju iz kolonizatorskih fondacija. A u kolonijama, *"…obrazovanje po uzoru na zapadno najpre je stiglo u ladačka sela (Ladak, Kašmir) 1970-ih godina i danas ima oko 200 škola. Osnovni program je bedna imitacija onog programa po kojem se uči u nekim delovima Indije, koji je opet, imitacija britanskog. U njemu gotovo da nema ničeg što je svojstveno kulturi Ladaka. Mladi Ladačani stoga razvijaju komplekse niže vrednosti, masovno odbacuju sopstvenu kulturu, a istovremeno željno prihvataju globalnu monokulturu"*[757].

Američke kolonizatorske službe su silne pare utrošile u ideološko preobraćanje „komunističkih vernika" na uticajnim društvenim i političkim položajima kvazisocijalističkih zemalja, pripremajući ih za kolonizatzorsku tranziciju. *"Pošto je Rusija napustila komunizam, mnogi ljudi su se sa stare religije marksizma preobratili na religiju slobodnog tržišta"*[758]. U svim kvazisocijalističkim zemljama mnogi nabeđeni ideolozi komunizma preko noći se preobratiše u „ubeđene" ideologe kapitalizma, prodajući pošto zašto svoja politička ubeđenja. Kolonizatorsku tranziciju prati neviđena ideološko-politička prostitucija, u kojoj se nadmeće gotovo celokupan intelektualni i politički krem tranzicionih zemalja, od profesora univerziteta do najviših političkih funkcionera. Inteligencija tranzicionih zemalja odjednom je se našla pred teškom dilemom: ili da se pokloni novim gazdama, ili da bude odbačena, jer funkcija obrazovanih slojeva je *"…da podržavaju i razvijaju ideološke principe…"*, i *"…oni mogu ili da ih usvoje, ili će biti eliminisani i neće više pripadati privilegovanoj eliti"*[759].

Kolonizatori su preko finansijske zavisnosti gotovo sve nacionalne i nadnacionalne institucije pretvorili u nosioce kulturne kolonizacije, *"…svodeći ih na to da odražavaju shvatanja onih kojima moraju da polažu račune"*[760]. Ako ne mogu da ih politički i administrativno disciplinuju, „podmazuju" ih dolarima, jer „para vrti gde burgija neće". Pred apostolom dolarom „kapu skidaju" svi sveti i presvetli apostoli.

---

[756] Dušan Vilić, mr Milan Ateljević, cit. rad, str. 135.

[757] *Globalizacija* (Helena Norberg-Hodž), CLIO, isto, str. 49. i 48.

[758] Džozef E. Stiglic, cit. rad, str. 198.

[759] Džeremi Foks, cit. rad, str. 9.

[760] Džozef E. Stiglic, cit. rad, str. 227.

· Od svih institucija, najveću uslugu masovnoj kolonizatorskoj indoktrinaciji vrše javni masmediji, okupirani od vodećih kolonizatora. *„Povremeni opisi globalne privrede koje nalazimo u medijima i predviđanja u vezi s njom, obično pripadaju vodećim pobornicima ovog novog poretka i onim kojima on odgovara, kao na pr. vođama velikih korporacija, njihovim saveznicima u vladi i novoj, moćnoj i centralizovanoj globalnoj trgovinskoj birokratiji"*[761]. U njihovim rukama, *„...sloboda govora i štampe pretvorila se u slobodu centara finansijke moći da po volji kupuju propagandne agencije, koje će kupovati masovne medije i njihove istaknute novinare i masovno plasirati bilo koju korisnu neistinu kao „informaciju""*[762].

Kao dosledni zaštitnici sopstvenih interesa, ti vatreni „pobornici" slobode govora i štampe gde god se dokopaju vlasti odmah *„...uništavaju nezavisnu štampu"*[763]. Kad je 2000. godine u SR Jugoslaviji došla kolonizatorska „dosovska" vlast, preko noći je nestalo opozicionih, tobože nezavisnih medija, koji su zajedno sa državnim medijima prilegli uz novu vlast. Nije se moglo sakriti da su samozvani nezavisni mediji bili itekako zavisni od kolonizatorskih poslenika koji su ih finansirali i podržavali.

Uostalom, kolonizatorske vlasti i u metropolama guše i zatvaraju institucije koje izmiču njihovoj političkoj kontroli i uskraćuju mogućnosti ideološko-političke indoktrinacije. *„Mnoge države u Americi preduzele su korake da zatvore privatne škole..."*, pošto je *„...očigledno da je opadanje broja đaka koji pohađaju javne škole izazvalo zabrinutost kod školskih vlasti jer odvođenje dece u privatne škole znači uklanjanje indoktrinacije sistema javnih škola"*[764].

Osnovni smisao ideološko-političke indoktrinacije i tamo i ovamo (u metropolama i kolonijama), je da se prikrije suština stvari, i kolonijalno-klasno izrabljivanje prikaže kao stvar od opšteg interesa, za dobrobit celog čovečanstva, a njegova pogubnost, i za izrabljivane i za čovečanstvo, potpuno prećuti. *„Malo je onih koji u javnim debatama o politici otvoreno zagovaraju samo sopstvene interese. Sve je izraženo u formulacijama o opštem interesu..."*[765], kao što su *„...uveliko, mediji i zapadna intelektualna zajednica uopšte uspješno prikrivali ono što se dešava pred njihovim očima, djelujući većinom u stilu totalitarne države, mada bez izvinjenja i straha"*. Prema Izveštaju Nacionalne komisije o Centralnoj Americi *„...međunarodni ciljevi Sjedinjenih Država u kasnom dvadestom vijeku su*

[761] *Globalizacija* (Džeri Mander), CLIO, isto, str. 5/6.
[762] Mihailo Marković, *Društvena misao na granici milenijuma*, isto, str. 12/3.
[763] Noam Čomski, *Kontrolisana demokratija*, isto, str. 415.
[764] Ralf Epperson, cit. rad, str. 202.
[765] Džozef E. Stiglic, cit. rad, str. 228.

200

kooperacija, ne hegemonija ili dominacija; partnerstvo, ne konfrontacija; pristojan život za sve, ne eksploatacija"[766]. Kakav „vuk u jagnjećoj koži"!

Kolonizatorska indoktrinacija je znatno uznapredovala: kolonizacija je nekada opravdavana, a sada se prikriva. „*Uplitanje civilizovanih naroda u poslove koloniziranog pučanstva opravdavano je kao odgoj, ili kao zaštita...*", na jednoj, te prenaseljenošću metropola i potreba reprodukovanja kapitala, na drugoj strani[767], a danas „...*kolonijalne sile nastoje da se svetu prikažu kao nosioci civilizacije i kulture, prosvetitelji zaostalih naroda, ružičastim bojama slikaju prilike u kolonijama i ističu podatke o napretku ostvarenom pod svojom upravom"*[768].

Ta „velikodušnost" zasniva se na potcenjivanju koloniziranih naroda, koje kolonizatori često nazivaju varvarima. „*Zapadnoevropski mislioci, pristaše postepene prevlasti pojedinih staleža u narodu i postepenoga prvenstva pojedinih naroda u čovječanstvu, znaju samo za dvije vrsti naroda: za narode kulturne i barbarske...*", a „...*kulturni su dakako uviek oni kojima sami pripadaju"*[769]. Za Meksikance se tvrdi da ne bi bili „...*u stanju da se održe...*" bez spoljnog investiranja jer „...*nemaju sposobnost za industrijski razvoj...*", a govori se i o njihovoj „...*niskoj mentalnoj sposobnosti...*", koja ih kao i Italijane čini „...*sasvim nepodobnim da sami upravljaju*". Stanovnici Venecuele se zajedno sa drugim Latinoamerikancima, smatraju „indolentnim", „politički nezrelim" i „rasno inferiornim"[770]. Fukujan a tvrdi da kultura kolonija „...*u formi otpora preobražavanju određenih tradicionalnih vrednosti u vrednosti demokratije, može činiti prepreku demokratizaciji...*"[771], čime se opravdava njeno odbacivanje.

Da bi se prikrila kolonijalna dominacija, kod koloniziranih naroda se putem kolonizatorske propagande stvara kompleks inferiornosti, kojim se sugerira da su za svoju bedu i nevolju oni sami krivi i odgovorni. Propaganda SAD je uporna u medijskom lansiranju svog „genijalnog otkrića" da je „...*Treći svijet samom sebi stvarni neprijatelj"*[772]. Kolonizatorski orijentisani mediji kolonija takve sugestije prihvataju, i osećanje niže vrednosti se polako i neosetno uvlači u duše koloniziranih jadnika. Jugoslovenska javnost se neprekidno bombarduje medijskim „prekorima" da su Jugosloveni sami krivi za sve nevolje koje ih snalaze tokom kolonizatorske tranzicije. Bezbroj

---

[766] Noam Čomski, *Kontrolisana demokratija*, isto, str. 112. i 37.
[767] Stjepan Radić, cit. rad, str. 350. i 349.
[768] Stanko Nick, cit. rad, str. 6.
[769] Stjepan Radić, cit. rad, str. 358.
[770] Noam Čomski, *Kontrolisana demokratija*, isto, str. 69/70.
[771] Cit. rad, str. 231.
[772] Noam Čomski, *Kontrolisana demokratija*, isto, str. 56.

puta je ponavljano da su Srbi zaratili protiv celog sveta od kojeg su se tobože sami izolovali, a da nijednom nije rečeno ko taj „svet" stvarno predstavlja i ko je stvarni izolator.

Omalovažavanjem nacionalnog dostojanstva, globalni kolonizatori rade na rušenju nacionalnog identiteta i nacionalne samobitnosti. Fukujamina „...želja za priznanjem motivisana nacionalnošću ili rasom nije racionalna..." zato što „...borba između nacionalnih grupa za priznanje nacionalnog dostojanstva vodi na međunarodnom nivou u isti ćorsokak kao i bitka za prestiž između autokratskih gospodara"[773]. A Vajshaupt uzvikuje: „Obuzdajte patriotizam, onda će ljudi naučiti da ponovo upoznaju jedan drugoga, veze zajedništva će se proširiti, i nacije će nestati sa lica zemlje"[774].

Kolonizatorskom globalizacijom patriotizam se izvrće u suštu suprotnost da bi se nacionalne izdajice veličale kao patrioti, a patriote anatemisali kao izdajnici, tako da patrioti više nisu oni koji vole već koji mrze svoju domovinu. Povinući se diktatu kolonizatora, srpski egzekutori glume navodno prave patriote, pravdajući se time da bi u slučaju opiranja ceo narod bio kažnjen, dok iskrene patriote koji su se suprostavljali kolonizatoru, šalju na strašni sud u Hag. Svojim sankcijama i blokadama, kolonizatori „novi patriotizam" svesrdno podržavaju i ohrabruju, a narod se lomi oko toga kome više da veruje: samom sebi ili svojim „velikodušnim" kolonizatorima.

U zamenu za patriotizam, globalni kolonizatori nude univerzalizam, za nacionalnu domovinu - globalnu zajednicu, držeći se biblijskog proročanstva da će „...čitava zemlja biti zemlja jednog jezika i jednog govora na kojoj će postojati samo jedno stado i jedan pastir"[775]. I „...posle Bahaizma koji predlaže stvaranje jedne svetske zajednice u kojoj neće biti ni nacija ni klasa („Svi ste vi plodovi istog drveta, listovi iste grane, kapi istog okeana"), javlja se Transcendentalna meditacija koja 1976. svečano ustoličava Svetsku vladavinu Doba prosvetljenosti"[776]. Ni pomena o tome da je „...univerzalizam ideologija Zapada s ciljem konfrontacije sa nezapadnim kulturama..." i da „...ono što je za Zapad univerzalizam, za ostale je imperijalizam...", s obzirom da „...Zapad pokušava i nastaviće da pokušava da održi svoj prvenstveni položaj i odbrani svoje interese, definišući ih kao interese svetske zajednice"[777].

---

[773] Frensis Fukujama, cit. rad, str. 218.
[774] Ralf Epperson, cit. rad, str. 211.
[775] Herder, navod Eli Keduri-a, cit. rad, str. 77.
[776] Žan Vernet, cit. rad, str. 28.
[777] Semjuel P. Hantington, *Sukob civilizacija*, isto, str. 204.

„Svetska zajednica" je zapravo i „skrojena" po meri zapadnih, pre svega američkih, interesa i po uzoru na američku državnu zajednicu, s isključenjem svih nacionalnih interesa i tradicija, čime se zatire svaki trag nacionalnosti, a time i stvarnoj demokratiji, „...pod kojom se podrazumeva samo pluralizam političkih oligarhija koje se međusobno takmiče na političkom »tržištu« za podršku glasača"[778]. Pod apsolutnom vladavinom kapitala, demokratska prava građana pretvorena su u puku formalnost i svedena na nameštene izbore praktično već izabranih predstavnika. Po definiciji buržoaskih ideologa, „...suštinu demokratije predstavljaju otvoreni, slobodni i pravični izbori«, a koliko su otvoreni, slobodni i pravični, pokazuje i to da »autoritarni vladari često „nameštaju" izbore uspostavljajući izborne sisteme u korist vlade, uznemirujući i plašeći opoziciju i koristeći sredstva vlade u kampanji"[779].

Pod lažnom etiketom demokratije, u kolonije se zajedno sa kapitalom izvozi autokratija, koje u metropolama ima u izobilju. „Demokratski ideal, kod kuće i u inostranstvu jednostavan je i otvoren: slobodni ste da činite ono što želite dok je to ono što mi želimo da činite". Jedino je „...važna činjenica da nam je Ruzvelt donio „ugodnost svojim utuvljivanjem u svijest osjećaj da su ljudi zaista jednaki", bilo kakvi da su dokumenti o ekonomskoj reformi i o ljudskim pravima"[780].

Jedini smisao tog zaluđivanja je stvarna i odlučna borba protiv istinske demokratije, u čemu je i osnovni smisao blaćenja istinskog socijalizma, i kod kuće i na strani. „Boljševici su nazivali svoj sistem socijalističkim da bi iskoristili moralnu nadmoć socijalističkih vrednosti...", a „...Zapad je prihvatio isto značenje iz suprotnog razloga: da bi unakazio slobodarske ideale od kojih je strahovao vezujući ih sa boljševičkom tamnicom, kao i da poljulja veru ljudi da može doći do pomaka ka pravednijem društvu sa narodnom kontrolom nad glavnim društvenim institucijama i staranju o ljudskim potrebama i pravima... Većina nesreća Afrike obično se pripisuje „socijalizmu", pojmu koji se slobodno upotrebljava, tako da se odnosi na bilo šta što nam se ne sviđa"[781].

Umesto istinske demokratije, demosu se, i u metropolama i u kolonijama nudi individualistički liberalizam, koji u suštini znači moderno ropstvo, uprkos ideološkim obmanama da „...liberalna demokratija i slobodno tržište predstavljaju najbolji režim ili, preciznije, najbolji od mogućih alternativnih načina

[778] Mihailo Marković, *Društvena misao na granici milenijuma*, isto, str. 175.
[779] Semjul P. Hantington, *Treći talas*, CID, Podgorica, 2004., str. 16. i 146.
[780] Noam Čomski, *Kontrolisana demokratija*, isto, str. 440. i 108.
[781] Isto, str. 70. i 310.

organizacije ljudskog društva"[782]. Individualizam, liberalizam i slobodna konkurencija predstavljali su revolucionarnu ideologiju buržoazije za oslobađanje od feudalnog ropstva, ali su već sa prvobitnom akumulacijom kapitala doneli novo - kapitalističko ropstvo, pošto je svaki pojedinačni radnik najamnim odnosom vezan za pojedinačnog poslodavca, sa jednim jedinim izborom da, u konkurenciji sa drugim najamnicima bira gospodara, ali i sa mogućnošću da sam ne bude izabran niodjednog.

Najamnim ropstvom, kao svojim fundamentalnim i nezamenjivim proizvodnim odnosom, *„...kapitalizam nagriza pripadništvo zajednici i svuda stvara individualizam"*[783], pa je i *„...globalni kapitalizam uglavnom fokusiran na želje privilegovanih pojedinaca pre nego na dobrobit zajednice u celini"*. Zato *„...neoliberalizam sebe predstavlja kao poslednju, do sada najnapredniju, verziju teorije kapitala i kao takav se oseća pozvanim da opravda globalni kapitalizam"*[784].

Ali ne samo zato što promoviše društvene nejednakosti, već i što podrazumeva društvenu izolaciju ljudske indvidue, liberalistički individualizam isključuje stvarnu demokratiju, koja se sastoji u zajedničkom uređivanju međuljudskih odnosa. Izolovana individua je zapravo zarobljena individua, koja jedino u neposrednoj komunikaciji sa drugima može biti istinski slobodna, a to je upravo ono što globalni kapitalizam hoće da spreči, kako bi je u bezglavoj jurnjavi za profitom mogao lakše izrabljivati.

Savremeni individualistički liberalizam je verna i veroispovedna apologija savremenog globalističkog kapitalizma, koja opravdava i promoviše moderno kapitalističko robovlasništvo, zasnovano na sporazumnom ili prećutnom najamnom odnosu svake pojedinačne individue sa jednim jedinim globalnim robovlasnikom, bezdušnijim od najbezdušnijeg živog robovlasnika - globalnim transancionalnim kapitalom, pred kojim je izolovana jedinka potpuno bespomoćna i prinuđena na ropsku poslušnost. Fukujama i ne skriva da *„...jedino atomistički liberalizam SAD stvara uslove u kojima masovna imigrantska populacija može uspešno biti asimilovana..."*, zbog čega *„...slom zajedničkog života u SAD počinje od porodice, koja je pocepana i atomizovana već tokom nekoliko generacija"*[785]. A s asimilacijom u anacionalno američko društvo, započinje i asimilacija u nadnacionalnu planetarnu zajednicu.

[782] Frensis Fukujama, cit. rad, str. 351.
[783] Gi Sorman, cit. rad, str. 141.
[784] Džeremi Foks, cit. rad, str. 35. i 40.
[785] Cit. rad, str. 257.

Zbog toga što podstiče ambicije za individualnim samopotvrđivanjem, ideologija individualističkog liberalizma je privlačna i na prvi pogled prihvatljiva za sve naivne i ambiciozne, a takvi su uglavnom svi pečalbari koji bi hteli mnogo a znaju i mogu malo. *„Biti od koristi drugima, služeći im za primer a za to vreme proizvoditi bogatstvo, to je doktrina koja privlači energične, ambiciozne i one koji su spremni na oštru konkurenciju..."*[786], samo što se ne bogate svi energični i ambiciozni, pa ni najsposobniji, već, po pravilu, najbezobzirniji i najbezobrazniji.

U privlačnosti individualističkog liberalizma krije se privlačnost zapadnjačke kulture, sve dok se ne iskusi njegova suština. *Još ...davne 1867. godine Ekvador je poslao na Svetsku izložbu u Pariz izbor slika svojih najboljih umetnika. To su bile verne kopije remek-dela evropskog slikarstva. Zvanični katalog je veličao dar ekvadorskih umetnika u veštini reprodukovanja"*[787]. Tome se ne treba čuditi jer se veličanjem kulturnog dodvoravanja ostvaruje kulturna i svekolika društvena hegemonija.

„Kako se postepeno širi svetom imitiranje američkog načina života, tako se stvara pogodno tlo za uspostavljanje posredne i očigledno prihvatljive američke hegemonije..."[788], samo što iza te prihvatljivosti ipak stoji hegemonija američkog kapitala, kojim se vrši duhovno potkupljivanje. Ideolozi individualističkog liberalizma propagiraju slobodu individualnog izbora, a duhovnim potkupljivanjem i medijskim dociranjem sve se čini da se sav izbor svede na globalističku monokulturu kojom se praktično satire kulturna raznovrsnost i niveliše način života duhovnih robota. To je pravi robotnički život od danas do sutra, bez prošlosti i budućnosti. S uništavanjem nacionalnih kultura svuda se briše istorijsko pamćenje koloniziranih naroda, a bez istorijskih ideala budućnost se svodi na sadašnjost. *„Danas nam govore da je budućnost sadašnjost..."* - žali se Galeano i dodaje: *„Snovi i noćne more načinjeni su od istog materijala. Nama su dozvolili da ova mora bude naš jedini san: model razvoja koji obezvređuje život i klanja se predmetima"*[789].

Sve se svodi na učenje o mirenju sa sudbinom jer je sudbina izolovanih individua u tuđim rukama. *„Fakultet za nekažnjeno prolaženje kroz život iz svoje baze, preko svojih mnogobrojnih filijala, uči nas tome kako da prestanemo sebe da volimo i da prestanemo u sebe da verujemo. Njegovi profesori nas pozivaju da zabo-*

---

[786] Zbignjev Bžežinski, cit. rad, str. 30.
[787] Eduardo Galeano, cit. rad, str. 13.
[788] Zbignjev Bžežinski, cit. rad, str. 30.
[789] Cit. rad, str. 114.

205

ravimo prošlost kako ne bismo bili sposobni da zapamtimo budućnost. Svaki dan nas
podučavaju prepuštanju sudbini"[790]. Takvim individuama je najlakše manipuli-
sati jer je izolovana individua najnemoćnija i najbespomoćnija, najbezvoljnija
i najbeznadežnija, i stoga najneslobodnija.

Zato nije neobično što se individualistički liberalizam oslanja na religi-
ju, samo što je umesto onozemaljskom okrenut ovozemaljskom carstvu,
sa sudbonosnim usudom skinutim sa neba na zemlju. Sve verske zablude
idu naruku globalnom kolonijalizmu jer kolonizirane narode odvraćaju od
borbe za dekolonizaciju, zbog čega verske organizacije nailaze na svesrdnu
podršku i pomoć kolonizatora.

Kolonizatorskom tranzicijom crkva je „...rehabilitovana, označena je du-
hovnim osloncem naroda i namenjena joj je uloga jednog od glavnih stubova tranzi-
cije"[791]. Ona „...traži svoje mesto u plitičkom životu, u medijima, obaveznu vero-
nauku u školama; izjašnjava se za monarhizam, za jedinstvo države i crkve, za novi
nacionalni program u kome će biti prihvaćene njene tradicionalne vrednosti i ulo-
ga"[792]. Verske organizacije se politiziraju, broj vernika se povećava, a verske
bogomolje niču kao „pečurke posle kiše". Godine 1994. 30% Rusa ispod 25
godina reklo je da je od ateizma prešlo na veru u boga. Broj aktivnih crkvi
u oblasti Moskve porastao je od 50 u 1988. na 250 u 1993. godini. „Političke
vođe počele su da poštuju religiju, a vlada da je podržava". U centralnoj Aziji, 1989.
postojalo je 160 džamija i jedna medresa (islamska bogoslovija), a početkom
1993. bilo je oko 10.000 džamija i deset medresa[793].

Crkva je, međutim, samo sredstvo prigodne manipulacije kolonizato-
ra, koji sem vere u profit kao najvišu svetinju, nemaju druge religije, a pošto
je tvorac profita čovek kao razumno biće, „Razum je apsolut, i on je ono u šta
moramo verovati" (G. Rajk). Humanistička religija Novog doba, koja „...tre-
nutno postaje glavni američki pogled na čovečanstvo, potpuno se oslanja na ljud-
ski razum..." i „...svojim vernicima nudi obećanje da svaki vernik može postati
Bog..."[794], kao što svakom obećava da može postati profiter, ili predsednik
SAD. I to bi trebalo da postane univerzalna svetska religija koja će zameniti
sve druge religije, kao što se zamišlja da globalna svetska zajednica, kao uni-
verzalna nacija zameni sve postojeće nacije.

---

[790] Isto, str. 80.
[791] Blagoje Babić, cit. rad, str. 188.
[792] Lavirinti krize (Trivo Inđić), isto, str. 238.
[793] Semjuel P. Hantington, Sukob civilizacija, isto, str. 105/6.
[794] Ralf Epperson, cit. rad, str. 65. i 66.

Humanistička religija sažima individualistički pluralizam u jedinstveni univerzalistički pogled na svet, izvan kojeg ne bi trebalo da bude drugih i drugačijih pogleda, s apsolutnom isključivošću svojstvenoj svakoj religiji. Globalnim zemaljskim carstvom nastanjenim usamljenim robovima carskim, upravlja nevidljivi tvorac profita svevišnji Razum, iza kojeg u stvari stoji svemoćna i nedoddirljiva zemaljska vlada. Nova veronauka koja treba da širi novu veru, je „građansko vaspitanje", kojim je u novoveroispovednim tranzicionim zemljama odmah zamenjen ozloglašeni marksizam.

Propovednici nove vere natkriljuju stare apostole i svetske umove, stare propovedi potiskuju se novim dogmama. *„Stvaralaštvo je sve ređi prestup. Televizija. Svetska kultura. Diktatura Jedinstvene Slike koja vlada u svim zemljama. Danas čitav svet ima slobodu da gleda iste slike i sluša iste reči"*[795]. Stvaralačka kritika, kojom se ta monotonija razbija, ingoriše se i guši. *„Čini se da kreativni i kritički orijentisan ljudski duh ne smatraju potrebnim ni oni koji pokušavaju da uspostave dominaciju psihološkim ratom ni oni koji se od toga brane"*[796].

Time su nauka i naučno stvaralaštvo saterani u procep između verske dogmatike i pragmatičnih potreba profita, naučno-tehnološkom kontrarevolucijom ugrožen je naučno-tehnološki progres, kao ključna poluga društvenog razvoja, čiji se definitivni kraj novom religijom zapravo i nagoveštava. *„Frensis Fukujama, službenik Ministarstva spoljnih poslova SAD, postiže odjednom veliki uspeh i postaje slavan zahvaljujući svom otkriću da kraj hladnog rata označava i kraj istorije. Kapitalizam koji sebe naziva liberalnom demokratijom, jeste luka u kojoj se završavaju sva putovanja, „krajnji oblik ljudske organizacije društva""*[797]. Slavni Fukujama, naime, kaže da *„...ako smo sada na stupnju na kome ne možemo da zamislimo svet koji je suštinski različit od našeg sopstvenog (što ne može samo zatucani vernik - Ž.M.), u kome ne postoji očigledan način na koji će budućnost predstavljati fundamentalno poboljšanje našeg tekućeg poretka, onda, takođe, moramo da uzmemo u obzir mogućnost da je istorija došla do kraja"*[798].

Ali to i nije nešto novo jer je apologija svakog vladajućeg poretka proglašavala kraj istorije ili je negirala, da bi proglasila njegovu večnost. Nova je samo opasnost da se takvo proročanstvo i ostvari i da čovečanstva nestane sa zemaljske kugle jer sve što je živo mora se razvijati ili nestati. Suluda trka

[795] Eduardo Galeano, cit. rad, str. 61.
[796] Zlatko Isaković, cit. rad, str. 294.
[797] Eduardo Galeano, cit. rad, str. 109.
[798] Cit. rad, str. 76.

za profitom zapravo preti da uništi život ako se život ne trgne i ne odupre svojoj suludosti, pa će kraj istorije označiti i kraj profiterstva.

Po svemu sudeći, život je i u kolonijama i u metropolama počeo da se budi iz svoje uspavanosti kolonizatorskom monokulturom .Zbog kolonizatorske asimilatorske politike SAD-a, „...talasi antiamerikanizma razlili su se u skoro svim zemljama, uključujući američke zapadno-evropske saveznike...", a „...sve češće su kritike američke strategije osvajanja sveta i u samoj toj zemlji"[799]. Rasplamsavaju se sukobi između kolonizatorskih i koloniziranih civilizacija, u čijem je središtu sukob između konzervativnih i progresivnih snaga.

Ali to nije borba između progresivnih kolonizatorskih i konzervativnih koloniziranih naroda, kako se kolonizatorskom propagandom lakoverni svet zavarava, već između konzervativnih kolonizatorskih i progresivnih koloniziranih snaga koje se bore za nacionalno i socijalno oslobođenje, i opštedruštveni napredak. „Pridavanje vrednosti tradicionalnoj religiji...", primetio je Ronald Dor, „...predstavlja zahtev za jednakošću poštovanja uperen protiv drugih dominantnih nacija i često, istovremeno i približnije, protiv lokalne vladajuće klase koja je prigrlila vrednosti i životni stil tih dominantnih drugih sila". Po V. Meknilu, reafirmacija islama znači odbacivanje evropskog i američkog uticaja na lokalno društvo, politiku i moral. Taj revivalizam nije odbacivanje modernosti, to je odbacivanje Zapada i sekularne, relativističke, degenerisane kulture povezane sa Zapadom. To je objava kulturne nezavisnosti od Zapada, ponosna izjava: „Mi ćemo biti moderni, ali nećemo biti vi". U poslednje dve decenije XX veka „...zavičajnost je bila naredba dana širom sveta. Uskrsnuće islama i „islamizacija" su centralne teme u muslimanskim društvima. Preovlađujuća tendencija u Indiji je odbijanje zapadnih oblika i vrednosti i „hinduizacija" politike i društva. U istočnoj Aziji vlade promovišu konfučijanizam"[800].

U središtu hrišćansko-islamske konfrontacije nije toliko sukob veroispovesti pa ni samih civilizacija, koliko kolonizacije i dekolonizacije, porobljivačkih i oslobodilačkih težnji. „U svojim političkim manifestacijama islamsko uskrsnuće, sa skriptularnim tekstovima, vizijom savremenog društva, posvećenom fundamentalnoj promeni, odbacivanjem nacionalne države i doktrinarnom raznovrsnošću koja se pruža od umerenog reformizma do strasne revolucionarnosti, podseća na marksizam"[801].

---

[799] Vojislav Mićović, Globalizacija i novi svetski poredak, isto, str. 183.

[800] Semjuel P. Hantington, Sukob civilizacija, isto, str. 111. i 103.

[801] Isto, str. 122.

U najužem središtu planetarne kulturne konfrontacije je sukob između zapadnjačkog individualizma prinudno socijalizovanog otuđenom autokratskom vladavinom, i istočnjačkog kolektivizma sa izraženim demokratskim težnjama, što se na političkom planu ogleda u sukobu između autokratije i demokratije jer je autokratija neizostavni uslov kolonizacije, a demokratija dekolonizacije. „Individualizam, osobena karakteristika zapadne kulture, predstavlja »izvor svih nevolja"..."[802], a demokratija je potpuno primerena islamu, jer Kuran svakog poziva da učestvuje u javnoj raspravi[803], i šerijat je „...društveni ugovor između ljudi...", kojim se „...kodifikuju pre svega horizontalni odnosi unutar društva"[804].

Vrednosti „...koje podržava istočnoazijska kultura, kao što je prvenstvo grupnih nad individualnim interesima, podržavaju ukupan grupni napor nužan za brzi razvoj"[805]. U Belom dokumentu „zajedničke vrednosti" Singapuraca su 1989. godine „definisane kao: nacija pre (etničke) zajednice i društvo iznad pojedinca; porodica kao osnovna jedinica društva; obzir i podrška zajednice pojedincu; konsenzus umesto takmičenja; rasna i religijska harmonija"[806].

Zbog suprotstavljenih interesa, kolonizatori kolonijalnim žrtvama, kao i sopstvenom narodu, poturaju „rog za sveću" - lažnu demokratiju za pravu, ali prevara ne traje dugo. „Kako moć Zapada opada, takođe opada i njegova sposobnost da nametne zapadne ideje o ljudskim pravima, liberalizam i demokratiju drugim civilizacijama, kao i privlačnost tih vrednosti drugim civilizacijama"[807]. Fukujama priznaje da je „...islam zaista porazio liberalnu demokratiju u mnogim delovima islamskog sveta, predstavljajući ozbiljnu pretnju liberalnoj praksi čak i u zemljama u kojima direktno nije osvojio političku vlast"[808]. Hantington navodi sledeće manifestacije moralnog slabljenja Zapada: porast antisocijalnog ponašanja; raspadanje porodice; slabljenje „društvenog kapitala", tj. članstva u dobrovoljnim udruženjima; opšte slabljenje „radne etike"; opadanje posvećenosti učenju i intelektualnoj aktivnosti[809]. Takeši Umekara predviđa da će „...daleko

---

[802] Isto, citat iz knjige Fatime Mernisi, str. 236.

[803] El Turabi, navod Gi Sormana, cit. rad, str. 336.

[804] Isto, str. 337.

[805] Li Kvan Ju, navod S. Hantingtona, *Sukob civilizacija*, isto, str. 119.

[806] Isto, str. 355.

[807] Isto, str. 101.

[808] Cit. rad, str. 71.

[809] *Sukob civilizacija*, isto, str. 338/9.

od toga da bude alternativa marksizmu u vladajućoj ideologiji na kraju istorije, liberalizam biti sledeća dolina koja će pasti"[810].

Budućnost nije ni u individualnom ni u kolektivnom autoritarizmu, ni u zapadnjačkom modernizmu ni u istočnjačkom kolektivizmu, već u kolektivnoj individualnosti i individualnoj kolektivnosti, gde svaka jedinka živi zajedničkim životom, a zajednica životom samostalnih jedinki, i gde se opštečovečanska kultura zasniva na izvornim tekovinama suverenih naroda, a kultura svakog naroda na tekovinama opštečovečanske kulture. Kultura se ne može razvijati ni nametanjem ni kopiranjem gotovih modela, već slobodnim i nepresušnim stvaralaštvom kojim se razbija kulturna monotonija i postojeće stalno narušava stvaranjem novog.

Istočnjaci se ne mogu zapadnjacima suprostaviti odbacivanjem njihovih i zadržavanjem sopstvenih tradicionalnih šablona, već se i na njihovim i na sopstvenim tekovinama moraju nadmetati u stvaranju nečeg novog i za sve prihvatljivog. To je jedini način da i oni kreativno utiču na tokove kulturne revolucije umesto da samo trpe tuđe uticaje. Perspektiva čovečanstva nije u nametanju monotipnih modela ni u pasivnoj koegzistenciji raznorodnih kultura već u zajedničkom stvaranju sve kulturnijeg i raznovrsnijeg načina života bez čega nema niti može biti kulturne dekolonizacije.

---

[810] Isto, str. 341.

NEOPHODNOST INTEGRALNE SVETSKE REVOLUCIJE

Ljudski rod se tek konstituiše u integralnu planetarnu zajednicu. Vekovima su ljudske horde, plemenske i nacionalne zajednice egzistirale kao zasebne skupine, koje nisu imale ničeg zajedničkog sem planetarne prirode, oko koje su se otimale, međusobno sukobljavale i ratovale. Društvena podela rada, robna razmena i proizvodna kooperacija ih sada dovode u reprodukcionu međuzavisnost bez koje ne mogu opstajati ni opstati. Otimanje oko prirodnih blagodeti Planete nije, međutim, prestalo i međusobna borba se rasplamsava unutar jedinstvene planetarne zajednice.

Celokupan dosadašnji razvoj ljudskog društva rezultat je istovremenih evolutivnih i revolucionarnih promena, kvanitativnih i kvalitativnih, pojavnih i suštinskih, postepenih i naglih prelaza iz nižih u više faze razvoja. Suštinski nove zajednice nastajale su, a nisu ni mogle nastajati bez integralnih društvenih promena, koje podrazumevaju celoviti preobražaj njihovog društvenog bića. Sa suštinskim promenama u načinu proizvodnje, nužno su nastajale i suštinske promene u načinu života, društvenim odnosima i društvenim nazorima.

Te promene su oduvek nailazile na otpore onih društvenih snaga čije su pozicije ugrožavale, odakle je proisticalo večito sukobljavanje revolucije i kontrarevolucije sa neprekidnom borbom između njihovih neposrednih nosilaca. Danas se, na prelazu iz proizvođačkog u stvaralačko društvo govori o naučno-tehnološkoj <u>revoluciji</u> i društvenim reformama, čime se uprkos suštinskim promenama u načinu proizvodnje nastoji zadržati samo pojavno izmenjeni način života sa nasleđenim klasnim i kolonijalnim odnosima i nazorima. Zalaganjem za sporadične reforme, revolucionarnim društvenim promenama su se sa jednakom žestinom suprostavljale sve vladajuće, kako buržoaske tako i komunističke partije, proglašavajući slobodno ili komunističko društvo već ostvarenim. Jednima je se neminovnost revolucionarnih promena uveliko već osvetila a drugima osveta tek predstoji.

Da bi se menjao način proizvodnje, mora se menjati i način života. To je neophodno ali nije i neminovno ukoliko nije neminovan trajan društveni razvoj, koji mora biti integralan ili ga neće biti, a bez integralnog razvoja ne može biti ni samog opstanka društva, kao što nijedan živi organizam ne može opstajati ako se ne razvija u svim svojim za opstanak bitnim delovima.

Sudbina čovečanstva nije „bogomdana", i u najpovoljnijim prirodnim uslovima ono može samo sebi „glave doći".

Katastrofa čovečanstva je na pomolu ako naučno-tehnološka revolucija ne bude propraćena kulturnom, socijalno-ekonomskom i političkom revolucijom. Bez integralne revolucije, i naučno-tehnološka revolucija se izokreće u kontrarevoluciju jer se umesto stvaranja i napredovanja stavlja u funkciju razaranja i nazadovanja života i društva. U službi bezobzirnog profiterstva, nauka i tehnologija se zloupotrebljavaju ne samo za raubovanje prirode i ljudskog života, već i za ograničavanje slobode stvaranja profitabilističkim sužavanjem područja istraživanja i nametnutim pristrasnim usmeravanjem istraživačkih napora prema poželjnim profiterskim ciljevima.

Umesto klasnog i kolonijalnog porobljavanja, težište naučno-tehnoloških-kog stvaralaštva bi u duhu naučno-tehnološke revolucije, moralo biti na oslobađanju od klasnog i kolonijalnog izrabljivanja, što neizostavno podrazumeva odgovarajuće revolucionarne promene u društvenim, odnosno međunarodnim odnosima. I umesto bezobzirnom gomilanju profita, naučna i tehnološka istraživanja bi morala prvenstveno služiti unapređivanju života, čemu treba da je podređeno i ostvarivanje profita.

Oslobodilačka misija naučno-tehnološke revolucije je, međutim, neostvariva bez oslobađanja od tutorstva klasne i kolonijalne ideologije, pod kojim se ona zapravo i izokreće u kontrarevoluciju. Umesto eksploatatorske ideologizacije kojom se klasno i kolonijalno izrabljivanje opravdava, oslobađanje od svakog međuljudskog izrabljivanja podrazumeva opštu scijentizaciju društva, kojom se otkrivaju objektivne zakonomernosti njegovog razvoja i definišu osnovni uslovi oslobađanja od klasnih i kolonijalnih okova.

Oslobađanje društva od klasnog i kolonijalnog izrabljivanja je neizostavni uslov oslobađanja čoveka od prirodne i društvene stihije ali i prirode od čovekovog profiterskog siledžijstva nad prirodnim resursima, koje preti da s uništavanjem prirode uništi i čoveka. Društvena stihija u iskorićavanju prirode upozorava da po opstanak čoveka i čovečanstva postaje opasnija od prirodne stihije, zbog čega je potreba za njenim savladavanjem urgentnija od potrebe za savlađivanjem prirodne stihije.

Harmonija između održanja prirode i održanja čoveka ne može se uspostaviti bez uspostavljanja unutardruštvene harmonije kojom se obezbeđuju jednaki uslovi održanja svih ljudskih bića. Sve više izbija na videlo da je uništavanje prirode od strane čoveka nemoguće zaustaviti bez prestanka uništavanja čoveka od strane čoveka, ni da se priroda može zaštititi dok je ne budu svi štitili i o zajedničkoj zaštiti svi ravnopravno odlučivali. Vladajuće elite mogu se povlačiti u zaštićene oaze, a celom čovečanstvu nema opstanka ako ne zaštiti celu prirodu, zbog čega je stvarna i opšta demokratizacija društva neizostavni uslov njegovog opstajanja.

Održanje prirode je osnovni uslov održanja čoveka kao neodvojivog dela prirode, ali je gotovo nerešiv problem održanja i prirode i čoveka to što su životni resursi prirode ograničeni ako se, sa poboljšavanjem uslova života, čovečanstvo bezgranično uvećava. Naučno-tehnološki progres je jedino potencijalno rešenje, kao što je razvoj nauke i tehnologije oduvek predstavljao ključnu polugu razvoja i opstanka ljudskog roda. Ono, međutim, podrazumeva kako integralnu društvenu, tako i integralnu naučno-tehnološku revoluciju u funkciji održanja celokupnog života na Planeti.

U toj funkciji, moralo bi se, pre svega, potražiti naučno održivo rešenje za usklađeni rast ljudske populacije sa životnim potencijalima Planete koje bi bilo prihvaćeno međunarodnim plebiscitom o regulisanom rađanju. Apsolutna sloboda rađanja ne može se pravdati humanim razlozima ako ona, u krajnjem ishodu, vodi uništavanju celog ljudskog roda i svake slobode. Za razkliku od ostale prirode, koja se po prirodnim zakonma stihijski reprodukuje, čovek kao svesno biće, mora i svoju reprodukciju svesno regulisati inače će doživeti sudbinu stihijnog izumiranja mnogih životinjskih vrsta.

Ali opasnost po opstanak čovečanstva, zbog ograničenosti prirodnih resursa preti čak i uz znatno smanjenje ljudske populacije. Pošto se ograničeni a neobnovljivi prirodni resursi stalno troše i iscrpljuju, nauka mora pronaći alternativne izvore života, pre svega zdrave hrane, vode, vazduha i energije. Radi toga je neophodno da se naučno i tehnološko stvaralaštvo sa vojnih istraživanja u funkciji razaranja života, preusmeri na istraživanje uslova i pronalaženje rešenja za održanje i unapređenje života.

Dosadašnjim otkrićima i izumima pronađena su mnoga rešenja za unapređenje, ali i uz velike opasnosti za opstanak života na Planeti. Iscrpljivanjem prirodnih resursa, zagađivanjem životne sredine i razaranjem ozonskog omotača, smanjuje se količina zdrave hrane, čiste vode i kiseonika, a povećava radioaktivno zračenje, čime se narušava zdravlje i ugrožava život svih živih bića, a mnoge biljne i životinjske vrste zauvek nestaju.

Ukoliko je proizvodnja veštačke hrane neophodna da bi se prehranilo stanovništvo Planete, mora se radi njegove zdravstvene i životne bezbednosti, umesto nezdrave proizvoditi zdrava hrana. Naučno-tehnološko stvaralaštvo treba radi toga koncentrisati na pronalaženje analognih postupaka po kojima se vrši prirodno pretvaranje neorganske materije u organsku, što je neizostavni uslov da se obezbede alternativni izvori zdrave hrane kojom se može bezbedno i kvalitetno hraniti celokupno stanovništvo Planete, bez obzira na postojeće prirodne rezerve.

U reprodukovanju sopstvene egzistencije, čovek se može izdizati iznad ostale prirode ali ne može iznad pririodnih zakona, po kojima se i sam reprodukuje. Zato se i u poljoprivrednoj proizvodnji mora rukovoditi prirodnim merilima, bez preterivanja koja preko veštačkog prehranjivanja i zaštite ugrožavaju njegovo zdravlje i život. Celokupna tehnologija proizvodnje, i veštačke i prirodne hrane, morala bi za osnovni orijentir imati reprodukciju zdrave i bezbedne jedinke, čiji se život neće prekraćivati otrovnom i zatrovanom hranom.

Ali na to se mora preorijentisati i sva ostala tehnologija s obzirom da je zdrava hrana samo jedan od uslova zdravog i bezbednog života, koji je sve više ugrožen i oskudicom pijaće vode i čistog vazduha, te prekomernim radioaktivnim zračenjem. Zato se naučno-tehnološko stvaralaštvo mora skoncentrisati na pronalaženje alternativnih rešenja za progresivnu reprodukciju ljudskog života kojima će biti otklonjeni svi postojeći i potencijalni uzroci ugrožavanja životne sredine, i stvoreni bezbedni uslovi za normalno zadovoljavanje svih ljudskih potreba, i to ne samo povlašćenih društvenih elita i nacija već bukvalno celog čovečanstva.

To je sada u dubokoj koliziji sa podređivanjem naučno-tehnološkog stvaralaštva profiterskim ambicijama klasnih i kolonijalnih eksploatatora, koji svoje nezajažljive potrebe zadovoljavaju dušmanskim izrabljivanjem ogromne većine čovečanstva. Tako suženi stvaralački usponi kreću se po ivici ponora u koji će se čovečanstvo sigurno stropoštati ako se naučno-tehnološka istraživanja ne usmere na sudbonosna pitanja njegovog opstanka.

Već i profiterski oktroisana naučno-tehnološka revolucija upućuje na revolucionarne promene i u kulturnoj, socijalno-ekonomskoj i političkoj sferi. Potiskivanje kapitala znanjem kao ključnim činiocem proizvodnje, najavljuje apsolutnu dominaciju živog stvaralačkog rada u celokupnom procesu društvene reprodukcije, i smenu savremenog kapitalističkog (klasnog i kolonijalnog) robovlasništva slobodnim socijalističkim stvaralaštvom. Time se i tradicionalna autokratska organizacija rada suštinski transformiše u stvaralačku demokratsku organizaciju, zasnovanu na ravnopravnoj saradnji slobodnih i samostalnih stvaralaca. Automatizacijom se automatski ukida društvena podela rada jer se fizički rad zamenjuje umnim radom, sa čim se ukida klasna, a sa klasnom i kolonijalna podela i dominacija jednog dela društva i jednog dela čovečanstva nad drugim.

Kroz individualistički liberalizam, kapitalistička ideologija prividno promoviše a u suštini ignoriše suštinsku potrebu stvaralačke reprodukcije za individualnom slobodom ljudske jedinke jer ignoriše i suzbija njeno slobodno povezivanje sa drugim jedinkama. Stvarna sloboda individue nije u zatvaranju već u otvaranju prema drugim individuama, izraženom kroz neposredno udruživanje, koje ih i bez posedovanja ekonomske moći, samo po sebi čini moćnim, zbog čega ih kapitalizam, kao i čitave nacije, zapravo i gura u izolaciju kako bi ih učinio nemoćnim da mu se odupru.

Društvena moć i društvena sloboda, i pojedinaca i naroda, zasniva se upravo na njihovom neposrednom povezivanju u prostoru i vremenu, ovovremenskim i istorijskim zajedništvom, kojeg globalistički kapitalizam hoće da ih liši kako bi ih učinio izgubljenim u prostoru i vremenu, i prinudio da lično i nacionalno spasenje potraže u nedodirljivom globalnom centru otuđene ekonomske i političke moći. Kidanjem tih zajedničkih niti, iz samog korena im se čupa individualno i nacionalno „srce i duša".

Suštinsku dimenziju integralne svetske revolucije predstavlja neposredno povezivanje izolovanih individua i nacija u istinski demokratsku planetarnu zajednicu samostalnih i ravnopravnih individua i njihovih nacionalnih zajednica. Načela novog međunarodnog ekonomskog poretka, koja je na inicijativu nesvrstanih zemalja proklamovala Generalna skupština OUN, ne ostvaruju se ne samo zbog otpora kolonijalnih sila, već pre svega zbog birokratizacije samih kolonija, koje se kao takve ne mogu osloboditi dominacije svojih metropola.

Osnovu istinske demokratizacije međunarodne zajednice i samu suštinu socijalno-ekonomske revolucije čini prelazak sa neekvivalentne na ekvivalentnu razmenu, kojim se praktično ukida klasna i kolonijalna eksploatacija tako što svaki pojedinac i svaka nacionalna zajednica u raspodeli i prisvajanju novostvorene vrednosti sudeluju prema relativnom doprinosu njenom stvaranju. To je istovremeno i neizostavna ekonomska osnovica socijalnog i nacionalnog oslobođenja, koje se ne može ostvariti na planetarnom ako se ne ostvari na nacionalnom nivou, niti se pojedinačna individua može osloboditi bez oslobođenja nacije, i obratno.

Tek je pri ekvivalentnoj razmeni moguća opšta privatizacija, pri kojoj svako postaje profiter i „kapitalista" ali ne na račun drugoga već sopstvenom zaslugom. I samo se na taj način može izvršiti stvarna dekolonizacija i obezbediti samostalan razvoj kolonija, i to bez ičije milostinje. Američki kolonizatori su u pravu kad kažu da nerazvijene zemlje treba same sebi da pomognu, samo da im oni ne odmažu. I ne moraju ništa da im daju, samo da im ne uzimaju.

Jedino se ekvivalentnom razmenom i opštom privatizacijom može izvršiti stvarna demonopolizacija i time rasščistiti sa svakim monopolizmom kao glavnim uzročnikom neekvivalentne razmene. I samo tako se može uspostaviti istinski slobodno tržište i obezbediti ravnopravna konkurencija, pri kojoj će zaista najbolje prolaziti najsposobniji i oni koji najbolje privređuju. Za takvo se tržište svakako vredi boriti, ali ono je moguće samo na osnovama ekvivalentne razmene jer je jedino ekvivalentna razmena, oslobođena monopola, istinski slobodna. Metropole bi pomogle kolonijama samo kad bi se odrekle monopolskih pozicija, ali tada bi izgubile poziciju metropola, koje se svakako neće dobrodušno odreći.

Opšta privatizacija i demonopolizacija odvijaju se putem ekvivalentne razmene kroz opštu socijalizaciju, kojom se vrši demokratska integracija individualnog privatnog vlasništva u zajedničko društveno vlasništvo poput zadrugarstva i masovnog akcionarstva. Razvojna reprodukcija kapitala vodi na taj način pravo u socijalističku reprodukciju znanja, kao višu istorijsku fazu društvene reprodukcije, u kojoj se kroz prevazilaženje klasne i kolonijalne polarizacije ostvaruje organsko jedinstvo privatnosti i javnosti, individualnog i kolektivnog bitisanja. Globalno planetarno zajedništvo može se trajno održati samo na bazi interesnog zajedništva svojevoljno udruženih individua i njihovih nacionalnih zajednica, koje jedino na taj način mogu prerasti u istinski demokratsku planetarnu zajednicu.

Da bi udovoljili svojim kolonizatorskim ambicijama a primirili savest čovečanstva, globalni kolonizatori vrše prikrivenu zamenu marksističkih teza o njegovoj budućnosti. Klasnu polarizaciju zamenjuju planetarnom polarizacijom na vodeće i vođene narode, a prirodno odumiranje nacija i nacionalne države njihovim veštačkim ukidanjem u prilog stvaranja nadnacionalnog etatističkog surogata. Umesto slobodne polne ljubavi kao zamene za prinudnu patrijarhalnu porodicu, protežiraju profitersku strast kao osnovu interesne polne trpeljivosti, a umesto organskog izrastanja tradicionalnih nacionalnih kultura u jedinstvenu opštečovečansku kulturu, poturaju anacionalnu globalističku nadrikulturu. Jednom reči, kolonizatori hoće da dekolonizatorsku revoluciju zamene kolonizatorskom kontrarevolucijom, stvarajući umesto globalnog zajedništva globalnu planetarnu krizu jer se zasebna kolonijalna stada ne mogu silom saterati u jedan kolonijalni tor.

Sama logika progresivne reprodukcije kapitala ukazuje na osnovne pravce globalnih i zakonomernih revolucionarnih promena bez obzira što vodi njegovom samoukidanju ali uostalom sve postojeće već samo po sebi, samim prirodnim razvojem teži sopstvenom nestajanju. Kapital je sopstvenom reprodukcijom prerastao i nadrastao nacionalne okvire, i ako njegovim reprodukcionim tokovima ni sve zajedno ne mogu upravljati nacionalne države, to pogotovu ne može jedna nadnacionalna etatistička nomenklatura. Uostalom transnacionalnim korporacijama faktički i ne upravljaju njihovi gotovanski vlasnici i profiteri koji drže globalnu političku vlast, već korporacijski poslenici koji postaju i stvarni korporacijski vlasnici.

Zato globalna transformacija nacionalnih privreda u jedinstvenu svetsku privredu ne može ići preko otuđenih (nacionalnih i nadnacionalnih) političkih centara, već uz pomoć nacionalnih država i njihovog demokratskog sporazumevanja, putem neposrednog povezivanja samih privrednika. Radi toga bi otuđene nacionalne države, koje upregnute u jaram savremene kolonizacije rade protiv sopstvenih nacionalnih interesa, morale biti zamenjene samostalnim demokratskim institucijama koje će u nacionalnom interesu raditi na demokratskom integrisanju nacionalnih privreda u jedinstvenu svetsku privredu.

Kao posednici znanja, individualni privrednici će se zaista slobodno i neposredno uključivati u svetsku privredu, radeći neposredno na planetarnim reprodukcionim programima, raspolažuću zajednički angažovanim sredstvima, upravljajući neposredno i ravnopravno reprodukcionim tokovima i koristeći rezultate zajedničkog rada prema doprinosu njihovom ostvarivanju. Planeta će svakako pripadati svima ali ne prema mogućnostima njenog izrabljivanja već prema doprinosu njenom održavanju i egzistencijalnim potrebama celog planetarnog stanovništva.

Opšte privatno vlasništvo može biti ostvareno samo neposrednim integrisanjem u opšte zajedničko vlasništvo, da bi se time kao društveni odnos dokrajčilo svako vlasništvo i neposredni odnosi među ljudima uspostavili na bazi posedovanja znanja i ličnih sposobnosti. Globalno planetarno društvo se mora organizovati kao demokratska, odnosno socijalistička zajednica slobodnih, samostalnih i neposredno udruženih stvaralačkih individua ili će u iscrpljujućoj klasnoj i kolonijalnoj borbi kapitulirati i sagoreti pre nego što nastane. Klasna borba i antagonistička stihijna konkurencija su iscrpele svoje pokretačke potencijale i sa nastupanjem vladavine znanja u društvenoj reprodukciji pretvaraju se u sve veću kočnicu društvenog razvoja. Umesto profita kao osnovnog cilja klasnog i kolonijalnog isrpljivanja ljudskog života, glavni motiv privređivanja mora postati održanje i unapređenje samog života.

U sve težim prirodnim uslovima života, taj cilj se ne može ostvariti bez opšte solidarnosti i maksimalne mobilnosti celokupnog stanovništva Planete. Radna nemotivisanost i društvena pasivnost proizvođača, kao nerešivi problem klasnog proizvođačkog društva, može se rešiti samo pretvaranjem porobljenog proizvođača u slobodnog stvaraoca kojim putem mora ići i oslobađanje koloniziranih naroda da bi se maksimalnom mobilnošću otrgli od ekonomske zaostalosti i preko ubrzane industrijalizacije stigli do slobodnog stvaralačkog društva, u koje se mora preobraziti cela Planeta da bi se u živom stanju održala i unapredila.

Najznačajniju revolucionarnu promenu kojom se ubrzava razvoj slobodnog stvaralačkog društva, predstavlja upravo korenita promena u motivacionim činiocima razvoja. Dok pokretačku snagu razvoja klasnog proizvođačkog društva čine klasna i ekonomska prinuda, razvoj slobodnog stvaralačkog društva pokreće slobodna volja zasnovana na stvaralačkom i ekonomskom interesu. Bez takve promene ne bi bilo ni ubrzanog razvoja zaostalih kolonija i njihove stvarne dekolonizacije.

Razvoj kapitalizma je u odnosu na feudalizam ubrzavan po geometrijskoj progresiji zahvaljujući pre svega nadopuni klasne prinude ekonomskom prinudom i motivacijom. Ekonomski motiv poslodavca je profit, a najamnog radnika najamnina, ali konkurencija na obe strane deluje kao ekonomska prinuda, koja i jednog i drugog primorava na utrkivanje sa svojim konkurentima, prvog da ne bi bankrotirao, a drugog da ne bi izgubio posao. To je same poslodavce nateralo da vezivanjem najamnine za radni učinak dodatno motivišu radnika na veće zalaganje, čime je slobodna volja nagrađivanjem prema radnom doprinosu već u kapitalizmu uvrštena među pokretačke faktore razvoja.

Umesto da su raspodelu prema radnom doprinosu uvele kao glavnu pokretačku snagu socijalističke reprodukcije, vladajuće komunističke partije su na bazi etatističke centralizacije proizvodnih sredstava uvele trudodansku uravnilovku, čime su sasekle krila ubrzanog ekonomskog razvoja i izgubile utakmicu sa konkurentskim tržišnim kapitalizmom. U konkurenciji sa korporacijskim kapitalizmom, nerazvijene zemlje glavni razvojni oslonac moraju tražiti upravo u raspodeli prema radnom doprinosu, da bi pokrenule i maksimalno mobilisale sve proizvođačke i stvaralačke snage.

Nasuprot stihijnoj tržišnoj konkurenciji kao glavnom pokretaču uvećavanja profita i kapitala, organizovana raspodela prema radnom doprinosu je glavni ekonomski pokretač slobodnog stvaralaštva i uvećavanja znanja, jer se duhovnim stvaralaštvom daje relativno najveći doprinos stvaranju nove vrednosti i razvoju stvaralačkog društva. U tome je i najveća šansa nerazvijenih kolonija da prečice krenu ka takvom društvu i do njega brže stignu od svojih metropola, pod uslovom da zaustave migracije svojih stvaralačkih kadrova i razvojna ulaganja usmere na razvoj stvaralaštva i proizvodnog novatorstva.

Ali to je samo prelazni i prolazni put iz proizvođačkog u stvaralačko društvo jer izvornu motivaciju razvojnog reprodukovanja stvaralačkog društva ne pobuđuju ekonomski pokretači već samo stvaralaštvo, koje od potpornog sredstva postaje glavna svrha a i osnovni činilac društvenog razvoja. Za strasnog stvaraoca nije primarni motiv zarada nego samo stvaranje, a zarada je samo pomoćno sredstvo stvaranja, što kolonizatori bezobzirno zloupotrebljavaju, pružajući dobrodošlim dođošima vrhunske uslove stvaranja uz relativno niske zarade. Zato su za sprečavanje migracije stvaralačkog kadra daleko značajniji povoljni uslovi stvaranja nego zavidne plate.

Kako zbog same kreativnosti, tako i zbog relativno najveće motivisanosti, stvaralačke snage predstavljaju glavnog inspiratora i osnovnog nosioca integralne stvaralačke revolucije, koja svima pa i kolonijama donosi socijalno i nacionalno oslobođenje. Sa razvojem stvaralačkog društva, one postaju i sve masovnija socijalna grupacija, koja svojim generičkim i kosmopolitskim bićem nadrasta klasnu i kolonijalnu polarizaciju. Čovečanstvo zalazi u kritičnu razvojnu fazu kada se svim snagama mora stvarlački angažovati u borbi za opstanak, ili će propasti.

Ukoliko umesto kapitala znanje, i umesto opredmećenog rada živi rad postaje glavno sredstvo i osnovna svrha društvene reprodukcije, već i sama po sebi nestaje klasna i kolonijalna podela društva na eksploatatorske i eksploatisane klase i nacije. Kao kosmopolitska »klasa«, njegove stvaralačke snage u borbi s eksploatatorskim klasama i nacijama izrastaju u homogenu nadklasnu i monolitnu nadnacionalnu zajednicu slobodnih, samostalnih i svojevoljno udruženih stvaralaca.

Kroz revolucionarnu borbu za oslobođenje rada i stvaranja, duhovni stvaraoci treba da deluju kao pokretačka i integrišuća snaga svih eksploatisanih klasa i nacija, koje se za socijalno i nacionalno oslobođenje mogu izboriti samo kao jedinstven i dobro organizovan planetarni pokret. Neizostavni uslov za to je da se pre svega sami stvaraoci celog sveta ujedine delujući kao vodeća i glavna organizatorska snaga pokreta za integralnu revolucionarnu tranformaciju klasno i kolonijalno rastrzanog društva u jedinstvenu planetarnu zajednicu slobodnih proizvođača i stvaralaca.

Osnovni pravac delovanja revolucionarnog planetarnog pokreta morao bi se sastojati u preusmeravanju društvene reprodukcije sa reprodukcije kapitala na reprodukciju života i u toj funkciji podređivanju profita održanju i unapređenju života i životne sredine na Planeti. Time treba da su predodređene i osnovne dimenzije integralne planetarne revolucije, koju zahvatanjem svih sfera društva čine naročito sledeće promene:

1. širenje naučno-tehnološke revolucije na celokupnu reprodukciju života, koje vodi njegovoj opštoj scientizaciji i oslobađanju od svih ideoloških predrasuda na kojima počiva duhovno ropstvo čoveka, što podrazumeva suštinsku scientizaciju ideologije i ideologizaciju nauke u smislu naučne zasnovanosti idejnih projekcija razvoja. Na naučnim saznanjima, umesto na ideološkim zabludama, treba da se zasnivaju i kulturna, socijalno-ekonomska i politička revolucija kao zakonita osnova i pouzdana garancija progresivnog društvenog razvoja. Da bi se oslobodile od kolonijalnog ropstva, kolonije se moraju osloboditi verskih i političkih zabluda, i za idejnu orijentaciju oslobođenja prihvatiti istinosna naučna saznanja;

2. humanizacija prirode i naturalizacija čoveka ljudskim oplemenjivanjem prirode i vraćanjem otuđenog čoveka rodnoj prirodi. Korenita promena odnosa čoveka prema prirodi morala bi se sastojati u stalnom obnavljanju obnovljivih i očuvanju neobnovljivih resursa prirode pronalaženjem odgovarajućih alternativnih izvora života, na čemu treba da bude težište ljudske stvaralačke aktivnosti. To nije samo stvar dobre volje i stvaralačke znatiželje, već je i kategorički imperativ samog opstanka ljudskog roda jer je održanje prirode neizostavni uslov održanja ljudskog i svekolikog života na Planeti, zbog čega bi moralo biti prva i najpreča briga društvene reprodukcije. Zaštita planetarne prirode je zaštitta kolonija od kolonijalizma;

3. ekologizacija tehnologizacije i tehnologizacija ekologizacije, stvaranjem i primenom zdravstveno bezbednih tehnologija, i tehnološkim

oplemenjivanjem života i životne sredine. To podrazumeva raskid sa profitabilističkim zloupotrebama naučnih otkrića i tehnoloških izuma u prilog profita a na štetu života. Čovek je u poziciji da više no ikada odlučuje o sopstvenoj sudbini, odlučujući i o sudbini kolonija, koje su zloupotrebama nauke i tehnologije najviše ugrožene;

4. modernizacija tradicije i tradicionalizacija modernizacije oplemenjivanjem tradicije kulturnim inovacijama i utemeljivanjem modernizacije na opštečovečanskim tekovinama tradicionalne kulture. Na tome treba da se, umesto kolonizatorske monokulture zasniva raznovrsnost svetske kulture uključivanjem izvornih vrednosti svih nacionalnih kultura, čijom se organskom integracijom konstituiše jedinstvena opštečovečanska kultura. To je pravi i jedino mogući put trajnog razrešenja vekovnog sukoba različitih civilizacija, koji se kolonijalnim odnosima razrešiti ne može;

5. scientizacija kapitala i kapitalizacija znanja transformacijom kapitala u znanje i znanja u kapital, kao najkorenitija promena društvene reprodukcije, kojom se eksploatatorsko proizvođačko društvo transformiše u slobodnu stvaralačku zajednicu. To je generička osnova opšteg oslobođenja, i od klasne i od kolonijalne eksploatacije, te sama okosnica suštinske i svekolike dekolonizacije, koja je pod vladavinom kapitala neostvariva;

6. individualizacija i socijalizacija rada, proizvodnje i stvaralaštva osamostaljivanjem i reprodukcionim povezivanjem izvršilaca na realizaciji zajedničkih programa, te transformacija masovne proizvodnje diversifikacijom prema individualnim potrebama potrošača. Na taj način treba da se vrši i transformacija kolonijalnih odnosa neposrednim interesnim povezivanjem i slobodnim udruživanjem reprodukcionih subjekata u odgovarajuće programske asocijacije;

7. ekvivalentna robna razmena neekvivalentnih upotrebnih vrednosti na putu ukidanja klasne i kolonijalne eksploatacije. To je i put prerastanja tržišne stihije u organizovanu robnu razmenu, posredovane u neposrednu razmenu između proizvođača i potrošača, te prevazilaženja stihijnog tržišta i voluntarističkog planiranja planskim usklađivanjem tokova društvene reprodukcije, kao neizostavnog uslova suštinske dekolonizacije;

8. nejednaka raspodela jednakim merilima doprinosa stvaranju nove vrednosti, kao ključni motivacioni činilac ekonomskog razvoja, ukidanja klasne i kolonijalne eksploatacije te prevazilaženja socijalnih i nacionalnih nejednakosti. Samo se na taj način nerazvijene kolonije

mogu razviti i dekolonizovati, sustići pa i prestići razvijene indus-
trijske zemlje;

9. privatizacija kroz kolektivizaciju i kolektivizacija kroz privatizaciju
vlasništva, na putu dijalektičkog prevazilaženja ekstremnih tenden-
cija individualističke privatizacije bez svojinskog zajedništva kao i
monopolističke kolektivizacije s isključenjem individualnog svojin-
skog subjektiviteta. Time se utire i put demokratske internacionali-
zacije vlasništva, kojom se utemeljuje suštinska demokratizacija me-
đunarodne zajednice, bez čega nema ni suštinske dekolonizacije;

10. individualizacija kroz socijalizaciju i socijalizacija kroz individual-
izaciju, čime se prevazilaze individualistički liberalizam i birokrats-
ko dušebrižništvo a uspostavlja socijalističko zajedništvo samostal-
nih i svojevoljno udruženih individua, kao okosnica demokratske
integracije društva. To je putokaz i za demoktasko konstituisanje me-
đunarodne zajednice samostalnih i svojevoljno udruženih naroda
celog sveta, kao pravi i nezaobilazni put suštinske dekolonizacije;

11. globalizacija lokalizacije i lokalizacija globalizacije na putu prevazila-
ženja isključujućih lokalističkih i globalističkih tendencija demokrat-
skim prerastanjem pojedinačnih i lokalnih inicijativa u zajedničke i
planetarne aktivnosti na rešavanju aktuelnih problema zajedničkog
života i čovečanstva. To je put razrešavanja protivrečnosti i demo-
kratskog usklađivanja pojedinačnih i zajedničkih, te lokalnih i glo-
balnih - opštečovečanskih interesa, bez čega ne može biti sloge i
trajnog mira među narodima ovozemaljskog sveta;

12. demokratizacija kroz demokratsku centralizaciju i demokratsku de-
centralizaciju, u prevazilaženju anarhističkih i birokratsko-centrali-
stičkih tendencija i pojava. Demokratsko organizovanje umesto au-
tokratskog organizovanja, i democentrizam umesto birocentrizma.
Perspektiva suštinske dekolonizacije nije ni u monocentrizmu ni u
policentrizmu već u democentrizmu, koji podrazumeva neposred-
no i aktivno učešće svih naroda i svih građana u odlučivanju o sud-
bini čoveka i čovečanstva;

13. depolitizacija kroz opštu politizaciju društva u prevazilaženju poli-
tičkog monopolizma i političke polarizacije na vladajuću elitu i po-
daničke mase, povlašćene metropole i obezvlašćene kolonije, gosp-
odare i sluge. Realna šansa za socijalno i nacionalno oslobođenje je
u opštoj političkoj mobilizaciji svih političkih podanika, kako poje-
dinaca tako i njihovih demokratskih asocijacija, od najlokalnijeg do
najglobalnijeg planetranog nivoa.

Porobljene narode neće osloboditi njihovi porobljivači, vuci se neće smilovati na nemoćnu i bespomoćnu jagnjad. Izrabljivani i ugnjeteni mogu se samo združenim snagama odupreti svojim izrabljivačima i ugnjetačima. Od izolovanih nemoćnih i bespomoćnih usamljenika, oni organizovani i ujedinjeni mogu postati moćna i najmoćnija revolucionarnim poletom naoružana armija.

Revolucionarno oružje koloniziranih naroda nisu pune puške, dalekometni topovi, razorne bombe i smrtonosne rakete, već gvozdena volja i odlučna rešenost da se svojom stvaralačkom delatnošću oslobode kolonijalnog jarma. Revolucionarne promene se ne vrše fizičkom silom i nasiljem već stvaralačkom snagom ljudskog uma i nadvladavanjem svakog silovanja i nasilja nad prirodom i čovekom.

Ali niko čoveku ne može oduzeti prirodno pravo na samoodbranu svim raspoloživim sredstvima, koje je priroda svakom živom biću podarila. Rad toga, svaka zemlja mora jačati svoju odbrambenu sposobnost da bi se mogla braniti i odbraniti ako bude napadnuta. A opasnost od spoljne agresije je realna sve dok postoje kolonizatorske ambicije jer iza svih osvajačkih ratova stoje agresivne težnje za osvajanjem tuđeg.

Mir je, međutim, nasušna potreba suštinske dekolonizacije jer su revolucionarne promene u funkciji društvenog progresa, koje ona podrazumeva, samo u miru moguće. Postojeće se trajno razara jedino stvaranjem novog, zbog čega je borba za trajni mir nezamenjivi deo i neizostavni uslov integralne svetske revolucije, koja je neizostavni uslov društvenog razvoja i samog opstanka ljudskog roda.

www.ingramcontent.com/pod-product-compliance
Lightning Source LLC
Chambersburg PA
CBHW081148270326
41930CB00014B/3081